河北金融学院金融学专业卓越应用型人才培养工程项目经费资助
河北省金融学重点学科经费资助

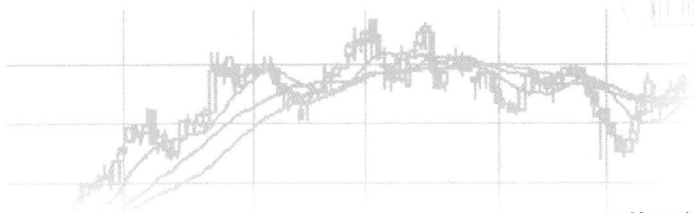

苏跃辉 徐 丹◎主 编
王小彩 刘玉娟◎副主编

投资理财

理论与实务

Investment & Financing
Theory & Practice

经济管理出版社
ECONOMY & MANAGEMENT PUBLISHING HOUSE

图书在版编目（CIP）数据

投资理财理论与实务/苏跃辉，徐丹主编. —北京：经济管理出版社，2017.8
（2019.3 重印）
ISBN 978-7-5096-5194-0

Ⅰ.①投…　Ⅱ.①苏…　②徐…　Ⅲ.①投资学—高等学校—教材　Ⅳ.①F830.59

中国版本图书馆 CIP 数据核字（2017）第 125996 号

组稿编辑：申桂萍
责任编辑：申桂萍　赵亚荣
责任印制：黄章平
责任校对：董杉珊

出版发行：经济管理出版社
　　　　　（北京市海淀区北蜂窝 8 号中雅大厦 A 座 11 层　100038）
网　　址：www. E-mp. com. cn
电　　话：(010) 51915602
印　　刷：玉田县昊达印刷有限公司
经　　销：新华书店
开　　本：720mm×1000mm/16
印　　张：19
字　　数：338 千字
版　　次：2017 年 8 月第 1 版　2019 年 3 月第 2 次印刷
书　　号：ISBN 978-7-5096-5194-0
定　　价：58.00 元

前　言

工作为我们提供了施展才华的平台，也为我们带来了经济收入，可是随着物价的持续上涨，尤其是近年来房价的快速上涨，各种生活压力迫使大家拼命工作，期待着能改变现状，过上自己理想的生活。但是，仅依靠有限的工资收入，能否实现众多的人生目标呢？

工作获得的经济收入是我们进行理财的基础，但是通过理财，可以让我们更好地开源节流，建立健全的保障体系，进行资产配置，使资产增值，让钱生钱，从而提高生活质量。基于此，我国居民的理财意识和观念大幅提升，而金融机构也正是看中了这一契机，大力发展多样的理财业务，使得我国的理财市场方兴未艾。

从事理财教育是一个很偶然的机会，由我来承担其他老师的理财课程，屈指一数已经近10年了。刚开始对理财也不甚懂，于是就借阅了大量有关理财的书籍，而且经常与金融机构的理财经理进行交流学习，使自己的理财知识快速丰富起来。

在教学过程中，笔者使用过很多教材，但总体感觉都不是很合适，所以有一本贴近理财实践、内容全面、满足学生学习要求的教材就显得尤为必要。在学校组织教改课题申报时，以"投资理财理论与实务教学内容的改革"作为题目进行了申报并成功立项。在研究过程中，笔者结合多本教材以及理财规划师、金融理财师职业资格认证的内容并进行筛选，再加上最新的理财实践，形成自编讲义，并邀请校内外专家召开了多次研讨会，修订教学内容，形成了本教材。

与现有个人或家庭理财类的教材相比，本教材更加系统全面、条理清晰，且有深度。

第一，在章节安排上遵循了理财规划的程序。本书首先对投资理财进行概述，其次介绍了一些基础知识，最后按照理财规划中的先后顺序依次介绍了税收理财、消费理财、现金理财、保险理财、房产理财、养老理财、投资方案及综合理财方案设计。

第二，在知识内容与体系上做到更大的包容和达到更宽的覆盖效果，使学生既能了解各个理财市场的主要理财工具与产品的特性，又能针对风险收益偏好不同的客户，提供风险收益特征不同的金融理财产品与资产配置组合。

第三，跟踪金融理财市场的最新发展状况。一方面系统介绍理财市场现有主要金融工具与产品，另一方面增加了课外阅读材料，以反映理财市场以及相关金融理财工具与产品创新的最新发展动态，增强知识的前瞻性和前沿性。

第四，力图在微观与宏观上把握理财基础知识结构。每章最前面都写了导言，以便让学生更好地理解该章的意义以及在全书的地位；另外，在每章的内容上增添了与社会现实紧密结合的案例，从微观上能够让读者进一步深入和系统学习理财专业知识、分析技术与技巧等，为以后从事理财实务等工作奠定良好基础。

此外，几乎每章都安排了习题，能够对自己的学习情况进行检查，看是否达到了该章的学习要求与目标，对掌握该章的内容大有好处。

该教材不仅可以作为高等院校金融学专业本科学生的教材，也适合作为面向全校学生的选修课教材，还可作为从事金融理财规划职业的从业人员、干部培训、金融理财爱好者自学的学习参考读物。

"君子爱财，取之有道"，愿大家能够掌握理财之道，灵活运用投资之术，实现自己的人生目标。

本书在写作过程中得到了河北金融学院金融系各位老师的大力支持及有益建议，并参考借鉴了多位相关专家学者的文献与观点，在此表示衷心的感谢。

由于笔者水平有限，书中难免出现错误，恳请各位读者批评指正。

苏跃辉

2017 年 5 月 14 日

目　录

第一章　投资理财概述

会理财的人肯定一生无忧，而理好财的第一步是要建立正确的理财观。作为全书的开篇，本章就理财的内涵、目的以及内容、观念、流程、原则予以较为系统、全面的介绍与探讨，并通过当前受欢迎的理财师职业的引入，详细介绍了作为一名好的理财师，应该具备的知识能力与素质。

学习目标：

（1）掌握理财的内涵以及投资与理财的区别。

（2）掌握理财的基本内容。

（3）了解理财的基本流程。

（4）理解理财的基本原则。

（5）了解理财师职业以及应具备的能力与素质。

（6）具备正确的理财观念。

第一节　投资理财的内容

一、投资理财的概念、内涵、目标

美国理财师资格鉴定委员会将个人理财定义为，制定合理利用财务资源、实现客户个人人生目标的程序。我国理财规划专家认为："个人理财的目标是要为自己及家人建立一个安心富足、健康的生活体系，实现人生各阶段的目标和理想，最终达到财务自由的境界。"

从理财的内涵来讲，个人理财是通过搜集、整理和分析个人（家庭）收入、消费、资产、负债等数据，根据各个目标、风险承受能力、心理偏好等情况，制定储蓄计划，策划投资，设计家庭整体的财务方案并予以实施的过程。也就是说，理财是合理利用家庭财务资源，科学分配家庭资产，使个人以及家庭的财务状况处于最佳状态，从而提高生活品质。

个人理财的核心在于，根据个人不同生活阶段的财务状况和财务需求，合理分配资产和收入，实现个人财务资源的有效管理和控制。个人理财的根本目的是实现人生目标中的经济目标，同时降低人们对未来财务状况的焦虑。

就理财的范围而言，其涉及很多方面，如金融、社保、投资、房产、退休、遗产、税收的策划等。所以，现代意义上的个人理财不同于单纯的储蓄或投资，它不仅是财富的积累，而且囊括了财富的保障和安排。财富保障的核心是对风险的管理和控制，也就是当自己的生命和健康出现了意外，或者个人所处的经济环境发生了重大不利变化时，自己和家人的生活水平不会受到严重的影响。

二、投资理财的内容

投资理财包括现金理财、储蓄理财、消费信贷理财、投资理财、房地产理财、保险理财、税收理财、教育理财、退休理财、遗产理财等多项内容。其中，现金理财、储蓄理财、消费信贷理财属于资产管理规划的内容；投资理财、房地产理财属于资产增值理财的内容；保险理财属于风险管理理财的内容；税收规划属于成本理财的内容；教育理财、退休理财、遗产理财属于未来理财的内容（见图 1-1）。总体而言，这些规划的内容涵盖了我们一生的财务活动，贯穿着我们的生活，因此了解和掌握这些内容实质上就是帮助我们规划自己的一生。

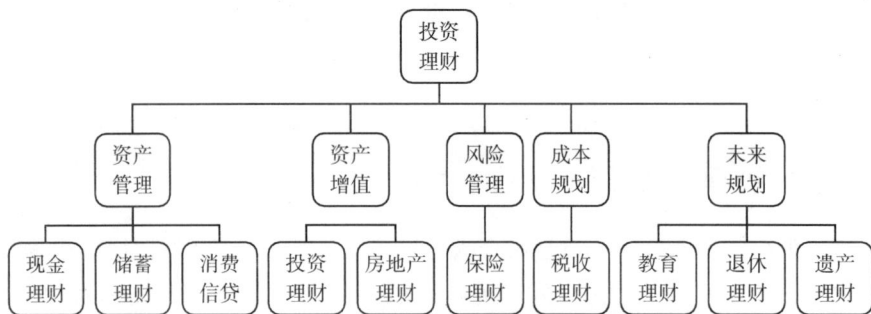

图 1-1　投资理财的内容

（一）分项理财规划

1. 现金理财

当前现金支付仍是人们常用的支付方式，持有足够的现金当然方便，但现金并不具有收益性，因此必须在现金支付的方便性和由此丧失的收益之间进行权衡，找到最佳的现金持有量，使之既能满足日常需要，又能在发生紧急情况时提供及时的帮助。

2. 储蓄理财

储蓄是所有个人理财规划的源头，对于个人来讲既能达到盈利的目的，又有安全、方便、备用和保值的需要，而且对国家经济发展有重大意义。进行储蓄不仅是满足开支的需要，而且要建立有效的储蓄计划，不仅能缓解财务危机，而且可以积累资金。

3. 消费信贷理财

以前负债被认为是不光彩的事，但现在借债并不可怕，它代表提前使用自己未来的收入，可以享受以后才能得到的商品和劳务。消费信贷理财规划能够帮助个人在决策之前认清自己的还贷能力，选择适合自己的信贷方式，充分享受信贷给生活带来的乐趣。

4. 投资理财

投资是个人取得财富的主要手段，而单一品种的投资工具很难满足对资产流动性、回报率和风险的最佳组合，而且我们也不具备投资的专业知识和信息优势。投资理财规划可以在个人风险偏好和投资回报率的基础上，通过合理的资产分配，使投资组合满足以上"三性"。

5. 房地产理财

衣食住行，住是四大需求中期间最长、所需资金最多的一项，购买房地产有四种考虑，即自己居住、对外出租、投资获利和减免税收，出于不同的目的，投资者也会有不同的选择。在房地产理财规划中，一方面应对国家的法律法规和影响房地产价格的各种因素有所了解；另一方面必须了解自己的支付能力，以确定合理的购置计划。

6. 保险理财

人的一生肯定会面临很多风险，风险一旦发生，就会给人们造成很大的负担，人们通常会通过购买保险来转移风险。保险除了最基本的保障功能外，现在还具有融资、投资的功能。由于保险品种多，条款复杂，对普通人来说力不从心，而保险理财规划的目的就在于通过对个人经济状况和保险需求的深入分析，选择合适的保险产品和合理的期限、金额。

7. 税收理财

依法纳税是每个人的法定义务，但纳税人出于对自身利益的考虑，都希望将自己的税负合理减到最小，因此，如何在合法的前提下减少税负呢？税收理财规划就是在充分了解税收制度的前提下，通过各种税务规划策略，合法地减少税收负担。

8. 教育理财

教育投资是一种智力投资，不仅可以提高人的文化水平和品位，还可以使受教育者增加人力资本。教育投资可以分为两大类，即对自身的教育投资和对子女的教育投资，对子女的教育投资又可以分为基础教育投资和高等教育投资，而后者是所有教育项目中花费最高的一项。近年来教育投资数额不断增加，而父母也是不惜血本，所以有必要对教育投资进行规划。

9. 退休理财

一旦退休，则工薪收入就会停止，但从退休到去世毕竟还有很长一段时间，如何在退休期保持一定的生活水平就成为每个人面对的现实问题。如不早计划就会导致退休后的生活水平急剧下降。而且考虑到现实情况，一对独生子女夫妇要照顾四位老人，负担很重。所以做好退休理财规划不仅可以使自己的退休生活更有保障，同时还可以减轻子女的负担。

10. 遗产理财

遗产的继承是人生需要妥善安排的最后一个事项。遗产理财规划的目标是高效率地管理遗产，并将遗产顺利地转移到受益人的手中。一方面遗产转移需要时间，另一方面还要征收遗产税，因此，如何尽快地、尽可能多地把遗产留给继承人就成为需要关注的问题。

（二）综合理财规划

综合理财规划是将不同种类、不同性质的理财规划，如现金理财、储蓄理财、房地产投资理财、税收理财、保险理财等分支理财规划组合在一起，形成一个完整、全面的理财规划，通常以综合理财规划建议书的形式提交给客户。各个分支理财规划是综合理财规划的基础，在学习并掌握各个分支理财规划后，再进一步学习将各个分支理财规划整合协调的方法，最终完成综合理财规划。

综合理财规划最终会形成书面报告，也就是我们说的综合理财规划建议书。综合理财规划建议书是在对客户的家庭情况、财务状况、理财目标和风险偏好等详尽了解的基础上，通过与客户的充分沟通，运用科学的方法，利用财务指标、统计资料、分析核算等多种手段，对客户的财务状况进行描述、分析和评议，并对客户财务规划提出方案和建议的书面报告。

第二节　理财规划的流程及基本原理

一、理财规划的基本流程

（1）建立和界定与客户的关系。这是理财规划开始的基础和重要环节，通过与客户建立信任关系，初步了解客户的基本情况及理财需求。

（2）诊断财务状况。这是理财规划开始的第一步，通过制作家庭财务报表并进行相关财务指标的分析，了解家庭的财务状况。

（3）明确理财目标。理财目标的确定主要是解决三个问题：需要什么？需要多少？什么时候？

（4）制定行动计划。这是理财规划的第三步，为实现财务目标制定一个行动计划。一个可靠的理财规划包括一个正式、可控的预算，既要决定投资策略，还要反映客户独一无二的个人目标。

（5）执行理财规划。知易行难，制定一个仔细、周全的理财规划固然重要，但是坚持执行这个规划更为重要。

（6）检查、评估和修改理财规划。理财规划本身不是目的，而是用来实现目标的工具，因此在执行理财规划的过程中，应该根据实际的情况对理财规划进行修正。

二、理财规划的基本原理

（1）风险和收益的权衡。投资者要求获得最低报酬率来对延迟消费进行补偿，要求获得额外的报酬来对承担更多的风险进行补偿。因此，在投资的过程中，永远充斥着风险和收益的权衡问题。

（2）货币的时间价值。对货币时间价值的正确认识让我们明白投资价值是如何随时间流逝缓慢增长的，也让我们拥有了一个将不同时点资金进行比较的工具。

（3）多样化有助于降低风险。多样化能够降低或分散部分风险且不影响预期收益，也就是通常说的"不要把所有的鸡蛋放在同一个篮子里"。但要注意：第一，多样化并不能分散所有风险；第二，并不是任意证券的组合都可称为多样化。

（4）流动性的重要性。在理财规划中，为长期目标进行规划是我们要解决的重要问题，但一定要未雨绸缪，保证及时的流动性供应。

（5）计划的重要性。考虑如何花钱总是比考虑如何存钱容易，因此储蓄不是自发事件，必须进行详尽的计划。从一个简单的理财规划开始，将储蓄放在消费之前，养成为长期目标储蓄的行为模式。

（6）时间尺度和风险承受能力。一般而言，我们进行投资的时间越长，承受风险的能力也就越强。举例来说，为明年上学而准备的钱决不能投入股市，而对于20年后的退休规划，股市不失为一个理想的投资场所。

（7）不可或缺的保障。在任何理财规划中都必须安排保障方案，以提高在重大事件及意外事件发生时的应对能力。

（8）行动越早越好。从下决心到付诸行动也许是理财规划过程中最艰难的一步，但理财过程中最核心的要点就是时间，从现在开始行动将是理财成功的第一步。

第三节　理财职业资格介绍

说到理财师的功能与角色，他好比家庭的理财医生，用银行、券商等机构提供的产品，来为客户进行理财服务。

一、理财规划师职业资格

理财规划师已成为我国一种新认定的职业，2003年国家和社会劳动保障部公布的第五批53项职业标准中，理财师正式被纳入了国家职业大典。我国也有了本土的理财规划师资格认证，将规划师分为三个等级，分别为助理理财规划师（三级）、中级理财规划师（二级）和高级理财规划师（一级）。报考对象主要是金融从业人士、企业财务人员、实力投资人、家庭理财人员、在校大学生。

具备下列条件之一者，可以报考助理理财规划师（三级）：

（1）连续从事本职业工作六年以上，经正规培训，并取得结业证书。

（2）毕业于以高级技能为培养目标的技工学校、技师学院和职业技术学院本专业或相关专业，经正规培训，并取得毕（结）业证书。

（3）具有本专业或相关专业大学专科及以上学历证书，经正规培训，并取得毕（结）业证书。

（4）具有其他专业大学专科及以上学历证书，连续从事本职业工作一年以上，经正规培训，并取得毕（结）业证书。

全套考试教材包括《理财规划师基础知识》、《助理理财规划师专业能力（三级）》、《理财规划师专业能力（二级）》、《高级理财规划师专业能力（一级）》，其中三个等级共用一本《理财规划师基础知识》。中级理财规划师（二级）和助理理财规划师（三级）的相关考试信息如表1-1所示。

表1-1 中级理财规划师（二级）和助理理财规划师（三级）相关考试信息

等级	科目	考试时间	鉴定内容	题型	答题方式
中级理财规划师（二级）	理论知识（共125题）	08：30~10：30	职业道德	单选 多选	答题卡
			理论知识	单选 多选 判断	
	实操知识（共100题）	10：30~12：30	专业能力	单选 案例选择	答题卡
	综合评审	14：00~15：30	案例分析		纸笔作答
助理理财规划师（三级）	理论知识	08：30~10：30	职业道德	单选 多选	答题卡
			理论知识	单选 多选 判断	
	实操知识	10：30~12：30	专业能力	单选 案例选择	答题卡

二、AFP 和 CFP 职业资格

中国金融理财标准委员会采用国际CFP组织正式成员的做法，在中国实施两级金融理财师认证制度，即金融理财师（Associate Financial Planner，AFP）和注册金融理财师（Certified Financial Planner，CFP）认证制度。中国金融理财标准委员会在成为国际CFP组织正式成员前，只进行AFP的资格认证，在成为国际CFP组织正式成员后，除AFP的资格认证外，同时进行CFP的资格认证。按照中国金融理财标准委员会的规定，无论AFP还是CFP，都必须在达到其制定的教育（Education）、考试（Examination）、从业经验（Experience）和职业道德（Ethics）标准（以下简称 4E 标准）后，方可取得相关的资格认证。

（一）AFP

金融理财师（Associate Financial Planner，AFP），中国金融教育发展基金会金融理财标准委员会进行 AFP 的资格认证，为 CFP 第一阶段。

具备下列条件之一者，可以报名参加金融理财师资格考试：

（1）具有大专以上学历可以参加培训，获得中国金融教育发展基金会金融理财标准委员会颁发的《金融理财师（AFP）培训合格证书》，可报考 AFP 资格考试。

（2）拥有标准委员会认可的经济管理类或经济学博士学位的 AFP 资格认证申请人，可申请豁免全部培训课程。

（3）拥有标准委员会认可的相关资格证书的 AFP 资格认证申请人，可申请豁免部分或全部培训课程。

AFP 资格认证培训课时安排如表 1–2 所示。

表 1–2　AFP 资格认证培训课时安排

AFP 资格认证培训（108 小时）					
金融理财原理、认证制度、道德准则、执业标准、基础知识（42 小时）	投资规划（24 小时）	个人风险管理与保险规划（12 小时）	退休规划与员工福利（6 小时）	个人税务与遗产筹划（6 小时）	金融理财综合规划案例（18 小时）

获得由标准委员会授权的教育机构颁发的 AFP 资格认证培训合格证书是 AFP 资格认证申请人取得 AFP 资格认证的第一个条件。AFP 资格认证培训合格证书的有效期为四年。通过标准委员会组织的 AFP 资格认证考试是 AFP 资格认证申请人取得 AFP 资格认证的第二个条件。满足标准委员会制定的从业经验标准是 AFP 资格认证申请人取得 AFP 资格认证的第三个条件。

金融理财师指定教材均由中国金融教育发展基金会金融理财师标准委员会（FPCC）组织编写，由中信出版社出版：《金融理财原理·上册》、《金融理财原理·下册》、《投资规划》、《个人风险管理与保险规划》、《员工福利与退休计划》、《个人税务与遗产筹划》。

AFP 资格认证考试每周举行三次，考试共计六小时，分上、下午进行，上午8：30~11：30 金融理财基础（一），下午 14：00~17：00 金融理财基础（二）。

（二）CFP

注册理财规划师（Certified Financial Planner，CFP），是由美国财务策划师标准制定局（CFP-Board Standards）开发并推广出来的。这项证书于 1972 年在美国开始使用，至今已有 45 年的历史，享有很高的荣誉，是国际理财领域最权威的认证。

具备下列条件之一者，可以报名参加 CFP 资格考试：①获得中国金融教育发展基金会金融理财标准委员会颁发的《国际金融理财师（CFP）培训合格证书》，可报考 CFP 资格考试。②拥有中国金融教育发展基金会金融理财标准委员会认可的经济管理类或经济学博士学位，并经标准委员会批准可以豁免全部培训课程的，可报考 AFP 资格考试或 CFP 资格考试。

CFP 资格认证培训课时安排如表 1-3 所示。

表 1-3　CFP 资格认证培训课时安排

CFP 资格认证培训（132 小时）			
投资规划（30 小时）	个人风险管理与保险规划（24 小时）	退休规划与员工福利（18 小时）	个人税务与遗产筹划（18 小时）
投资案例（6 小时）	保险案例（6 小时）	税务案例（6 小时）	退休案例（6 小时）
金融理财综合规划案例（18 小时）			

CFP 资格考试科目分为四门专业科目和一门综合科目。专业科目为《投资规划》、《个人风险管理与保险规划》、《员工福利与退休计划》、《个人税务与遗产筹划》，综合科目为《综合案例分析》。

CFP 资格认证考试每年举行两次，分别为七月的第一个周六日和十一月的最后一个周六日，其中周六的考试科目：投资规划（上午 3 小时）、员工福利与退休计划（下午 1.5 小时）、个人税务与遗产筹划（下午 1.5 小时），周日的科目有个人风险管理与保险规划（上午 2.5 小时）、综合案例分析（下午 3.5 小时）。

三、CFA

特许金融分析师（Chartered Financial Analyst，CFA），作为全球金融第一考，考试科目包括职业操守、衍生品投资、经济学、财务分析、公司理财、股权投资、固定收益、投资组合管理、定量分析和其他投资 10 个科目。CFA 考试三个级别都是 10 个科目，只是每个级别的侧重方向有所不同。CFA 考试一级侧重投资工具、财务报表分析和投资分析管理基础，使学员具备基础的金融投资分析知识体系，上午、下午各 120 道单项选择题。CFA 考试二级侧重资产评估分析、股票估值、固定收益、衍生品投资，针对案例考察如何对产品进行有效定价和投资组合分析。考试形式是针对案例分析投资绩效和收益变化，上午、下午各 10 个案例，每个案例 6 个单项选择题。CFA 考试三级侧重投资组合管理、投资绩效分析和理财管理，要求考生熟知资产定价和投资绩效分析，能够独立撰写投资报告。考试形式是按照例文要求分析投资绩效，独立撰写 IPS 投资分析报告。上午12~13 个主观案例题，下午 10 个案例，每个案例 6 个单项选择题。

CFA 考试科目（10 个考试科目详情）如表 1-4 所示。

表 1-4　CFA 考试科目（10 个考试科目详情）

CFA 考试科目	一级（分）	二级（分）	三级（分）
Ethical 职业操守	15	10	10
Quantitative Methods 定量分析	12	5~10	0
Economics 经济学	20	5~10	0
Financial Reporting 财务分析	8	15~25	0
Corporate Finance 公司理财	10	5~15	0
Equity Investments 股权投资	2	20~30	5~15
Fixed Income Investments 固定收益	5	5~15	10~20
Derivatives 衍生品投资	3	5~15	5~15
Alternative Investments 其他投资	3	5~15	5~15
Portfolio Management 投资组合管理	5	5~15	45~55
Total 总计	100	100	100

CFA 考试分为三个阶段，考过前一阶段，才能参加下一阶段考试。第一级考试每年 6 月和 12 月各举行一次；第二级及第三级考试每年均于 6 月同时举行一次。参加第一阶段考试者，需具备以下条件：①拥有学士学位或相当的专业水准以上，对专业没有任何限制。②大学学习年限与全职工作经验合计满四年（如专科＋一年全职工作经验）。③如果申请人不具备学士学位，而是具备相当的专业水准，也可被接受为候选人。CFA 协会用工作经历来考核申请人的专业水准，一般来讲，四年的工作经历即被视为替代学士学位。这四年的工作经历，不一定要从事投资领域的相关工作，只要是合法、全职、专业性的工作经历都可被接受。④在校大学四年级学生，可在最后一个学年参加考试。

第四节　理财人员应具备的素质

理财业是一个风险感、责任感和使命感高度集中的行业。理财是一门在一定程度上具有量化规律的技术科学，具有涉及知识面广而专的特点。理财工作是知识性和技术性较强的服务，其作用至关重要，理财人员向客户进行理财服务或者提出专业建议时，不仅直接牵涉到客户的财富，而且在很大程度上可以影响和改变客户未来的生活，甚至关系到客户的身家性命。因此，理财人员应具备综合的素质，主要包括以下几个方面：

一、职业道德

职业道德是理财人员应具备的首要素质。理财人员除具备高度的职业责任感和使命感外，还要遵守以下八大基本职业道德准则：

（一）爱国守法原则

理财人员应当遵守我国法律、行政法规和国家有关政策规定，遵守具体的职业操作规范，严格尽职地从客户利益出发，根据风险承受能力，审慎尽责地开展个人理财服务，不得利用业务变相突破国家有关规定，不得进行变相高息揽储，或者恶意逃避国家财务、税收等行政管理。

（二）正直诚信原则

理财人员提供专业服务时应该做到正直诚信。理财是建立在信任基础上的业务，赢得公众的真正信赖首先体现在理财人员正直诚信的个人素质方面。正直诚信的素质要求理财人员不屈于职业者个人的目标和利益，坦率诚实地为客户服务，不能欺骗和屈从个人利益。

（三）客观公正原则

理财人员为客户提供专业服务时应该做到客观公正。客观公正原则要求理财人员诚实而不偏颇地提供服务，避免服从自己的个人判断。无论在什么情况下，理财人员都应该从保证客户利益出发，决不能因为经济利益、关联关系或外界压力等原因影响客观公正的立场，例如推销理财产品时，应以客户的利益为出发点，不应是"为推销而理财"。

（四）专业胜任原则

理财人员必须能为客户提供称职的专业服务，并且不断地掌握、积累和更新理财专业及相关专业知识、经验和技能，并在为客户提供理财服务时能有效地运用这些知识和技能。

（五）公平原则

公平原则要求公正、诚实，披露利益冲突。公平包括不屈从于个人的感觉、偏见和愿望，使利益冲突各方获得合理的平衡。公平是指以自己愿意被对待的方式来对待别人。

（六）保密原则

客户把最为隐秘的资产状况告诉理财人员，理财人员应该对所有客户的资料严格保密。为了能够有效提供预期的服务以及保护客户隐私，理财人员必须对这些信息保密，未经客户书面许可，不得向第三方透露任何有关客户的个人信息。

（七）专业精神原则

理财人员应该对其职业具有荣誉感，维护行业的公众形象及服务质量，其所作所为都应该能够体现该行业的良好信誉以及为公众利益服务的宗旨，避免进行那些会对其专业咨询的质量产生负面影响的行为。

（八）勤奋原则

勤奋原则要求为客户提供按时、全面、保质保量的服务。勤奋同样包括另外两个方面——适当计划和对专业服务进行监管，应该孜孜不倦地为客户提供服务。

二、专业知识

理财涉及税收、财务、会计、法律、银行、保险等各方面的理论知识和实务操作，大到个人人生目标的实现，小到日常生活的衣食住行。理财人员是为不同职业、不同消费习惯、不同文化背景的各类人士服务，面对的是各种金融业务、金融商品和投资工具。因此，理财人员需要具备广泛而又系统的专业知识。

（一）必备知识

（1）金融及其理财的基本概念、原理和基础理论；

（2）个人财务规划的基本概念、原理和基础理论；

（3）投资及其理财的基本概念、原理和基础理论；

（4）保险及其理财的基本概念、原理和基础理论；

（5）证券（包括基金）及其理财的基本概念、原理和基础理论；

（6）税务及其理财的基本概念、原理和基础理论；

（7）信托及其理财的基本概念、原理和基础理论；

（8）金融风险及其理财管理的基本概念、原理和基础理论；

（9）市场营销和推销技巧的基本概念、原理和基础理论。

（二）相关知识

（1）消费心理的基本知识；

（2）金融理财方面政策法规的基本知识；

（3）商务礼仪方面的基本知识；

（4）计算机多媒体技术的基本知识。

三、必备能力和相关能力

（一）收集整理信息的能力

理财人员应能收集整理客户、市场、理财服务和理财产品等方面的信息及其相关信息。

（二）语言表达能力

理财人员应能向客户清楚地介绍、说明和解释有关各种金融商品、投资工具和理财业务操作的情况，清楚解答客户的疑虑。

（三）营销能力

理财人员应了解和熟悉本部门的业务和销售的理财产品，熟悉运用销售策略和技能销售理财产品，并能够化解客户的疑虑，恰如其分地处理客户的异议。

（四）市场分析能力

理财人员应能较准确、熟练地分析金融市场形式的变化，并较及时、准确地把握宏观经济环境和预测利率、汇率、股票等走势。

（五）策划能力

理财人员应能针对不同客户的不同情况和要求设计和规划理财计划和方案。

（六）心理承受能力

理财人员应该具备良好的心态，包括正确认识自己的能力和水平，有不断学习和提高自身专业知识和销售技能的意愿，有愿意接受巨大工作压力和挑战的思想准备，能够正确认识各类客户的拒绝。

除了上述素质之外，专业技能和保持专业形象也是理财人员不可缺少的素质。

课外阅读1 理财的六个"钱"

一、赚钱——收入

一生的收入包含运用个人资源所产生的工作收入，及运用金钱资源所产生的理财收入。工作收入是以人赚钱，理财收入是以钱赚钱，由此可知理财的范围比赚钱与投资都要广。工作收入包括薪资、佣金、工作奖金、自营事业所得等；理财收入包括利息收入、房租收入、股利、资本利得等。

二、用钱——支出

一生的支出包括个人及家庭由出生至终老的生活支出，及因投资与信贷运用所产生的理财支出。有人就有支出，有家就有负担，赚钱的主要目的就是要支应个人及家庭的开销。生活支出包括衣、食、住、行、育、乐、医疗等家庭开销；理财支出包括贷款利息支出、保障型保险保费支出、投资手续费用支出等。

三、存钱——资产

当期的收入超过支出时会有储蓄产生，而每期累积下来的储蓄就是资产，也就是可以帮你钱滚钱，产生投资收益的本金。年老时当人的资源无法继续工作产生收入时，就要靠钱的资源产生理财收入或变现资产来支应晚年所需。资产包含紧急预备金、投资和置产。紧急预备金指保有一笔现金以备失业或不时之需；投资指可用来滋生理财收入的投资工具组合；置产指购置自用房屋、自用车等提供使用价值的资产。

四、借钱——负债

当现金收入无法支应现金支出时就要借钱。借钱的原因可能是暂时性的入不敷出、购置可长期使用的房地产或汽车、家电，以及拿来扩充信用的投资。借钱没有马上偿还会累积成负债，要根据负债余额支付利息，因此在贷款还清前，每期的支出除了生活消费外，还有财务上的本金利息摊还支出。负债包含：消费负债，如信用卡循环信用、现金卡余额、分期付款等；投资负债，如融资融券保证金、发挥财务杠杆的借钱投资；自用资产负债，如购置自用资产所需房屋贷款与汽车贷款。

五、省钱——节税

在现代社会中，不是所有的收入都可用来支应支出，有所得要缴纳所得税、出售财产要缴纳财产税、财产移转要缴纳赠与税或遗产税，因此在现金流量规划中如何合法节省所得税，在财产移转规划中如何合法节省赠与税或遗产税，也成为理财中重要的一环，更成为高收入的个人理财的首要考虑。节税规划包括所得税节税规划、财产税节税规划，以及财产移转节税规划（该项目前境外较多采用）。

六、护钱——保险与信托

护钱的重点在风险管理，指预先做保险或信托安排，使人力资源或已有财产得到保护，或当发生损失时可以获得理财来弥补损失。保险的功能为当发生事故使家庭现金收入无法支应当时或以后的支出时，仍能有一笔金钱或收益可以弥补缺口，降低人生旅程中意料外收支失衡时产生的冲击。为得到弥补人或物损失的寿险与产险保障，必须支付一定比率的保费，一旦保险事故发生，理赔金所产生的理财收入可取代中断的工作收入，来应付家庭或遗族的生活支出，或以理赔金偿还负债来降低理财利息支出。此外，信托安排可以将信托财产独立于其他私有财产之外，不受债权人的追索，有保护已有财产免于流失的功能。

课外阅读2　财富管理与一般理财业务的区别

"财富管理"是近年来在我国金融服务业中出现的一个新名词。财富管理，顾名思义，就是管理个人和机构的财富，也可以简单概括为理财，但区别于一般的理财业务。财富管理的出现划分了我国金融服务业的两个不同的理财业务时代：一个是早期的理财业务时代；另一个则是经过发展与改进的成熟的理财业务时代——财富管理时代。

一般意义上的理财业务属于早期的理财概念，它的营销模式是以产品为中心，金融机构（主要指商业银行）通过客户分层、差别化服务培养优质客户的忠诚度，从而更好地销售自己的产品；而财富管理业务则是以客户为中心，金融机构（商业银行、基金公司、保险公司、证券公司、信托公司等）根据客户不同人生阶段的财务需求，设计相应的产品与服务，以满足客户财富管理需要，这些金融机构成为客户长期的财富管理顾问。财富管理业务属于成熟的理财业务。

财富管理与一般意义上理财业务的区别主要有三点：

其一，从本质上看，财富管理业务是以客户为中心，目的是为客户设计一套全面的财务规划，以满足客户的财务需求；而一般意义上的理财业务是以产品为中心，目的是更好地销售自己的理财产品。

其二，从提供服务的主体来看，财富管理业务属于成熟意义上的理财业务，它的主体众多，不仅限于银行业，各类非银行金融机构都在推出财富管理业务；而一般意义的理财业务多局限于商业银行所提供的传统业务和中间业务。

其三，从服务对象来看，财富管理业务不仅限于对个人的财富管理，还包括对企业、机构的资产管理，服务对象较广；而一般意义的理财业务处于理财业务发展的较早阶段，作为我国商业银行的一类金融产品推出，主要指的是银行个人理财业务产品的打包，服务对象多为私人。

财富管理以客户为中心、服务主体众多以及服务对象较广的三个鲜明特征，使它区别于一般意义的理财业务，成为理财服务的成熟阶段。

课后习题

一、单项选择题

1. 商业银行为个人客户提供的财务分析、财务规划、投资顾问、资产管理专业化服务活动是指（　　）。

A. 个人理财服务　　　　　　　　　B. 投资规划

C. 综合理财服务　　　　　　　　　D. 私人银行业务

2. 对综合理财服务的理解，下列表述有误的是（　　）。

A. 综合理财服务中，银行可以让客户承担一部分风险

B. 与理财顾问服务相比，综合理财服务更强调个性化

C. 私人银行业务属于综合服务中的一种

D. 私人银行业务不是个人理财业务

3. 以下不属于资产管理规划内容的是（　　）。

A. 现金理财　　　　　　　　　　　B. 储蓄理财

C. 消费信贷理财　　　　　　　　　D. 税收理财

4. 标准的个人理财规划的流程包括以下几个步骤：①收集客户资料及个人理财目标；②综合理财计划的策略整合；③客户关系的建立；④分析客户现行财务状况；⑤提出理财计划；⑥执行并监控理财计划。正确的顺序为（　　）。

A. ①③⑥⑤④②
B. ③①④⑤⑥②

C. ③⑤②①⑥④
D. ③①④②⑤⑥

5. 金融理财师的 4E 标准不包括下列哪一项（　　）。

A. 教育
B. 考试

C. 职业发展
D. 职业道德标准

二、多项选择题

1. 下列关于个人理财的说法正确的有（　　）。

A. 个人理财业务服务的对象是个人和家庭

B. 个人理财业务主要侧重于咨询顾问和代客理财服务

C. 个人理财业务是建立在委托代理关系基础之上的银行业务

D. 个人理财业务是一种个性化、综合化服务

2. 下列选项中正确的是（　　）。

A. CFP 认证对工作经验的要求是研究生一年全职工作经验，本科生两年，专科生三年

B. 取得 AFP 认证的基本流程为：教育，考试，认证，取得资格，定期参加继续教育及再认证

C. AFP 培训为 CFP 培训的第一阶段，课程为理财规划原理，共计 108 学时

D. 中国理财规划标准施行两级认证体系，AFP 和 CFP 两级资格之间没有明显区别

3. 以下属于理财规划组成部分的有（　　）。

A. 现金规划
B. 投资规划

C. 风险管理和保险规划
D. 教育规划

E. 消费支出规划

4. 下列关于理财规划的说法正确的有（　　）。

A. 是简单的金融产品销售
B. 强调个性化

C. 经常以短期规划方案的形式表现
D. 通常由专业人士提供

E. 是一项长期规划

5. 理财规划师职业操守的核心原则就是个人诚信。下列有关正直诚信原则的说法正确的有 （　　）。

A. 正直诚信要求理财规划师诚实不欺，不能为个人的利益而损害委托人的利益

B. 正直诚信原则要求理财规划师不仅要遵循职业道德准则的文字，更重要的是把握职业道德准则的理念和灵魂

C. 正直诚信的原则决不容忍欺诈或对做人理念的歪曲

D. 正直诚信原则要求理财规划师以自己的专业知识进行判断，坚持客观性

三、辨析题

1. 理财就是节衣缩食、省吃俭用。

2. 理财就是生钱，就是投资赚钱。

3. 穷人钱少，谈不上理财。

4. 富人有钱不需要理财。

5. 理财只是一时一事的行为。

第二章　投资理财基础

生命周期理论构成了理财业务的理论基础，货币时间价值的计算关系到理财目标的明确与规划，财务状况合理与否直接影响理财目标的实现程度，三者构成了投资理财的基础知识。本章介绍了家庭生命周期理论及其在理财中的应用、货币时间价值的计算、家庭财务报表的编制及财务状况的诊断。

学习目标：

（1）掌握生命周期理论并理解其对于理财的意义。

（2）掌握终值、现值、年金、利率、期限等的计算。

（3）掌握家庭资产负债表和收入支出表的编制。

（4）掌握财务比率的计算并能分析家庭的财务状况。

（5）理解家庭资产负债表和收入支出表之间的联系。

生命周期理论是理财学的基础，任何理财计划方案的制定都必须从客户需求出发，而生命周期之内成本与收益的核算，与货币时间价值的计算密切相关，因此，在进行个人理财规划之前，必须要对生命周期理论和货币时间价值的计算有透彻的理解和掌握。

第一节　经济学基础
——生命周期理论

生命周期理论是由莫迪利安尼、布伦伯格和安多共同创建的，其中，莫迪利安尼做出了尤为突出的贡献，并因此获得了 1985 年诺贝尔经济学奖。

该理论对消费者的消费行为提供了全新的解释：在消费者的一生中，消费者将遵循总效用最大化的原则，选择一个与过去平均消费水平接近的稳定的消费率，在他的一生中，他将按照这个稳定的比例均匀地消费其总收入。当现行收入超过或低于按稳定消费率计算的消费时，个人将进行储蓄或者负储蓄。也就是说，个人是在相当长的时间内计划他的消费和储蓄行为，在整个生命周期内实现消费的最佳配置，即一个人将综合考虑他现在的收入、将来的收入，以及可预期的开支、工作时间、退休时间等诸因素来决定他目前的消费和储蓄，以使他的消费水平保持在一个相当平稳的水平上，而不会出现消费水平的大幅震荡。公式表示即为 $C = a \cdot WR + c \cdot YL$，其中 C 是消费支出，a 是财富的边际消费倾向，WR 是实际财富，c 是劳动收入的边际消费倾向，YL 是劳动收入（持久收入或者长期收入）。收入曲线与支出曲线的关系如图 2-1 所示。

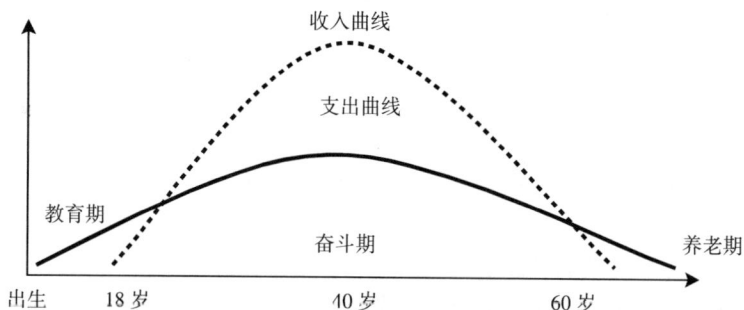

图 2-1　收入曲线与支出曲线的关系

从图 2-1 中可以看出，收入曲线和支出曲线有两个交点。第一个交点的左方代表收入小于支出，处于负储蓄状态，因为没有收入，而是净支出，因此该负储蓄由父母来进行弥补，或者由自己打工来进行部分弥补；两个交点之间，收入大于支出，进行了正储蓄，而且随着年龄的增加，储蓄额越来越多；第二个交点的右边是退休之后，没有了工资收入，只有退休金，难以满足每月的支出需要，因此又出现了负储蓄，则用以前的结余来进行弥补。通过对图 2-1 的分析可以发现，一个理性的消费者通过理财的方式把以前的结余进行了推迟消费，实现了整个生命周期的收入额的平均消费，从而使一生的效用最大化。

不同家庭生命周期阶段的财务情况及理财重点如表 2-1、表 2-2 所示。

表 2-1　不同家庭生命周期阶段的财务情况

家庭形成期 （筑巢期）	家庭成长期 （满巢期）	家庭成熟期 （离巢期）	家庭衰老期 （空巢期）
起点：结婚 终点：子女出生	起点：子女出生 终点：子女独立	起点：子女独立 终点：夫妻退休	起点：夫妻退休 终点：一方身故

续表

家庭形成期 （筑巢期）	家庭成长期 （满巢期）	家庭成熟期 （离巢期）	家庭衰老期 （空巢期）
家计支出增加	家计支出固定	收入达到巅峰	理财收入为主
保险需求增加	教育负担增加	支出逐渐降低	医疗休闲支出
股票基金定投	保险需求高峰	保险需求降低	终身寿险节税
追求收入成长	购房偿还房贷	准备退休基金	领用退休年金
避免透支信贷	投资股债平衡	管控投资风险	固定收益为主

表 2-2　不同家庭生命周期的理财重点

周期	形成期	成长期	成熟期	衰老期
夫妻年龄	25~35 岁	30~55 岁	50~65 岁	60~90 岁
保险安排	随家庭成员增加提高寿险保额	以子女教育年金储备高等教育金	以不用养老险或年金产品储备退休金	投保长期看护险受领即期年金
信托安排	购房置产信托	子女教育金信托	退休安排信托	遗产信托
核心资产配置	股票 70%、债券 10%、货币 20%	股票 60%、债券 30%、货币 10%	股票 50%、债券 40%、货币 10%	股票 20%、债券 60%、货币 20%
信贷运用	信用卡、小额信贷	房屋贷款、汽车贷款	还清贷款	无贷款

案例 2-1：赵先生今年 32 岁，已婚，妻 30 岁，儿子两岁。家庭年收入 10 万元，支出 6 万元，资产有存款 20 万元，有购房计划。从家庭生命周期与赵先生的生涯规划来看，金融理财师为其家庭的规划构架重点是什么？

案例评析：赵先生家庭处于家庭成长期。在支出方面子女教育与教育负担将逐渐增加，但同时随着收入的提高也应增加储蓄额，来应对此时多数家庭会有的购房计划与购车计划。

赵先生的生涯阶段属于建立期。家庭形态为新婚五年内，有学前小孩。事业上已经有几年的工作经验，应该在职进修充实自己，同时拟订生涯计划，确定往后的工作方向，目标是使家庭收入稳定地增加。

第二节　理财计算基础

一、货币的时间价值

货币的时间价值，是指货币经历一定时间的投资和再投资所增加的价值，也称为资金的时间价值。

在商品经济中，有这样一种现象，即现在的 1 元钱和 1 年后的 1 元钱其经济价值不相等，或者说经济效用不同。现在的 1 元钱，要比 1 年后的 1 元钱经济价值要大一些，即使不存在通货膨胀也是如此。例如，将现在的 1 元钱存入银行，1 年后可得到 1.1 元（假设利率为 10%），这 1 元钱经过 1 年时间的投资增加了 0.1 元，这就是货币的时间价值。在实务中，习惯用相对数表示货币的时间价值，即用增加价值占投入货币的百分数来表示，例如，前述货币的时间价值为 10%。

从量的规定性来看，货币的时间价值是在没有风险和没有通货膨胀条件下的社会平均资金利润率。由于竞争，市场经济中各部门投资的利润率趋于平均化。企业在投资某项目时，至少要取得社会的平均利润率，否则不如投资于另外的项目或行业。因此，货币的时间价值成为估价最基本的原则。

二、货币时间价值的计算（复利终值和现值）

（一）终值和现值

终值（FV），是指现在的一笔钱或一系列支付款按给定的利率计算所得到的在某个未来时间点的价值。

现值（PV），是指未来的一笔钱或一系列支付款按给定的利率计算所得到的在现在的价值。

（二）复利终值

每经过一个计算期，要将所生利息加入本金再生利息，逐期滚算，俗称"利滚利"。计算期是指相邻两次计算利息的时间间隔，如年、月、日等，一般为年。

复利终值的对称概念，指未来一定时间的特定资金按复利计算的现在价值，或者说是为取得将来一定本利和现在所需要的本金。

（1）复利终值：$FV = PV \times (1 + i)^n$　常用符号（F/P，i，n）表示。

（2）复利现值：$PV = FV \times (1+i)^{-n}$ 常用符号（P/F，i，n）表示。

三、年金的终值与现值

（一）年金

年金是指一定期限内一系列相等金额的收款或付款项。年金的基本形式包含以下几种：①普通年金，指从第一期起，在一定时间内每期期末等额发生的系列收付款项。②即付年金，也叫预付年金，指从第一期起，在一定时间内每期期初等额收付的系列款项。普通年金与即付年金的共同点为都是从第一期就开始发生。③递延年金，是指第一次收付款发生时间与第一期无关，而是隔若干期才开始发生的系列等额收付款项。④永续年金，是指无限期等额收付的特种年金。

（二）普通年金

（1）终值：把每一期期末发生的普通年金都统一折合成最后这一期的期末价值，然后加起来就称作普通年金的终值。$FV = \dfrac{(1+i)^n - 1}{i} \times A$，A 为年金，i 为利率，n 为期限，$\dfrac{(1+i)^n - 1}{i}$ 被称为年金终值系数，常用（F/A，i，n）符号表示。

案例 2-2： 一位 21 岁的年轻人想在今后 44 年中每年投资一笔等额款 1532 元，直至 65 岁，10% 的年复利率，则其可以在 65 岁时获得多少钱？

$$FV = \frac{(1+i)^n - 1}{i} \times A = \frac{(1+10\%)^{44} - 1}{10\%} \times 1532 = 100000 \text{ 元}$$

（2）现值：就是指把每一期期末所发生的年金都统一地折合成现值，然后再求和。$FV = \dfrac{1-(1+i)^{-n}}{i} \times A$，$\dfrac{1-(1+i)^{-n}}{i}$ 被称为年金现值系数，常用符号（P/A，i，n）表示。

案例 2-3： 恭喜你中了一个足球彩票的头奖 2000 万元。可是彩票公司将会把 2000 万元按每年 50 万元给你，从明年初开始支付，40 年付完。如果你的收益率为 12%，你实际获奖金额为多少？

$$PV = 500000 \times \frac{1-(1+i)^{-n}}{i} = 4121888.34 \text{ 元}$$

（三）预付年金

（1）预付年金的终值（FVAD）的两种计算方法：

预付年金的终值 = 普通年金终值 ×（1+i）

预付年金的终值 = 预付年金 A × 预付年金的终值系数

预付年金终值系数，是在普通年金终值系数的基础上，期数加 1、系数减 1 所得的结果，即 $\dfrac{(1+i)^{n+1}-1}{i}-1$。

（2）预付年金的现值（PVAD）的两种计算方法：

预付年金的现值 = 相同期限的普通年金现值 ×（1 + i）

预付年金的现值 = 预付年金 A × 预付年金的现值系数

预付年金现值系数，是在普通年金现值系数的基础上，期数减 1、系数加 1 所得的结果，即 $\dfrac{1-(1+i)^{-(n-1)}}{i}+1$。

（四）递延年金

递延年金的现值 = 年金 A ×（n 期总的年金现值系数 – 递延期的年金现值系数）

递延年金的现值 = 年金 A × 年金现值系数 × 复利现值系数

（五）永续年金

永续年金的现值公式为 P = A/i。

（六）净现值与内部回报率

净现值（NPV），是指所有现金流（包括正现金流和负现金流在内）的现值之和，即：

$$NPV = \sum_{t=0}^{T} \frac{C_t}{(1+i)^t}$$

内部回报率（IRR），是指使净现值等于 0 的贴现率，即：

$$NPV = \sum_{t=0}^{T} \frac{C_t}{(1+IRR)^t} = 0$$

对于一个投资项目，如果 r < IRR，表明该项目有利可图；相反地，如果 r > IRR，表明该项目无利可图。其中，r 表示融资成本。

净现值和内部回报率可用来判断项目可行不可行。贴现率为必要回报率。如果净现值大于 0 则可行；内部回报率与成本率或必要回报率比较，如果内部回报率较高，则可行。

（七）有效年利率

当计息期间不再是一年，而是半年，甚至是三个月时，对于借贷双方而言，利率则不是当初的年利率，而是有效年利率（EAR）。它们之间的关系如下：

$$r = \left(1 + \frac{i}{m}\right)^m - 1$$

其中，m 为每年复利次数，i 为名义年利率，r 为有效年利率。

10%简单年利率下计息次数与 EAR 之间的关系如表 2-3 所示。

表 2-3 10%简单年利率下计息次数与 EAR 之间的关系

计息周期	计息次数	有效年利率（%）
年	1	10.00000
季	4	10.38129
月	12	10.47131
周	52	10.50648
天	365	10.51558
小时	8760	10.51703
分钟	525600	10.51709

从表 2-3 可以看出，随着计息次数的增加，有效年利率在不断提高，但是提高的速度越来越慢，而且是有上限存在的。

当复利期间变得无限小的时候，相当于连续计算复利，被称为连续复利计算。在连续复利的情况下，计算终值的一般公式是：

$$FV = PV \times e^{rt}$$

其中，PV 为现值，r 为年利率，t 为按年计算的投资期间，e 为自然对数的底数，约等于 2.71828。

案例 2-4：一家商店进行家具大甩卖，提出以下优惠：1000 元的家具立刻拿走！12%的单利！三年付清！抄底月付！假如你买了 1000 元的家具，并同意按以上条款支付，那么你实际支付的 APR 是多少？EAR 又是多少？

若以 12%年利率借款 1000 元，三年付清，则欠款为 1000 + 1000 × 12% × 3 = 1360 元，为了减轻还款压力，分为 36 个月，则每月付款为 1360/36 = 37.78 元。

$$1000 = 37.78 \times \frac{1 - (1 + i)^{-n}}{i}$$，其中 n = 36，则 i = 1.767%

APR = 12 × 1.767% = 21.204%

EAR = 1.01767^{12} − 1 = 23.39%

第三节　家庭财务分析

一、个人财务记录

各个财务记录可以便于个人能够随时了解自己的财务信息，解释目前的财务状况，帮助分析了解存在的问题，最后通过制定收支预算，做出相应的决策，有效地管理和控制理财活动。

个人的财务管理活动可以按时间来划分，主要有以下三个方面的内容：

（1）记录和保存个人的财务记录和文件（过去的活动）。个人财务记录主要是记录过去的各种财务活动以及在这些活动中所产生的各种财务信息，这些信息是了解现在和未来的基础。记录多种多样，有效的财务管理应首先从这些第一手的、原始的个人财务信息的保管和记录入手。

（2）现在的个人财务状况的分析和评价（现在的活动），指对目前的财务状况进行分析，找出健全的方面和指标，也找出不健全的方面和指标。通过这种分析能够衡量自己的财务状况，评价自己在财务方面的进展，找出问题所在，以及发现出问题的环节和原因。

（3）计划未来的财务活动（计划未来的活动），指在已有财务记录的基础上，即在掌握过去和现在的财务状况的基础上，对自己的未来进行规划和计划。

这三个方面存在着密切的联系，从时间的轴线上可以非常清楚地看出这一点：对个人财务信息的掌握是分析现状和把握未来的基础，如果没有很好地做到对自己的信息分门别类，进行很好的记录，就难以规划好现在和未来；同样，对目前状况进行分析以及找出原因，也是未来预算的基础，因为只有对现状进行分析，并归纳总结不足及其原因，才能做好预算。

记账分两种类型：一种是原始财务信息的记录，包括对各种发票、商场购物小票、合同文书、银行开户资料等的保管和记录；另一种是非原始财务信息的记录，对比如收入、银行存款、股票价值等的记录。

原始财务信息的保管和记录是非常必要的，它是大多数非原始信息的基础，又不完全反映在非原始信息中，但对我们理财却是至关重要的，比如产权文件、合同文书、商品保修单。原始财务信息的记录可以像图书馆对图书的处理一样，首先要分门别类，然后按照时间顺序记录，每一个类别存放于不同的文件夹，再为所有资料做一个目录，以方便查阅。

非原始财务信息的记录即为简单意义上的记账。这些信息都是自己进行了简单的提炼和综合后的信息，可以对每笔收入和支出都记录，收入应分别登记，支出应进行详细登记，而且也要分门别类，要详细具体，落实到何年何月何事支出多少，这样对自己的支出状况有一个清晰的概念，便于对支出情况进行监管，以及总结经验教训和进行调整。

二、个人资产负债表

(一) 概念

资产负债表是反映个人在某一时点上的资产和负债状况的财务报表，是一个存量指标，其只是告诉你目前的结果，并不揭示资产和负债是怎么形成的，所以显示的是静态的数据。

(二) 计算公式

资产（你的所有）– 负债（你的债务）= 净资产（你的财富）

编制资产负债表就是确定资产、负债和净资产这三项，并且把相应的项目分别归类的工作。对于资产负债表，以上的等式永远成立，根据由这个等式得来的数据可以确定目前的财务状况。

(三) 资产负债表的编制

第一步：计算个人资产。个人资产是个人所拥有的东西。大多数资产是有形的，如汽车、房子等，在某些情况下，它们也是无形的，如著作权、发明专利等。是否将一样东西归为资产，并非以其是否通过购买所得为标准，关键要看其是否属于此人。即使一样东西还未付清所有的款项，只要他已经属于此人，就应将此东西列入资产负债表，比如贷款买的汽车和房屋等。

个人资产的分类如表 2–4 所示。

表 2–4　个人资产的分类

流动资产		养老金
现金		其他投资工具
活期存款		期货
	投资资产	期权
股票和债券		贵金属（如黄金）

续表

普通股	艺术品
国债	高价实物资产
企业债	住房
长期存款	汽车
基金	
封闭式基金	个人财物
开放式基金	家具
房产	电器
实业投资	衣服
人寿险	首饰

（1）流动资产。流动资产包括现金和可以很容易地、不受损失地变成现金的财产（如活期存款、定期存款、类存款资产）。流动资产用于日常生活开支、购买商品、支付账单和贷款利息等。

（2）投资资产。投资是用来获得回报的资产。这些资产中，金融类投资往往是主要的部分，其中包括公司股票、政府债券、公司债券、长期存款、基金、保险、养老金计划、信托计划等，此外，也包括一些非金融类投资资产，如邮票、艺术品、房产等。不同投资的流动性（即变现的难易程度）有较大差别，一般来说，金融类资产的流动性比非金融类资产要高。

（3）高价实物财产及其他个人财物。高价实物财产是个人在生活中使用的、价格较高、在个人的资产中占有较大比例的物品，主要包括住房、汽车、高档家具、高档首饰等。其他的个人财物包括衣服、家用电器、电子产品等。除了住房之外，其他个人财物往往在投入使用之后，其市场价值会大大缩小。

要注意的是，资产的价值并不是一成不变的，其会随着时间的推移和市场的波动而发生变化，所以应当按照编制日的实际价值计算，如存款以账户余额或存款额为价值入账，利息等收到时再入账，股票、基金等以市值入账，而实物资产以成本价或在二级市场变现价值入账。

第二步：计算个人负债。个人负债需要在将来的一定时期内归还，主要形式包括信用卡的应付款、汽车贷款、住房按揭等。根据到期时间的长短，个人负债被分为短期负债和长期负债。短期负债是指一年内到期的债务，长期负债是指到期日在一年以上的债务。负债以现值入账，即所欠的本金数额，而不包含利息。

个人负债项目如表2-5所示。

表 2-5 个人负债项目

短期负债	长期负债
应付账单	住房按揭
信用卡贷款	汽车贷款
寿险费用	房地产投资贷款
其他短期借款	住房装修贷款

随着住房贷款和汽车贷款的普及，个人长期负债越来越多。在中国的消费环境中，信用消费，尤其是短期信用消费并不发达，所以短期负债在个人负债中一般比例很低。

第三步：计算净资产。个人净资产是指个人实际拥有的财富，它等于个人资产减去个人负债。如果个人资产小于零，则意味着个人或家庭面临资不抵债的状况。

一般来说，个人净资产会随着人的年龄的增长而逐渐增加。例如，在学生时期，个人净资产会很少，主要是父母提供的生活费用。在工作几年之后，会有一定的积蓄，个人净资产便会有较大的提高。在结婚生子之后，可能已经购买了住房和汽车，银行存款也有进一步提高，个人净资产会再上一个台阶。

在进行长期的理财规划时，个人净资产是一个十分重要的数据。如果确定将积累财富作为理财的一个目标，那么跟踪个人净资产数据是一个很好的分析方法。

表 2-6 所示为黄某在某一日期的资产负债表。

表 2-6 资产负债表

姓名：黄×× 　　　　　　　　　　　　　　　日期：××××年××月××日

资产	金额（元）	负债与净资产	金额（元）
现金	1080	房屋租金	
活期存款	6000	保险金	
流动资产总计	7080	信用卡贷款	2300
股票	30000	其他负债	12000
债券	20000	短期负债总计	14300
长期存款	60000	住房按揭	520000
投资总计	110000	房产住房按揭	
住房	720000	汽车贷款	120000

续表

资产	金额（元）	负债与净资产	金额（元）
汽车	160000	装修贷款	
高价资产总计	880000	教育贷款	
家具	23000	其他长期贷款	
电器	16000	长期贷款总计	640000
其他	20000	负债总计	654300
资产总计	1056080	净资产总计	401780

（四）个人资产负债表的分析

1. 资产负债率

资产说明的是个人现在能够占有和动用的资源，但是净资产的理论含义是个人将其所有资产出售和所有债务偿还后的现金价值，因此净资产比资产更能说明当前的财务状况。主要评价指标是资产负债率，即负债与资产的比率：

（1）若比率等于 1，说明资产等于负债，此时净资产为 0。

（2）若比率小于 1，说明资产大于负债，此时净资产为正，可以考虑投资。

（3）若比率大于 1，说明资产小于负债，此时净资产为负，资不抵债，存在财务危机。要指出的是，要把超前消费和破产区分开，通过借贷超前消费时，个人的净资产可能是负数，但只要未来的收入能够偿还债务，就不存在破产的情况。

2. 家庭资产负债表结构分析

家庭资产负债表结构分析如图 2-2 所示。

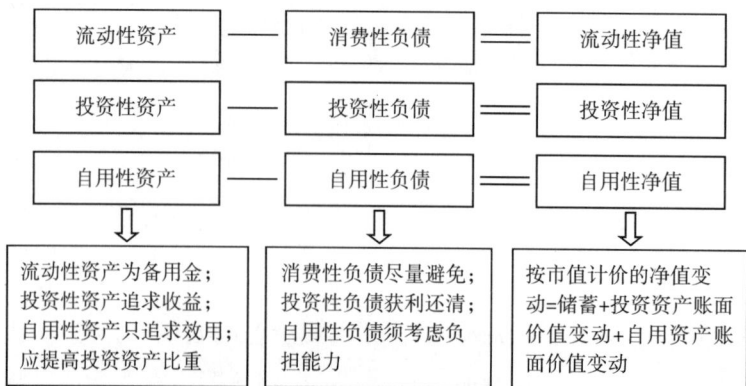

图 2-2　家庭资产负债表结构分析

通过对资产负债表的分析，可以给我们一些提示：

（1）考察自己的收入、收入负债比多大，当超出一定范围时，应当引起注意，适当减少债务。

（2）根据债务的偿还期限、偿还能力，尽量将自己的债务长、中、短相结合，避免将还债期集中在一起，到时自己无力归还。

（3）考察债务的用途、收益，高风险投入的债务越少越好，有稳定收益的可以多借。

三、收入支出表

因为家庭绝大部分的收入和支出都是以现金或等价物的形式进行的，所以对于家庭而言，收益表和现金流量表可以合二为一，成为收入支出表。

（一）含义

收入支出表是指概括个人或家庭某段时间内的收入和支出的财务报表，编制目的在于揭示个人或家庭生成现金的能力和时间分布，以利于正确投资和消费决策。

（二）计算公式

既定时间段的现金流入 – 既定时间段的现金流出 = 净现金流量（结余）

（三）编制

现金流量表包括三部分：总收入、总支出、净现金流量。

第一步：确定现金流入。收入主要包括工资、个人劳务报酬、奖金，储蓄和投资所获得的利息及分红，出售资产所获得的资金等。其他类型的收入还包括养老金、补贴、捐赠、社会保障、税收返还等。应该注意，在确定收入的数额时，要采用税前和其他扣除之前的数额，而不应该用最终拿回家的数额，这样可以更全面地了解收入情况。

第二步：支出。支出可以分为四大类：①生活开支（房租、水电、食品、交通、医疗等）；②购买资产开支（如购买汽车、家具、家电、服装等）；③缴税；④债务支出（住房贷款、汽车贷款、信用卡透支等）。其中有些支出是通过合同约定相对固定的支出，如住房贷款、汽车贷款、会员费及宽带上网包月费等；还有些支出是变化性的，支出额度在不同期间可能有很大波动。

第三步：现金盈余（赤字）。收入总额减去支出总额，如果大于 0，便可得到现金盈余，如果小于 0 则是现金赤字，需要降低储蓄或提高借款，如此可能增加未来的财务负担。

个人现金流量表如表 2-7 所示。

表 2-7 个人现金流量表

姓名：××   期间：××××年 1~12 月

收入		（元）
工资		120000
奖金		20000
投资收入	利息	
	分红	
	出售股票和债券	
其他收入		18000
收入总计		158000
支出		
住房	付按揭	32000
	房屋维修	2000
费用	水、电、煤气	2800
	电话费（固定和移动电话）	9000
餐饮	食物采购	10000
	在家外就餐	12000
汽车	付按揭	24000
	保险费	5500
	养路费	1400
	汽油费	9600
购物	衣服	3800
	家具和电器	4200
保险		2000
交税		16000
娱乐		8000
支出总计		142300
现金盈余（赤字）		15700

若净现金流量大于 0，表示个人日常有一定的积累；若净现金流量等于 0，表示个人收支平衡，日常没有积累；若净现金流量小于 0，表示个人日常入不敷

出，需要动用原有的积蓄或者借债。

（四）分析

评价指标是收支比例，即支出与收入的比例：支出大于收入，说明应该控制支出，以使收支平衡；收入大于支出，说明可以再进行投资。

通过现金流量表我们可以了解个人某段时期的财务状况。对于收支平衡的控制，可以通过开源和节流两种途径。

资产负债表和现金流量表两表分别说明了个人某个时点上和某个时期内的财务状况，实际上两者是互为结果的，两个时点间净资产变动的原因，正是通过该时期收入支出表来解释的。

净资产的变化是现金流入和现金流出相互作用的结果，当现金流出大于现金流入时，必须动用储蓄或者借债，这时资产减少或者负债增加，减少净资产；流入大于流出时，将现金存入银行或者偿还债务会提高净资产。如图2-3所示。

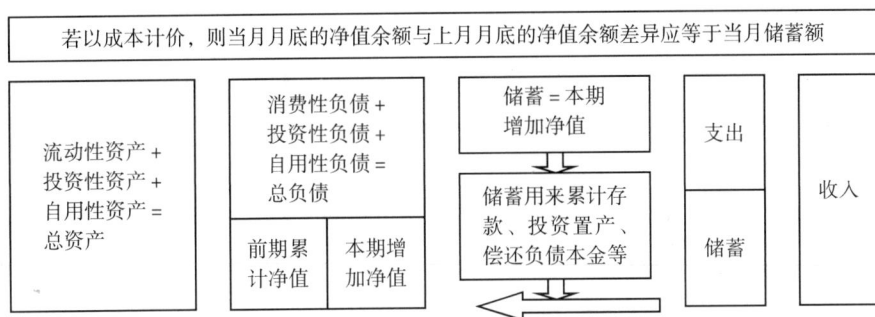

图2-3　资产负债表和现金流量表的关系和应用

四、编制家庭财务报表的要点

已实现资本利得或损失是收入科目，未实现资本利得是使期末资产与净资产同时增加的调整科目；购房预付款是资产而不是支出科目，每月房贷还款额应区分本金和利息，分别为负债和支出科目；财产保险费为费用科目，寿险中的定期寿险、意外险、医疗险为费用科目，终身寿险、养老险保单现值及增值部分为资产科目。

五、财务比率分析

通过资产负债表和现金流量表对个人财务状况进行评价，主要可以用以下指标进行：

1. 资产负债率

资产负债率为个人负债占总资产的比例，计算公式为资产负债率＝负债总额/资产总值×100%。若比率为1，说明总资产等于总负债，个人净资产为零；若比率大于1，说明总资产小于总负债，个人净资产为负，资不抵债，存在潜在的财务危机；若比率小于1，说明总资产大于总负债，个人净资产为正，可以考虑投资等。

一般而言，家庭资产负债率控制在50%以下都属合理，若家庭的资产负债率过低，可适当地增加负债。

2. 每月还贷比

每月还贷比又被称为负债收入比率，其为客户某一时期（可以是一个月、一个季度或一年）到期债务本息和与收入的比值，可以是每月还贷额/家庭月收入×100%，也可以是每年债务偿还总额/每年扣税后的收入总额×100%。

从财务安全角度看，个人的负债比率数值如果在0.33以下，其财务状况属于良好状态。一般而言，每月还贷比控制在50%以下都属合理。

3. 每月结余比例

每月结余比例＝每月结余/每月收入×100%

一般而言，每月结余比例控制在40%以上都属合理，若目前家庭的每月结余比例较高，每月结余应加以合理利用。

4. 年度结余比例

年度结余比例＝年度结余/年度收入×100%

一般而言，年度结余比例控制在50%以上都属合理，若目前家庭的年度结余比例较高，年度结余也应加以合理利用。

5. 流动性比率

流动性比率＝流动性资产/每月支出×100%

一般而言，一个家庭的流动性资产可以满足其3~6个月的开支即可，若家庭的流动性比率过高，就降低了资产的收益性。当然，对于拥有稳定工作和收入的人而言，保持3个月的备用金即可，而对于只拥有临时性工作的人来说，则应保持应付6个月生活支出的备用金。备用金的数额可以根据个人的生活状况和就业稳定性程度而有所变化。

6. 财务自由度

财务自由度＝（目前的净资产×投资报酬率）/目前的年支出＝投资性收入

(非工资收入)/日常消费支出

公式中的投资性收入等于资本收入,即持有资产期间所获得的收益,如利息、股息、分红等,而不是资本利得。公式计算结果如果大于或等于1,则认为实现了财务自由。现实生活中,很少有人能够实现。

六、综合案例:个人财务报表编制实例

郭女士28岁,北京某银行信贷科副科长,其爱人王先生供职于一家国有大型企业。郭女士夫妇都为独生子女,郭女士每年的税后收入大约有8万元(基本工资和奖金),王先生的税后收入为10万元。

二人现在住的新房是属于王先生单位的福利房,2005年购买时放款总额为35万元,一次付清25万元,其余10万元通过住房公积金贷款,期限五年,采用的是等额本息还款方式,每月还款额为1860元,夫妇有五年期定期存款10万元,还有半年到期,活期存款5万元。另外还有10万元王先生公司的股票,三年内不能转让。夫妇双方都没有商业保险,并计划两年内购买小轿车一辆,价位在15万元左右。

家庭每月的开支主要包括:房屋贷款1860元,车费2000元,其他费用大约3000元,空闲时间他们经常会出去参加一些娱乐活动,一年的费用大概在10000元,预期一年内不会有大的变化。

郭女士和王先生的家庭资产负债表和家庭现金流量表如表2-8、表2-9所示。

表2-8 家庭资产负债表

客户:郭女士和王先生家庭 日期:2016年12月31日

资产	金额(元)	负债与净资产	金额(元)
金融资产		负债	
现金与现金等价物		信用卡透支	
活期存款	50000	住房贷款	100000
定期存款	100000	负债合计	100000
现金与现金等价物合计			
其他金融资产			
股票	100000		
保险理财产品			
其他金融资产合计	100000		
实物资产		净资产	500000

续表

资产	金额（元）	负债与净资产	金额（元）
自住房	350000		
实物资产合计	350000		
资产合计	600000	负债与净资产合计	600000

表 2-9　家庭现金流量表

客户：郭女士和王先生家庭　　　　　　　　　　日期：2016 年 1 月 1 日至 12 月 31 日

年收入	金额（元）	百分比（%）	年支出	金额（元）	百分比（%）
工资和薪金			房屋按揭还贷	22320	24
王先生	100000	56	日常生活支出	60000	65
郭女士	60000	33	商业保险费用		
奖金和佣金	20000	11	休闲和娱乐	10000	11
投资收入			其他		
			其他支出		
收入总计	180000	100	支出合计	92320	100
年结余			87680		

课外阅读 1　不同年龄阶段的理财规划

20~29 岁　主要课题：由求知到收益的过渡，并养成良好的消费与储蓄习惯。

理财规划：假设你是一位 22 岁的年轻人，第一次工作的年薪是 54000 元（月入 4500 元），30 岁时增加到 94000 元，即薪资每年增加 5000 元。如果每年拿出 10%投资，你可以选择年收益为 10%的增长型国内和国际基金。那么到 29 岁时，你的退休金储备是 93160 元。

10 个建议：

（1）拟订实际的理财目标并坚持下去，不要让你的情绪破坏它。

（2）选择合适的朋友和伴侣，保证他们能支持你的财务目标。

（3）不要在短时间内，在太多异性朋友身上浪费时间和钱财，你应该有很多的事情要做。

（4）留出 2.5~3 个月的收入，一部分做急用现金，另一部分投资货币市场或储蓄，这是为你失业、生病或修理房子和汽车做金钱储备，不断增加你的投资额。

（5）从现在开始每月至少投资总收入的10%。

（6）你的投资资产中至少80%是向增长型项目投资，20%是向增长型/收益型项目投资。

（7）在能承担的风险范围内寻找高收益投资项目。

（8）了解你的所有支出，这是对你的计划实施情况的回馈。

（9）有规律且有系统地投资。

（10）不要透支信用卡。

30~39岁　主要课题：正视金钱，并认真执行有计划的储蓄。

理财规划：如果进入30岁时继续投资，此时年薪为94000元，取15%投资于退休金，而你的年薪每年仍增加5000元，39岁时，你的退休金储备就是820290元。

10个建议：

（1）冒险买房，尽量减少税金。

（2）尽可能地利用递延税金方案。

（3）在金融市场或银行进行现金储备。

（4）你的公司股票不超过全部投资的5%。

（5）尽量保证你的汽车使用7年。

（6）不要频繁跳槽。

（7）为良好职业、家庭和社会关系做准备。

（8）尽早开始为孩子的教育费投资。

（9）让孩子学习和掌握明智的理财之道。

（10）购买足够的人寿保险和伤残保险。

40~49岁　主要课题：为自己的未来做更充分的准备，给老人和孩子更多的关爱。

理财规划：假如进入40岁时，你的年薪为144000元，之后薪资每年增加10000元，投资金额为收入的15%，49岁时，你的退休金储备将为3568070元。

50~59岁　主要课题：为退休做准备。

理财规划：到50岁时，假如年薪为244000元，之后年薪每年仍增加10000元，投资额为收入的15%，59岁时退休金储备是13456050元。

60岁以后　主要课题：长寿与繁荣。

理财规划：如果你坚持按这种模式走下来，到60岁的时候，恭喜你已经成为千万富翁！60 岁退休后，你可以把所有的投资资本投入平衡型共同基金，并要求信托公司每月向你提供 7%提取收益的账目，把这部分收益存入活期账户。自此，你开始获得 1064830 元的收益，而每年的收益还可以增加 3%，以弥补通货膨胀造成的损失。

课外阅读 2 巴菲特讲述的神奇的滚雪球故事

巴菲特这样总结自己的成功秘诀："人生就像滚雪球，重要的是发现很湿的雪和很长的坡。"其实，巴菲特是用滚雪球比喻通过复利的长期作用实现巨大财富的积累，雪很湿，比喻年收益率很高，坡很长，比喻复利增值的时间很长。

巴菲特 1963 年写给合伙人的信中说："我们的合伙基金存在的根本原因就是要以高于平均水平的收益率复利增长，而且长期资本损失的风险比主要投资公司更低。"

他早在自己只有 30 多岁的时候就明白了复利的重要性，他用一个神奇的历史故事说明了复利的神奇作用。

这是一个关于曼哈顿岛的印第安人把这座小岛卖给臭名昭著的挥霍浪费的荷属美洲新尼德兰省总督 Peter Minuit 的传奇故事，印第安人在交易中体现出来的精明将会永远铭刻在历史上。我了解到，印第安人从这笔交易中净落到手的钱约合 24 美元。付出金钱的 Peter Minuit 得到了曼哈顿岛上 22.3 平方英里的所有土地，约合 621688320 平方英尺。按照可比土地销售的价格基础进行估算，我们不难做出一个相当准确的估计，现在每平方英尺土地价格估计为 20 美元，因此可以合理推算整个曼哈顿岛的土地现在总价值为 12433766400 美元，约 125 亿美元。对于那些投资新手来说，这个数据听起来会让人感觉 Minuit 总督做的这笔交易赚大了。但是，印第安人只需要能够取得每年 6.5%的投资收益率，就可以轻松笑到最后。按照 6.5%的年复利收益率，他们卖岛拿到的 24 美元经过 338 年到现在会累计增值到 42109362790（约 420 亿）美元，而且只要他们努力争取每年多赚半个百分点让年收益率达到 7%，338 年后的现在就能增值到 2050 亿美元。

巴菲特 1963 年和 1964 年在信中附的一张表格，进一步说明了取得神奇的长期复利增值的关键因素。

巴菲特在 1963 年分析说："要取得如此神奇的投资业绩，还需要有其他关键因素的作用。一个因素——拥有聪明才智让自己活得非常长寿，另一个影响重大的因素——复利利率相对而言非常微小变化就能导致最终累计增值的巨大变化，而且非常明显的是，期限越长这种影响越大。"

从 1965 年巴菲特接管伯克希尔公司，到 2010 年，过去 46 年巴菲特平均取得了 20.2% 的年复利收益率，同期标准普尔 500 指数年复利收益率为 9.4%，巴菲特每年只不过比市场多赚了 10.8% 而已。但是 46 年间巴菲特累计赚了 90409%，而指数累计增长了 6262%。

1994 年 10 月 10 日巴菲特在内布拉斯加大学的演讲中说："复利有点像从山上往下滚雪球。最开始时雪球很小，但是往下滚的时间足够长（从我买入第一只股票至今，我的山坡有 53 年这么长），而且雪球黏得适当紧，最后雪球会很大很大。"

想学习巴菲特滚雪球，你找到很湿的雪和很长的坡了吗？

课后习题

一、单项选择题

1. 某校准备设立永久性奖学金，每年计划颁发 36000 元资金，若年复利率为 12%，该校现在应向银行存入（　　）元本金。

A. 450000　　　　　　　　　　　B. 300000

C. 350000　　　　　　　　　　　D. 360000

2. 下列财务报表属于静态报表的是（　　）。

A. 资产负债表　　　　　　　　　B. 收入支出表

C. 现金流量表　　　　　　　　　D. 以上都不是

3. 对个人资产负债表的理解，下列说法错误的是（　　）。

A. 资产负债表的记账法遵循会计恒等式"资产 = 负债 + 所有者权益"

B. 资产负债表可以反映客户的动态财务特征

C. 资产和负债的结构是报表分析的重点

D. 当负债高于所有者权益时，个人有可能出现财务危机

4. 在家庭生命周期中，以保守稳健型投资为主的时期是（　　）。

A. 家庭建立期　　　　　　　　　B. 家庭稳定期

C. 家庭成长期　　　　　　　　　D. 家庭衰退期

5. 在家庭生命周期中，理财目标较多、难度较大的时期是（　　）。

A. 家庭形成期　　　　　　　　　B. 家庭成长期

C. 家庭稳定期   D. 家庭衰退期

二、多项选择题

1. 生命周期理论是个人理财业务开展的理论基础，对此下列阐述正确的是（   ）。

A. 人在不同的生命时期会有不同的现金流量特征

B. 人在不同的生命时期会有不同的生活目标

C. 开展个人理财业务是为了满足个人的财务目标，从而实现财务自由

D. 以生命周期为理论基础开展个人理财业务，符合现代营销学原理

E. 处在生命周期的同一个时期的不同的人通常也会有相同的理财目标

2. 利用客户的个人资产负债表可以明确（   ）。

A. 客户的偿付比例   B. 储蓄比例

C. 资产   D. 负债

E. 净资产

3. 下列属于年金收付形式的是（   ）。

A. 分期付款赊购   B. 分期偿还贷款

C. 发放养老金   D. 固定资产折旧

E. 投资收益

4. 某公司拟购置一处房产，付款条件是，从第七年开始，每年年初支付 10 万元，连续支付 10 次，共 100 万元，假设该公司的资金成本率为 10%，则相当于该公司现在一次付款的金额为（   ）万元。

A. $10[(P/A, 10\%, 15) - (P/A, 10\%, 5)]$

B. $10(P/A, 10\%, 10)(P/F, 10\%, 5)$

C. $10[(P/A, 10\%, 16) - (P/A, 10\%, 6)]$

D. $10[(P/A, 10\%, 15) - (P/A, 10\%, 6)]$

5. 有一笔递延年金，前两年没有现金流入，后四年每年年初流入 100 万元，折现率为 10%，则关于其现值的计算表达式正确的有（   ）。

A. $100 \times (P/F, 10\%, 2) + 100 \times (P/F, 10\%, 3) + 100 \times (P/F, 10\%, 4) + 100 \times (P/F, 10\%, 5)$

B. $100 \times [(P/A, 10\%, 6) - (P/A, 10\%, 2)]$

C. $100 \times [(P/A, 10\%, 3) + 1] \times (P/F, 10\%, 2)$

D. $100 \times [(F/A, 10\%, 5) - 1] \times (P/F, 10\%, 6)$

三、计算与案例分析题

1. 王某向银行申请一年期消费贷款，银行的挂牌利率为6%，通过对王某的资信调查，银行决定对王某的贷款在挂牌利率的基础上上浮10%，王某按月还款，则王某这笔消费贷款的有效年利率是多少？（请保留两位小数）

2. 王先生家庭2016年底资产负债情况如下：家庭活期存款10000元，定期存款100000元，股票140000元，自住房现价350000元，其中尚欠银行房屋贷款100000元；每月税后收入10000元，年终奖金税后20000元。其妻子每月税后收入5000元，无年终奖金。日常生活费用每月5000元，休闲和娱乐支出每年10000元，房屋按揭贷款本年利息支出为20000元，家庭无保险。

（1）请编制王先生2016年度资产负债表和收入支出表。

（2）请计算王先生家庭的相关财务比率，请列明具体计算公式，并进行简要评价。

第三章　税收理财

收入是理财的源头，当个人或家庭付出劳动取得收入时，大多需要缴纳个人所得税，扣税之后的收入就是可支配收入。通过税收筹划，负担的税负就会减轻，从而可支配收入就会相应地提高，使得理财的空间和范围扩大。本章主要介绍了我国各种收入的所得税的纳税额的计算以及常见的个税所得税筹划技巧。

学习目标：

（1）了解我国的税制体系。

（2）掌握工资薪金、劳务报酬、偶然所得、财产收入等项目应纳税所得额、应纳税额的计算。

（3）掌握捐赠扣除的计算。

（4）理解常见的个人所得税的税收筹划方式。

第一节　税收基本知识

一、税收的概念和特征

税收是国家凭借政治权力，按照法律规定取得财政收入的一种形式。其具有以下特征：

（1）强制性。它主要是指政府以社会管理者的身份，用法律、法规等形式对征税加以规定，并依照法律强制征税。

（2）无偿性。它主要指政府征税后，税款即成为财政收入，不再归还纳税人，也不支付任何报酬。

（3）固定性。它主要指在征税之前，以法的形式预先规定了课税对象、课税额度和课税方法。

目前，我国财政收入的 95% 左右是通过税收取得的。政府向纳税人征税，虽然会直接减少纳税人的收入，但用税收收入提供的公共产品、公共服务，如国防、公共安全、公共卫生、义务教育、公共道路等，又会使企业和个人受益。从政府的角度看，如果没有税收，它的职能就无法履行，甚至连生存也失去了基础。在一个法制健全的国家，纳税既是公民的一种义务，也是公民无法逃避的一种责任。

二、税收制度的构成要素

（1）纳税义务人，即纳税主体，是指一切履行纳税义务的法人、自然人及其他组织。

（2）征税对象，即《税法》规定必须征税的客观对象，指国家对什么样的标的物征税。

（3）税目，即各个税种所规定的具体征税项目。比如，消费税具体规定了烟、酒等 11 个税目。

（4）税率，即对征税对象的征收比例或征收额度，分为比例税率、定额税率、累进税率三种。

（5）减税免税，即对某些纳税人和征税对象采取减少征税或者免予征税的特殊规定。

（6）免征额，即课税对象中免予征税的金额。如我国《个人所得税法》规定，纳税人每月工资、薪金所得的免征额为 1600 元。

（7）费用扣除即个人取得收入往往要发生一些必要的开支，国家在对个人收入征税时，允许个人将这部分成本费用从收入中扣除，免予征税。

第二节　我国个人所得税制度

一、纳税义务人

个人所得税的纳税义务人，包括中国内地公民、个体工商户以及在中国有所得的外籍人员（包括无国籍人员）和中国香港、中国澳门、中国台湾同胞。上述纳税义务人依据住所和居住时间两个标准，区分为居民和非居民，分别承担不同的纳税义务。

（一）居民纳税义务人

居民纳税义务人负有无限纳税义务，无论其应纳税所得是来源于中国境内还是中国境外的任何地方，都要在中国缴纳个人所得税。根据《个人所得税法》，居民纳税义务人是指在中国有住所，或者无住所而在中国境内居住满一年的个人。

所谓在中国境内有住所，是指因户籍、经济利益、家庭等关系，而在中国习惯性居住的个人。习惯性居住是判定纳税义务人属于居民还是非居民的一个重要依据，是指个人因学习、工作、探亲、旅游等原因消除后，没有理由在其他地方居住，所要回到的地方，而不是指实际居住或在某一个特定时期内的居住地。一个纳税人因学习、工作、探亲、旅游等原因，原来是在中国境外居住，但这些原因消除后，如果必须回到中国境内居住，则中国为该人的习惯性居住地。尽管该纳税义务人在一个纳税年度内，甚至连续几个纳税年度，都未在中国境内居住过一天，他仍然是中国居民纳税义务人，应就其在全球的应纳税所得，向中国缴纳个人所得税。

所谓在中国境内居住满一年，是指在一个纳税年度（公历 1 月 1 日到 12 月 31 日）内，在中国境内居住满 365 天。在计算居住天数时，对临时离境应视同在华居住，不扣减其在华居住天数。临时离境，是指在一个纳税年度内，一次不超过 30 日或者多次累计不超过 90 日的离境。综上可知，居民纳税义务人包括以下两类：

（1）在中国境内定居的中国公民和外国侨民，但不包括虽具有中国国籍，却没有在中国大陆定居，而是侨居海外的华侨和居住在港澳台地区的同胞。

（2）从公历 1 月 1 日起至 12 月 31 日止，居住在中国境内的外国人、海外侨胞和港澳台同胞。如果这些人在一个纳税年度内，一次离境不超过 30 日或者多次离境累计不超过 90 日，仍被视为全年在中国境内居住的居民，从而被判定为居民纳税义务人。例如，一个外籍人员从 1997 年 10 月起到中国境内的公司任职，在 1998 年纳税年度内，曾于 3 月 7~12 日离境回国，向其总公司述职，12 月 23 日又离境回国欢度圣诞节和元旦。这两次离境时间相加，没有超过 90 日的标准，应被视为临时离境，不扣减其在华居住天数，因此，该纳税人为居民纳税义务人。

中国境内，是指中国大陆地区，不包含中国港澳台地区。

（二）非居民纳税义务人

非居民纳税义务人指不符合居民纳税义务人判定标准的纳税义务人，承担有限纳税义务，即仅就其来源于中国境内的所得，向中国缴纳个人所得税。《个人所得税法》规定，非居民纳税义务人是"在中国境内无住所又不居住或者无住所而在境内居住不满一年的个人"，也就是说，非居民纳税义务人，是指习惯性居住地不在中国境内，而且不在中国居住，或者在一个纳税年度内，在中国境内居住不满一年的个人。在现实生活中，习惯性居住地不在中国的个人，只有外籍人员、华侨和港澳台同胞。因此，非居民纳税义务人实际上只能是在一个纳税年度内，没有在中国境内居住，或者在中国境内居住不满一年的外籍人员、华侨和港澳台同胞。

二、应税所得项目

（一）工资、薪金所得和应纳税所得额的确定

工资、薪金所得，是指个人因任职或者受雇而取得的工资、薪金、奖金、年终加薪、劳动分红、津贴、补贴以及任职或者受雇有关的其他所得。

工资、薪金所得是属于非独立劳动所得。非独立劳动所得，是指个人所从事的是由他人指定、安排并接受管理的劳动，工作或服务于公司、工厂、行政事业单位的人员（私营企业主除外）均为非独立劳动者。他们从上述单位取得的劳动报酬，是以工资、薪金的形式体现的。通常情况下，把直接从事生产、经营或者服务的劳动者（工人）的收入称为工资，即所谓"蓝领阶层"所得；将从事社会公职或管理活动的劳动者（公职人员）的收入称为薪金，即所谓"白领阶层"所得。

除工资、薪金所得以外，奖金、年终加薪、劳动分红、津贴、补贴也被确定为工资、薪金范畴。其中，年终加薪、劳动分红不分种类和取得情况，一律按工资、薪金所得课税，津贴和补贴有例外情况。

以每月的工资、薪金收入额，先减去个人承担的基本养老保险金、医疗保险金、失业保险金以及按省级政府规定标准缴纳的住房公积金，再减除费用扣除标准3500元后的余额，为应纳税所得额。这个标准只适用于一般纳税人，考虑到外籍人员在和境外工作的中国公民的生活水平比较高，现行《税法》规定：对在中国境内无住所而在中国境内取得工资、薪金所得的纳税义务人和在中国境内有住所而在中国境外取得工资、薪金所得纳税义务人，可以根据其平均收入水平、生活水平等情况确定附加减除费用，标准是减除3500元的基础上，再减除3200元。税率为七级超额累进税率，如表3-1所示。

表 3-1　工资、薪金所得适用个人所得税累进税率

级数	含税级距	税率（%）	速算扣除数
1	不超过 1500 元的	3	0
2	超 1500 元至 4500 元的部分	10	105
3	超过 4500 元至 9000 元的部分	20	555
4	超过 9000 元至 35000 元的部分	25	1005
5	超过 35000 元至 55000 元的部分	30	2755
6	超过 55000 元至 80000 元的部分	35	5505
7	超过 80000 元的部分	45	13505

应纳税额 = 应纳税所得额 × 适用税率 – 速算扣除数

= （每月收入额 – 3500 元）× 适用税率 – 速算扣除数

个人工资、薪金所得应缴纳的个人所得税，统一由支付人负责代扣代缴，支付人是《税法》规定的扣缴义务人。

案例 3-1：某纳税人 2012 年 9 月工资 5000 元，该纳税人不适用附加减除费用的规定，当月承担的住房公积金、养老保险金、医疗保险金、失业保险金共计 1000 元，计算其当月应该缴纳的税额。

（5000 – 1000 – 3500）× 3% = 15 元

（二）个体工商户的生产、经营所得

个体工商户从事工业、手工业、建筑业、交通运输业、商业、饮食业、服务业、修理业及其他行业所得；个人经国家有关部门批准，取得执照，从事办学、医疗、咨询以及其他有偿服务活动取得的所得；个人因从事彩票代销业务而取得的所得，应按照"个体工商户的生产经营所得"项目计征个人所得税。

个体工商户和从事生产、经营的个人，取得与生产、经营无关的其他各项应税所得，应分别按照其他应税项目的有关规定，计算征收个人所得税。如取得银行存款的利息所得、对外投资的股息所得，应按照"利息、股息、红利"税目的规定单独计征个人所得税。

个人独资企业、合伙企业的个人投资者以企业资金为本人、家庭成员及其相关人员支付与企业生产经营无关的消费性支出及购买汽车、住房等财产性支出，视为企业对个人投资者的利润分配，并入投资者的生产经营所得，依照"个体工商户的生产经营所得"计征个人所得税。

以每一年度的收入总额，减除成本、费用以及损失后的余额，为应纳税所得

额。成本、费用是指纳税义务人从事生产、经营所发生的各项直接支出和分配计入成本的间接费用以及销售费用、管理费用、财务费用；损失指纳税人在生产、经营过程中发生的各种营业外支出（包括从业人员的工资、借款利息支出等费用），费用统一扣除标准为 24000 元，即每月 3500 元。

个人独资企业的投资者以全部生产经营所得为应纳税所得额；合伙企业的投资者按照合伙企业的全部生产经营所得和合伙协议约定的分配比例，确定应纳税所得额，合伙协议没有约定分配比例的，以全部生产经营所得和合伙人数量平均计算每个投资者的应纳税所得额。

上述所称生产经营所得，包括企业分配给投资者个人的所得和企业当年留存的所得（利润）。税率为五级超额累进税率，如表 3-2 所示。

表 3-2　个体工商户的生产、经营所得适用个人所得税累进税率

级数	含税级距	税率（%）	速算扣除数
1	不超过 15000 元的	5	0
2	超过 15000 元至 30000 元的部分	10	750
3	超过 30000 元至 60000 元的部分	20	3750
4	超过 60000 元至 100000 元的部分	30	9750
5	超过 100000 元的部分	35	14750

（三）对企事业单位的承包经营所得、承租经营所得

个人承包经营、承租经营以及转包、转租经营取得的所得，包括个人按月或者按次取得的工资、薪金性质的所得。

对个人承包经营或承租经营以及转包、转租取得的所得缴纳个人所得税，有以下情况：

（1）企业实行个人承包经营、承租经营以及转包、转租经营取得所得后，承包或承租人按合同（协议）的规定只向发包方、出租方缴纳一定费用，企业经营成果归其所有的，承包或承租人取得的所得，按对企事业单位的承包经营或承租经营所得缴纳个人所得税。

以每一纳税年度的收入总额，减除必要费用后的余额，为应纳税所得额。每一年度的收入总额，指纳税义务人按照承包经营、承租经营合同规定分得的经营利润和工资、薪金性质的所得；所说的必要费用，是指每月减除 3500 元。

税率为五级超额累进税率（见表 3-2）。

应纳税额 =（纳税年度收入总额 – 必要费用）× 适用税率 – 速算扣除数

（2）企业实行个人承包经营、承租经营后，承包或承租人对企业经营成果不拥有所有权，仅是按合同（协议）规定取得一定所得的，其所得按照工资、薪金所得计算缴纳个人所得税。

另外，如果企业实行个人承包经营或承租经营后，工商登记变更为个体工商户的，承包人应当按照个体工商户的生产、经营所得计算缴纳个人所得税。

（四）劳务报酬所得

劳务报酬所得，是指个人独立从事非雇佣的各种劳务所取得的所得。内容主要有设计、装潢、安装、制图、化验、测试、医疗、法律、会计、咨询、讲学、新闻、广播、翻译、审稿、书画、雕刻、影视、录音、录像、演出、表演、广告、展览、技术服务、介绍服务、经纪服务、代办服务及其他劳务等。

与其工资、薪金的区别在于：工资、薪金所得是属于非独立个人劳务活动所得，即在机关、团体、学校、部队、企事业单位及其他组织中任职、受雇而取得的报酬；而劳务报酬所得是指个人独立从事各种技艺、提供劳务取得的报酬。

劳务报酬所得的应纳税所得额为：每次劳务报酬收入不超过 4000 元的，减除费用为 800 元；4000 元以上的，减除 20% 的费用，其余额为应纳税所得额。

劳务报酬所得适用税率为 20%，但对于所得一次收入畸高的，要实行加成征收办法，具体是：一次取得劳务报酬收入，减除费用后的余额（即应纳税所得额）超过 20000~50000 元的部分，按照《税法》规定的计算的应纳税额，加征五成；超过 50000 元的部分，加征十成。如表 3-3 所示。

表 3-3　劳务报酬所得适用的三级超额累进税率

级数	每次应纳税额	税率（%）	速算扣除数
1	不超过 20000 元的部分	20	0
2	超过 20000~50000 元的部分	30	2000
3	超过 50000 元的部分	40	7000

应纳税额 = 应纳税所得额 × 适用税率 – 速算扣除数

案例 3-2： 歌星刘某一次取得表演收入 40000 元，请问他应该缴纳多少个人所得税？

40000 ×（1 – 20%）× 30% – 2000 = 7600 元

（五）稿酬所得

稿酬所得，是指个人因其作品以图书、报刊形式出版、发表而取得的所得。而以图书、报刊形式出版、发表的翻译、审稿、书画所得归为了劳务报酬所得，主要是考虑了出版、发表作品的特殊性，与一般劳务报酬相区别，给予适当优惠照顾。

个人取得的稿酬收入每次不超过 4000 元的，减除费用为 800 元；4000 元以上的，减除 20% 的费用，其余额为应纳税所得额。税率为比例税率 20%，并按应纳税额减征 30%，故其实际税率为 14%。

每次收入不足 4000 元的：

应纳税额＝应纳税所得额×适用税率×（1－30%）＝（每次收入额－800）×20%×（1－30%）

每次收入在 4000 元以上的：

应纳税额＝应纳税所得额×适用税率×（1－30%）＝每次收入额×（1－20%）×20%×（1－30%）

案例 3-3：某高校教师某月获得稿费 2 万元，则其就这笔稿费需要缴纳的个人所得税的数额为多少？

20000×（1－20%）×20%×（1－30%）＝2240 元

（六）特许权使用费所得

特许权使用费所得，是指个人提供专利权、商标权、著作权、非专利技术以及其他特许权的使用权取得的所得。提供著作权的使用权取得的所得，不包括稿酬所得。

个人取得特许权使用费所得每次不超过 4000 元的，减除费用为 800 元；4000 元以上的，减除 20% 的费用，其余额为应纳税所得额。税率为比例税率 20%。

每次收入不足 4000 元的：

应纳税额＝应纳税所得额×适用税率＝（每次收入额－800）×20%

每次收入在 4000 元以上的：

应纳税额＝应纳税所得额×适用税率＝每次收入额×（1－20%）×20%

案例 3-4：叶某发明一项自动化专利技术，2007 年 3 月转让给 A 公司，转让价 15 万元，A 公司 4 月支付使用费 6000 元，5 月支付使用费 9000 元，5 月又将该项使用权转让给 D 公司，获得转让费收入 8000 元，叶某转让特许权使用费所得应缴纳的个人所得税为多少？

叶某此项专利技术转让了两次，应分两次所得计算个人所得税：

转让给 A 公司应缴纳的个人所得税税额 $=（6000＋9000）×（1－20\%）×20\%=$ 2400 元

转让给 D 公司应缴纳的个人所得税税额 $=8000×（1－20\%）×20\%=1280$ 元

叶某转让特许权使用费所得应缴纳的个人所得税为 $=2400＋1280=3680$ 元

（七）利息、股息和红利所得

利息、股息和红利所得，是指个人拥有债权、股权而取得的股息、利息、红利所得。利息，指个人拥有债权而取得的利息，包括存款利息、贷款利息和债券利息，除国债和国家发行的金融债券利息外，应当依法缴纳个人所得税。股息、红利是指个人拥有股权取得的股息、红利。其以每次收入额为应纳税所得额，税率比例税率20%。

应纳税额 $=$ 应纳税所得额 $×$ 适用税率 $=$ 每次收入额 $×20\%$

自 2005 年 6 月 13 日起，个人从上市公司取得的股息、红利所得暂按50%计入个人应纳税所得额。

（八）财产租赁所得

财产租赁所得，是指个人出租建筑物、土地使用权、机器设备、车船以及其他财产而取得的所得。财产转租收入也属于这个范围，由财产转租人缴纳所得税。

财产租赁所得以一个月内取得的收入为一次。每次不超过 4000 元的，减除费用为 800 元；4000 元以上的，减除 20% 的费用，其余额为应纳税所得额。税率为比例税率20%，其中出租居民住用房适用10%的税率。

在确定财产租赁的应纳税所得额时，纳税人在出租财产过程中缴纳的税金和教育费附加，可持完税凭证，在其财产租赁收入中扣除。还准予扣除能够提供有效、准确凭证，证明由纳税人负担的该出租财产实际开支的修缮费用。允许扣除的修缮费用，以每次 800 元为限，一次扣除不完的，准予在下一次继续扣除，直至扣完为止。

每次（月）收入不超过 4000 元的：

应纳税所得额 $=$ 每次（月）收入 $-$ 准予扣除项目 $-$ 修缮费用（800 元为限）$-$ 800

每次（月）收入超过 4000 元的：

应纳税所得额 $=$［每次（月）收入 $-$ 准予扣除项目 $-$ 修缮费用（800 元为限）］$×（1－20\%）$

应纳税额＝应纳税所得额×适用税率

案例 3-5： 刘某于 2006 年 1 月将其自有的四间面积为 150 平方米的房屋出租给张某全家居住，租期一年。刘某每月取得租金 2500 元，全年租金收入为 30000 元。计算刘某全年租金收入应该缴纳的个人所得税。

财产租赁收入以每个月取得的收入为一次，因此刘某每个月及全年缴纳的税额为：

（1）每月应纳税额＝（2500－800）×10%＝170 元

（2）全年应纳税额＝170×12＝2040 元

此时未考虑有关的费和税，例如营业税、城市维护建设税、房产税、教育费附加，还应将其从收入中先扣除后才计算应缴纳的个人所得税。

当年 2 月因下水道堵塞找人修理，发生费用 500 元，有维修部门的正式收据，则 2 月的应纳税额为（2500－800－500）×10%＝120 元。

（九）财产转让所得

财产转让所得，是指个人转让有价证券、股权、建筑物、土地使用权、机器设备、车船等其他财产取得的所得。财产转让所得因其性质的特殊性，需要单独列举项目征税。除股票转让所得外，都要征收个人所得税。

以转让财产的收入额减除财产原值和合理的费用后的余额为应纳税所得额，税率为 20% 的比例税率，即：

应纳税额＝（收入总额－财产原值－合理税费）×20%

案例 3-6： 某人建房一栋，造价 36000 元，支付费用 2000 元。该人转让房屋，售价 60000 元，在卖房过程中按规定支付交易费用 2500 元。其应该缴纳的个人所得税为（60000－36000－2000－2500）×20%＝3900 元。

个人住房转让所得应纳税额的计算：

（1）以实际成交价格为转让收入。

（2）纳税人可以原购房合同、发票等有效凭证，经税务机关审核后，允许从其转让收入中减除房屋原值、转让住房过程中缴纳的税金和有关合理费用（税金是指转让住房过程中实际缴纳的营业税、城市维护建设税、教育费附加、土地增值税、印花税等税金；费用是指纳税人按照规定实际支付的住房装修费用、住房贷款利息、手续费和公证费等费用）。

（十）偶然所得

偶然所得，是指个人得奖、中奖、中彩以及其他偶然性质的所得。得奖是指参加各种有奖竞赛活动，取得名次得到的奖金；中奖、中彩指参加各种有奖活动，如有奖销售、有奖储蓄或者购买彩票，抽中、摇中号码而取得的奖金。偶然所得应缴纳的个人所得税，一律由发奖单位或机构代扣代缴。其以每次收入额为应纳税所得额，税率为比例税率20%。

案例3-7：程某在参加商场的有奖销售活动时，中奖所得共计价值20000元，陈某领奖时告知商场，从中奖收入中拿出4000元通过教育部门向某希望小学捐赠。按规定计算商场代扣代缴个人所得税后，此人实际可得中奖金额。

（1）按照《税法》规定，程某的捐赠额度可以全部从应纳税额中扣除（4000/20000 = 20% < 30%）。

（2）应纳税所得额 = 20000 − 4000 = 16000 元

（3）应纳税额 = 16000 × 20% = 3200 元

（4）实际得到中奖金额 = 20000 − 4000 − 3200 = 12800 元

（十一）经国务院财政部门确定征收的其他所得

（十二）个人所得捐赠的免税规定

（1）个人将其所得通过中国境内的社会团体、国家机关向教育或其他社会公益事业以及遭受严重自然灾害地区、贫困地区捐赠，捐赠额度未超过纳税义务人申报的应纳税额30%的部分，可以从其应纳税所得额中扣除；个人通过非营利的社会团体和国家机关向农村义务教育等项目的捐赠，准予在缴纳个人所得税税前的所得额中全额扣除。纳税人对农村义务教育和高中在一起的学校的捐赠，也享受此项所得税税前扣除。

（2）个人的所得（不包含偶然所得，以及经国务院财政部门确定的其他所得）用于资助非关联的科研机构和高等学校研究开发新产品、新技术、新工艺所发生的研究开发经费，经批准，可以全额在下月（工资、薪金所得）、下次（按次计征的所得）或者当年（按年计征的所得）计征个人所得税时，从应纳税所得额中扣除；不足抵扣的，不得结转抵扣。

我国的个人所得税采取分项计税的方法，相应地，当个人进行捐赠时，捐赠限额也应该是在分项中计算的。

三、纳税计算中的特殊问题

（一）对个人取得全年一次性奖金等计算个人所得税的方法

全年一次性奖金，是指行政机关、企事业单位等扣缴义务人根据其全年经济效益和雇员全年工作业绩的综合考核情况，向雇员发放的一次性奖金。其单独作为一个月工资、薪金所得计算纳税。自2005年1月1日起按以下办法计算：

（1）如果在发放年终奖的当月，雇员当月工资薪金低于《税法》规定的费用扣除额，应将全年一次性减除"雇员当月工资薪金所得与费用扣除额的差额"后的余额，再除以 12 个月的商数，来确定全年一次性奖金的适用税率和速算扣除数。

计算公式 =（当月取得的全年一次性奖金 – 雇员当月工资薪金所得与费用扣除额的差额）× 适用税率 – 速算扣除数

案例 3-8： 假如马某 2016 年在我国境内的工资为 2900 元，12 月 31 日又一次性领取年终奖金 27000 元。计算马某得到这笔奖金应缴纳的个人所得税税额。

按 12 个月分摊后，每月的奖金 =［27000 –（3500 – 2900）］/12 = 2200 元，适用税率和速算扣除数分别为 10%、105 元

应缴纳的个人所得税为 =（27000 – 600）× 10% – 105 = 2535 元

（2）如果在发放年终奖的当月，雇员当月工资薪金不低于《税法》规定的费用扣除额度，则将当月内取得的全年一次性奖金，除以 12 个月，按其商数确定适用税率和速算扣除数。

计算公式 = 当月取得的全年一次性奖金 × 适用税率 – 速算扣除数

个人当月工资、薪金所得与全年一次性奖金应分别计算缴纳个人所得税。

（二）特定行业职工取得的工资、薪金所得的计税方法

为了照顾采掘业、远洋运输业、远洋捕捞业因季节、产量等因素的影响，职工的工资、薪金收入呈现大幅波动的实际情况，对这三个特定行业的职工取得的工资、薪金所得，可按月预缴，年终了后 30 日内，合计全年工资、薪金所得，再按 12 个月平均并计算实际应缴纳的税款，多退少补。用公式计算：

应纳税额 =［（全年工资、薪金收入/12 – 费用扣除标准）× 税率 – 速算扣除数］× 12

先计算每个月的平均工资、薪金，计算每个月应缴纳的所得税。

（三）在外商投资企业、外国企业和外国驻华使馆工作的中方人员取得的工资、薪金所得的征税问题

在外商投资企业、外国企业和外国驻华使馆工作的中方人员取得的工资、薪金，凡是由派遣单位和雇佣单位分别支付的，支付单位应按《税法》规定代扣代缴所得税。同时，按《税法》规定，纳税义务人应以每月全部工资、薪金收入减除规定费用后的余额为应纳税所得额。为有利于征管，对雇佣单位和派遣单位分别支付工资、薪金的，采取由支付者中的一方减除费用的方法，而另一方不再减除费用，以支付金额直接确定适用税率，计算所得税。

上述纳税义务人，应持两处支付单位提供的原始明细工资和完税证明，选择

并固定到一地税机关申报每月工资收入，汇算清缴其工资、薪金收入的个人所得税，多退少补。

案例 3-9：王某为一外商投资企业雇佣的中方人员，2016 年 3 月，该外商投资企业支付给王某的薪金为 7200 元，同月，王某还收到派遣单位发给的工资 1900 元，请问：该外商投资企业、派遣单位该如何扣缴个人所得税，王某实际应缴的个人所得税为多少？

（1）外商投资企业扣缴税额 =（7200−3500）×10%−105=265 元

（2）派遣单位扣缴税额 = 1900 × 10% − 105 = 85 元

（3）实际应缴所得税 =（7200 + 1900 − 3500）× 20% − 555 = 565 元

王某还应补缴 565 − 265 − 85 = 215 元税款。

（四）内部退养（或提前离岗）人员取得所得如何缴纳个人所得税

（1）企业减员增效和行政单位、事业单位、社会团体在机构改革中，未达到退休年龄，提前离岗且未办理离退休手续（内部退养）的职工，从原任职单位取得的工资、薪金，不属于离退休工资，应按工资、薪金所得计算缴纳个人所得税。

（2）个人在办理内部退养（或提前离岗）手续后，从原任职单位取得的一次性收入，应按办理内部退养手续后至法定离退休年龄之间的所属月份进行平均，并与当月领取的工资、薪金所得合并，减去当月费用扣除标准后，以余额为基数确定适用税率和对应的速算扣除数，然后再将当月工资、薪金所得加上取得的一次性收入，减去费用扣除标准，按照已确定的税率计算缴纳个人所得税。

计算公式为：

应纳个人所得税税额 =［（当月工资薪金所得 + 一次性内部退养收入）− 费用扣除标准］×适用税率 − 速算扣除数

（3）个人在办理内部退养手续后至法定离退休年龄之间重新就业，取得工资、薪金所得，应当与其从原单位取得的同一月份的工资、薪金所得合并缴纳个人所得税。

第三节 税收筹划

一、概念

税收筹划，是指纳税人在遵守法律条文和不违背立法精神的前提下，通过对自身经营行为的调整，寻求最佳纳税法案的一种行为。其属于纳税人自行减轻税收负担的行为，但仍须明确税收筹划与自行减轻税负行为以及偷税、骗税、逃税的区别。

本节的税收筹划定义中，"遵守法律条文和不违背立法精神"表明"税收筹划"一词的根本特征在于合法与正当，从而划分了税收筹划与同属的偷税、逃税的区别。

偷税是指纳税人以欺骗、隐瞒的手段逃避应承担的纳税义务，这种行为违反了《税收征管法》，情节严重的就构成了偷税罪。而税收筹划尽管其行为的后果同样是减轻了或解除了税负，但纳税人的行为并没有违反《税法》，是在法律允许的范围内寻求税收利益。逃税是指纳税人利用《税法》的漏洞，少纳税或不纳税的一种行为，这表明逃税虽然没有直接违反《税法》条文，但是违背了税收的立法精神，从而损害了国家和社会的利益。国家制定法律总要体现一定的立法精神，纳税人作为公民不仅应该遵守法律的明文规定，而且还不能利用法律的灰色空间，钻法律的漏洞，违背法律的立法精神。因此，避税显然是一种不正当的行为。而税收筹划不仅不违背法律规定，而且也不违背立法精神，属于一种正当的行为。

税收筹划与避税还是有一定区别的：避税是纳税人钻《税法》的空子，利用《税法》中的漏洞来获取税收利益的行为，这种行为虽不直接违反《税法》，却违背了国家的立法精神和税收政策的导向；而税收筹划则是纳税人在不违反国家立法精神的前提下，充分利用税法中的优惠条款，以达到减少或者取消纳税义务的行为。总之，按照这种观点，避税就是钻《税法》漏洞，税收筹划则是利用税收优惠。

税收筹划与偷税还是比较容易区分的，因为各国的法律几乎都有对偷税的界定（但很少有国家在法律上对避税或税收筹划进行界定）。例如，我国新《税收征管法》第六十三条规定："纳税人伪造、变造、隐匿、擅自销毁账簿、记账凭证，或者在账簿上多列支出或者不列、少列收入，或者经税务机关通知申报而拒不申报或者进行虚假的纳税申报，不缴或者少缴应纳税款的，是偷税。"根据偷税的法律定义和人们对税收筹划的一般理解，税收筹划与偷税之间的区别可以从以下三个方面来考察：

（1）纳税人的纳税义务是否已经发生。偷税是在纳税义务已经发生的情况下，纳税人采取种种手段隐瞒自己的纳税义务从而不缴或少缴税款的行为；而税收筹划是纳税人控制自己的经营行为，不让纳税义务发生，从而避免不希望的税收后果的过程。

（2）纳税人的行为是否违反了税法。偷税行为是纳税人不按《税法》的规定多列了支出或者少列了收入，因而直接违反了《税法》；而税收筹划是纳税人利用税收优惠或《税法》的漏洞以及《税法》不明之处不缴或少缴税款，并没有直接违反《税法》。

（3）纳税人少缴或不缴税款的行为是否借助了犯罪手段。偷税行为往往要借助犯罪手段，例如"伪造、变造、隐匿、擅自销毁账簿"、"进行虚假的纳税申报"等，这些弄虚作假的行为都是违反《民法》和《刑法》的，所以纳税人偷税情节严重的要受到法律的制裁；而税收筹划是纳税人通过正当手段控制自己的经营行为不让纳税义务发生，并不需要借助犯罪的手段。

鉴于税收筹划与偷税在法律上存在本质的区别，所以二者的法律后果也截然不同。对于有严重偷税行为的纳税人，一般除了经济处罚以外还要给予一定的刑事处罚。例如，1997 年我国修订的《刑法》中就规定："纳税人偷税数额占应纳税额 10% 以上不满 30%，并且偷税数额在 1 万元以上不满 10 万元的，或者因偷税被税务机关给予二次行政处罚又偷税的，处 3 年以下有期徒刑或者拘役，并处偷税数额 1 倍以上 5 倍以下罚金；偷税数额占应纳税额 30% 以上并且偷税数额在 10 万元以上的，处 3 年以上 7 年以下有期徒刑，并处偷税数额 1 倍以上 5 倍以下罚金。"

二、个人所得税筹划的常见方式

（一）避免应税所得的实现

避免应税所得的实现，即纳税人要尽量取得不被《税法》认定为是应税所得的经济收入。一般来说，各国税法中都规定有一些不被课税的经济收入。例如，财产的增值部分只要不变现一般就不对其征税，这是各国所得税法的一个普遍的规定。所以，当个人的财产增值以后，如果将其出售转让，则增值部分的变现收入就变成了应税所得，个人要就其缴纳所得税。因此，从税收角度考虑，个人尽量不要将财产的增值部分变现，如果需要资金，可以用财产作抵押进行信贷融资（当然还要比较税款和利息成本的大小）。另外，税法中还会有一些免税收入的规定，纳税人即使取得了这类收入也不用缴纳所得税。如我国《个人所得税法》规定，对国债和国家发行的金融债券利息、对教育储蓄存款利息以及对股票转让所得免征或暂免征收个人所得税。个人在进行金融投资时，应当考虑这些免税的因素。

纳税人取得的实物收入一般也是要缴纳个人所得税的。我国《个人所得税法》就规定，纳税人的所得为实物的，应当按照所取得实物的凭证上注明的价格，计算应纳税所得额；无凭证的实物或者凭证上所注明的价格明显偏低的，由主管税务机关参照当地的市场价格，核定应纳税所得额。所以，如果工作单位向个人提供实物津贴，使实物的所有权归属于个人，那么这种实物收入也要缴纳个人所得税。但如果实物的所有权不归属到个人，个人只是对其进行消费，从中得到便利，那么就可以不缴纳所得税。例如，企业购置一批小汽车，汽车归企业所有，但分给职工个人使用，这时小汽车就不是个人的实物收入，个人不用就其缴纳所得税。

（二）通过纳税人身份的合理归属进行税收筹划（居民和非居民身份的转换）

案例 3-10： 一位法国人受雇于家乐福总部。1997 年 4 月起，他到中国分支机构就职，1998 年到 2005 年每年都离开中国 90 天以上，2006 年他离开中国两次，一次离境 52 天回总部述职，一次离境 42 天回国探亲。2006 年法国总部支付给他 129600 元人民币薪金。问他在中国应该缴纳多少个人所得税？

根据我国《个人所得税法》的规定，这位法国人离境累计超过 90 天，因此他是非居民纳税义务人，又由于这 129600 元不是来源于中国境内分支机构的所得，因此他不必缴纳个人所得税。

这个案例中，这位法国人充分而又合法地利用我国《税法》关于非居民纳税义务人的规定，减轻了纳税负担，如果他两次离境累计没有超过 90 天，则他应该向中国政府缴纳的个人所得税税额为 $[(129600/12 - 4800) \times 20\% - 375] \times 12 = 9900$ 元。

（三）通过均衡不同月份的工资薪金收入减轻税负

如果一个纳税人在一个纳税年度内总收入保持不变，而各月份收入不平均，特别是有的月份畸高，就有可能增加税收负担，支付人应该注意将收入尽量均等化，从而合理地减轻纳税人的负担。

案例 3-11： 某工人一年收入为 60000 元，但其中岗位工资年度考核合格后，在 12 月份一次发放 16000 元。该工人每月工资收入 4000 元。

前 11 个月每月缴纳个人所得税 $[(4000 - 3500) \times 3\%] = 15$ 元，11 个月共计 165 元。12 月份应纳税：$[(16000 - 3500) \times 25\% - 1005] = 2120$ 元，全年缴纳个人所得税 2285 元。

工人的岗位工资其实是全年劳动所得，一次性发放虽然有利于企业考核工作，但却加重了工人的税负。因此，这部分岗位工资应该分期发放，或者按月平均发放，或者按月发放 90%，年终经考核后再集中发放其余的部分，以消除工人的不合理税负。如果岗位工资全部按月发放，那么该工人的月收入为 5000 元，个人所得税为 $[(5000 - 3500) \times 3\%] \times 12 = 540$ 元，减轻税负 1745 元。

（四）劳务报酬的策划

纳税人取得一次收入，就可以扣除一次费用，然后计算出应税所得和应纳税额。在收入额一定的情况下，如果是纳税人多次取得的收入，其可以扣除的费用金额就会加大，相应地，应税所得和应纳税额也会减少。例如，我国《个人所得税法》规定，劳务报酬所得凡属一次性收入的，以取得该项收入为一次，按次确定应纳税所得额；凡属于同一项目（如设计、装潢、医疗、咨询、讲学、表演等共 29 项）连续性收入的，以一个月内取得的收入为一次，据以确定应纳税所得额；但如果纳税人当月跨县（含县级市、区）提供了劳务，则应分别计算应纳税额。根据上述规定，如果一个纳税人要给某企业提供咨询服务，则咨询服务最好是跨月进行，并且咨询费也是分月取得，这样可以多次取得收入，多次扣除费用；如果咨询服务必须在同一个月内完成，则纳税人可以考虑跨县来提供咨询服务，例如分别在 A 县向总公司以及在 B 县向分公司提供咨询服务，这样纳税人就可以在一个月内两次取得收入，分别扣除费用。又如，个人在出版社出书，按目前的《税法》规定，如果该图书加印，则作者取得的加印稿酬不属于一次新的稿酬收入，不能扣除费用；但如果作者对图书进行修订，并取得再版稿酬收入，则属于取得一次收入，可以扣除费用后计税。

纳税人提供劳务服务时总要耗费一定的费用，如办公用品、实验设备、交通工具等，这些合理的费用构成了劳务服务的必要成本，一般来讲，纳税人获得的劳务报酬应该是提供劳务服务的纯收入，即总收入减去成本费用后的余额。问题在于，有些雇主为了提高名义劳务报酬，或减轻自己的责任，往往将这些必要的成本费用计入劳务报酬中，结果是纳税人提高了名义收入，却增加了税负。因此，纳税人在与雇主协商时，应据理力争，将其中合理的费用从报酬中扣除，由雇主负责餐饮、住宿、交通、办公用品等费用，争取获得以实际的利润作为劳务报酬，增加税后可支配收入。

案例 3-12：某纳税人受雇于一家律师事务所，经协商事务所每月支付报酬 30000 元，但交通、食宿及用品等办公成本费用自行承担，这部分开支大约为 10000 元，这意味着实际收入不过 20000 元，但要缴纳个人所得税 30000×（1 - 20%）× 30% - 2000 = 5200 元，实际上纳税人的税后可支配收入仅为 30000 - 10000 - 5200 = 14800 元。

如果纳税人与雇主协商由事务所提供上述费用，从而将纳税人的劳务报酬降低为 20000 元，那么纳税人的税负为 20000×（1 - 20%）× 20% = 3200 元。

纳税人的名义报酬降低了，但由于减轻了税负，税后实际可支配收入却为 20000 - 3200 = 16800 元。

（五）合理选择兼职形式（工资和劳务报酬的转化策划）

案例 3-13：王某是某国有企业职工，但由于企业停产，每月从单位取得工资 300 元。由于单位工资太低，他还为某电子公司提供技术服务，做兼职，每月可获得 2000 元收入，但未签订劳务合同。每月支付该项报酬时，该电子公司均按照劳务报酬所得，为王某代扣个人所得税。

按照《税法》规定，工资、薪金和劳务报酬应该分别缴纳个人所得税。此人工资 300 元不用缴纳个人所得税。劳务报酬 2000 元，缴纳个人所得税 240 元。

我国《税法》规定，个人在两处以上取得工资、薪金收入所得，其最终的税收负担应等于其将全部工资所得汇总缴纳的税收负担。如果王某和该企业签订劳务合同，形成雇佣关系，就可以将该项劳务报酬转化为工薪所得。该电子公司支付的 2000 元也可以作为工资、薪金收入，和单位支付的工资合并缴纳个人所得税，应缴税额为 0。

这种节税方法在于应纳税所得额较少时，工资、薪金使用的税率比劳务报酬适用的税率低，因此可以将劳务报酬所得转换为工资薪金所得，可以使税收负担降低 240 元。

这一案例不能说明所有的人都应该把兼职收入转为工薪所得。

案例 3-14：李三是一名高级工程师，每月收入 8000 元，另外还为爱可欣电子公司提供咨询服务，每月收入 3000 元，其在本公司的收入一定属于工资、薪金，但其在另外一个公司的收入是否属于工薪是可以选择的。

（1）如果将李三在电子公司的收入作为劳务报酬，则每月应缴纳个人所得税为（8000 - 3500）× 10% - 105 + （3000 - 800）× 20% = 785 元。

（2）如果将劳务报酬转换为工薪所得缴纳个人所得税，则应纳税额为（8000 + 3000 - 3500）× 20% - 555 = 945 元。

所以，如果纳税人每月在原单位的工资很高，适用的边际税率高于20%，则在其他单位的收入在不必适用加成征收的规定时，作为劳务报酬所得，会获得较低的税后负担。

一般来说，在应纳税所得额较低时（20000 元以下），工资、薪金所得适用税率比劳务报酬所得的适用税率要低，这时在可能的情况下将劳务报酬转化为工资、薪金所得，可以达到节税的目的。

一般的情况下，将工资、薪金所得和劳务报酬所得分开有利于节省税款。在有些情况下，将工资、薪金所得转化为劳务报酬所得更有利于节省税收。

（六）利用非货币支付方式进行税收筹划

现在生活中有很多支出都成为必不可少的支出项目，既然这些支出是必需的，个人用税后工资支付又不能抵减个人所得税，如果由企业替员工支付，则企业可以把这些支出作为费用减少企业所得税，在个人实际工资水平没有下降的情况下，减少了应由个人负担的税负，这样可以使双方都受益。

常见的非货币支付方式有以下几种：

（1）为员工提供住房；

（2）为员工提供旅游机会；

（3）为职工提供培训机会；

（4）为职工提供各种福利设施。

案例 3-15：李先生每月工资 6000 元，其中 1000 元为每月的房费支出，剩下的 5000 元是可以用于其他消费和储蓄的收入。

方案一：单位每月支付 6000 元，则李先生应缴所得税为（6000 - 3500）× 10% - 105 = 145 元。

实际税后可支配收入为 6000 - 1000 - 145 = 4855 元。

方案二：企业为其提供住房，每月支付工资收入 5000 元，则李先生应缴所得税为（5000 - 3500）× 3% = 45 元。

实际税后可支配收入为 5000 - 45 = 4955 元。

（七）捐赠扣除的税收规划

案例 3-16：杨女士 2007 年 1 月通过中国金融教育发展基金会进行了 3000 元的捐赠。当月杨女士有 3000 元的工资收入，还有 10000 元的彩票中奖所得

（不适用免税规定）。按照《税法》规定，杨女士通过中国金融教育发展基金会，用于公益救济型捐赠，在申报应纳税所得额30%以内的部分，准予在计算缴纳个人所得税税前扣除。由于中奖所得已经被代扣了20%的个人所得税，杨女士选择从工资中捐赠3000元。

工资支出中允许税前扣除的捐赠支出 =（3000 - 1600）× 30% = 420元

杨女士应纳税所得额 = 3000 - 1600 - 420 = 980元

工资收入应纳个人所得税 = 980 × 10% - 25 = 73元

再加上中奖所得中已经被代扣的税款，杨女士纳税总额 = 10000 × 20% + 73 = 2073元。

（1）计算工资、薪金收入的税前扣除限额 =（3000 - 1600）× 30% = 420元。

（2）计算彩票中奖所得的税前扣除限额属于偶然所得，应就全部所得按20%的税率缴税：扣除限额 = 10000 × 30% = 3000元。

（3）杨女士捐赠支出全部税前允许扣除限额 = 420 + 3000 = 3420元，大于3000元的实际捐赠额，所有捐赠可以在税前扣除。

（4）杨女士可以有两种方法，将捐赠额在两项所得之间进行分配：

1）充分利用工薪所得中的扣除限额，从工资收入中捐赠420元，其余2580元从中奖收入中捐赠，这时工资收入应纳税额 =（3000 - 1600 - 420）× 10% - 25 = 73元，中奖收入应纳税额 =（10000 - 2580）× 20% = 1484元，共纳税 1484 + 73 = 1557元。

2）充分利用中奖收入的扣除限额，从偶然收入中捐赠3000元，工资收入不再捐赠，这时，工资收入应纳个人所得税 =（3000 - 1600）× 10 - 25 = 115元，偶然所得应纳个人所得税 =（10000 - 3000）× 20% = 1400元，共缴纳个人所得税 = 115 + 1400 = 1515元。

显然，杨女士应选择后一种方法，充分利用偶然所得的扣除限额。

特别提示：

（1）可以分期捐赠；

（2）充分利用扣除限额的关键在于哪一种项目的边际税率更高。

（八）已经被代扣税款的所得用于捐赠，可申请退税

赵先生是某外资企业的管理人员，其所在公司每月都在发放工资时为职工代扣个人所得税。2006年10月，赵先生取得税后的工资所得10000元，而后通过国家机关向社会公益项目捐款5000元。

第一步，应将10000元的税后所得换算为税前所得。

根据公式税前应纳税所得额 =（税收所得 − 费用扣除标准 − 速算扣除数）/（1 − 税率），并确定赵先生所适用的税率和速算扣除数分别是 20% 和 375 元，计算税前应纳税所得额为（10000 − 1600 − 375)/(1 − 20%) = 10031.25 元。

第二步：计算扣除限额为 10031.25 × 30% = 3009.38 元，也就是说不超过这个数额，可以全额扣除，超过部分 5000 − 3009.38 = 1990.62 元不允许在税前扣除。

第三步：计算应缴纳的个人所得税为（10031.25 − 3009.38）× 20% − 375 = 1029.37 元。

第四步：单位代扣代缴的税额为 10031.25 × 20% − 375 = 1631.25 元。

第五步：赵先生可以获得的退税为 1631.25 − 1029.37 = 601.88 元。

课外阅读1 二手房交易中个人所得税在什么情况下可以免征？

在二手房交易过程中需要缴纳一定的税费，个人所得税就是其中之一。顾名思义，个人所得税，是指税务部门向卖方征收交易所产生的差价获得的收入。

根据相关的税务政策，个人所得税由卖家支付，但在实际交易过程中，卖家往往会转嫁到买方身上。目前个人所得税的计算方法有两种：第一种，个人所得税 =（计税价格 − 原值 − 相关税费 − 合理费用）× 20%；第二种，个人所得税 = 计税价格 × 1%（非普通住宅为计税价格 × 2%）。采用哪种方法计税主要取决于纳税方是否能够提供原始购房发票等材料。

由于二手房买卖交易金额较大，因此个人所得税是一笔不小的费用。但是如果符合一定的条件，个人所得税也是可以免征的。

情况一：满五唯一免征。"满五"是指购房者拥有房屋的时间等于或超过五年。"唯一"是指业主以家庭为单位，所有家庭成员名下，在该省份内登记在房产局系统里的有且只有这一套房子。家庭成员一般来说指本人、配偶以及未成年的子女。判断满五唯一的依据如下：

（1）商品房、经济适用房。二者以契税票填发日期或房产证登记日期为准。

（2）已购公房。下面三个条件只需一个满五年就算"满五"：①距房产证填发日期满五年；②距原始购房合同签署日期满五年；③距第一笔购房房款的银钱收据日期满五年。

情况二：继承房产免个税，继承房产出售满五唯一免征。房屋产权所有人死亡，依法取得房屋产权的法定继承人、遗嘱继承人，继承所得的房产免征个人所得税。继承房产出售按照原房产证为准计算是否满五年。

情况三：无偿赠与直系亲属免征。将房产无偿赠与直系亲属（父母、配偶、子女），免征增值税和个人所得税。

情况四：无偿赠与非直系亲属，满五唯一免征。将房产无偿赠与非直系亲属，视同买卖，个税正常缴纳（满五唯一免征）。

注：受赠所得房产再出售，满五唯一，免征个人所得税；满五不唯一或者家庭唯一住房但未满五年，按照房屋全额的20%缴纳个人所得税。

情况五：离婚析产所得房产免征。对离婚房产分割，如果一方放弃房屋归另一方所有，属于将房屋产权无偿赠与配偶，不征个人所得税。如果各拥有一部分，分割时根据《国家税务总局关于明确个人所得税若干政策执行问题的通知》（国税发〔2009〕121号）第四条第（一）项规定："通过离婚析产的方式分割房屋产权是夫妻双方对共同共有财产的处置，个人因离婚办理房屋产权过户手续，不征收个人所得税。"

课外阅读2　推进个税改革应解决五方面问题

第一，综合征收范围大与小问题。世界上大多数国家是实行综合与分类相结合的混合税制，除了对个人不同收入来源进行分类外，还将其全年的收入纳入计税范围，从而可避免收入项目多反而纳税数额少的制度"悖论"。但多少收入项目应该纳入综合征税范围呢？建议可考虑将具有劳动报酬性质的收入，如工资、薪金所得、劳务报酬、稿酬所得和特许权使用费所得等纳入综合课税的范围；对利息、股息、红利等资本性所得仍然按照现行的分类计征方式征税。

第二，扣除标准合理确定问题。我国现行个人所得税实行分类税制，即将个人收入按性质和来源不同分为11类，分别采用不同的征税扣除办法。其中，在工资、薪金扣除方面，目前规定基本减除费用标准为3500元/月。这一标准是按照社会平均消费支出水平并考虑了纳税人赡、抚养系数等家庭负担因素确定的。同时，个人按国家规定缴纳的基本养老、医疗、失业保险以及住房公积金"三险一金"也可在税前扣除。此外，国家实施企业年金、职业年金个人所得税递延纳税优惠政策，允许不超过本人缴费工资4%的年金缴费在个人所得税前扣除。改革应当把家庭支出项目考虑进去，建议采取"基础扣除+专项附加扣除"模式，即保持和适当调整现行工资薪金基本扣除标准，同时考虑将家庭部分重要生计支出项目予以一定额度的扣除，如教育、养老、医疗、住房贷款利息等，有效降低居民家庭税收负担。

第三，合理确定税率问题。我国现行个税税制边际税率最高一档为45%，与很多国家相比，属于中等略高水平，边际税率设定得过高，将不利于我国吸引国际高端人才和留住本国优秀人才，影响国家创新驱动发展战略的实施。目前，欧美国家均有下调个税边际税率的趋势，我国将会面临更大的国际税收竞争压力。为此，我们应积极应对，合理调整税率结构，将现行45%最高边际税率适当下调。至于对税率结构的总体调整，我们建议应按照"增低、扩中、调高"的导向，积极体现"量能纳税、多得多缴税"的原则，强化个税在调节收入分配差距方面的功能，同时保持和兼顾税制的适度竞争力。

第四，"工薪税"占比较高问题。对于社会上将个人所得税称为"工薪税"的问题，一是工薪收入是我国城镇居民收入的主要来源，二是近年来职工工资收入增长较快，三是中高工薪收入者对工薪所得税的贡献较大。因此，国家所征工薪所得税中，普通工薪收入者缴税较少，而中高工薪收入者的贡献较大。所以，不能简单说"工薪税"是对中低收入者征的税，其对中高工薪收入者征税比重并不低。

第五，个人申报与家庭申报纳税方式问题。在现行个人所得税制下，纳税人与税务机关大多不进行直接的接触，大部分是通过源泉扣缴的方式由支付方代扣代缴。这种方式对税务机关的征管水平要求不高，税收成本较低。如果改为混合课征模式，由于有综合征收部分，就需要纳税人"自行申报"，这就对税务机关的征管水平提出了新的要求。此外，我国目前无论是国税部门还是地税部门，其征管系统均未与公安、工商、银行等部门实时联网，因此，在我国实行家庭申报纳税的条件尚不成熟。据了解，由于以家庭为单位征收个税可能会面临诸如夫妻隐私、改变婚姻状况等伦理问题，大部分经济合作与发展组织（OECD）国家开始转向以个人为课税单位。因此，实行家庭申报纳税的利弊需要进一步研究论证，不宜轻易下结论。

课后习题

1. 许昕2016年度的收入如下：每月工资8000元；1月份获得上一年年终奖40000元；7月份获得半年奖20000元；为某公司提供咨询服务，获得劳务报酬10000元。求许昕全年的应纳税额以及税后收入。

2. 宁女士为某公司技术人员，月工资收入7000元。6月份，宁女士利用私人时间在某企业兼职获得劳务报酬 3000 元。6 月份无其他收入。请计算：

（1）将两项收入合并为工资、薪金所得共同纳税，应缴个人所得税。

（2）将两项收入按照工资、薪金和劳务报酬分别纳税，应缴个人所得税。

（3）作为理财顾问，你会建议宁女士选择哪种缴税方式，为什么？

3. 董小姐为某公司管理人员，月工资收入 8000 元。6 月份，董小姐利用私人时间在某企业兼职获得劳务报酬 3500 元。6 月份无其他收入。请计算：

（1）将两项收入合并为工资、薪金所得共同纳税，应缴个人所得税。

（2）将两项收入按照工资、薪金和劳务报酬分别纳税，应缴个人所得税。

（3）作为理财顾问，你会建议董小姐选择哪种缴税方式，为什么？

第四章　消费理财

　　理财不是省吃俭用、节衣缩食，而是要合理消费，有计划消费。在消费时，如果能够购买到物美价廉的商品和劳务，则会使得支出降低，从而增加结余进行储蓄，为以后的消费、生活品质的提高奠定基础；或者使得消费的数量或种类增加，从而提高当前的生活品质。本章主要介绍了日常生活中常见的消费理财技巧。

　　学习目标：

　　掌握常见的消费理财技巧并在生活中进行使用。

第一节　"五勤"原则

　　"五勤"分别是：勤说、勤算、勤学、勤看、勤跑。

　　"勤说"即是指砍价。砍价是最实用的理财方式之一。砍价的地方在日常生活中无处不在，从买菜到买大件商品，即使在很正规的商场也是可以砍价的。在商场里，柜台服务人员在听你提出砍价要求之后，均会考虑给你一定的优惠，例如 VIP 卡的折扣，就算在价格上不能再降了，他们也会给予一些其他方面的优惠（如赠品等），即使最后砍价不成也不要紧，这可是一个"无本万利"的理财好方法。

　　"勤算"即是指要善于计算。许多商家利用一些数字游戏来引诱消费者。例如，商家经常会进行一些购物返券的活动，如 100 元返 50 元购物券，许多消费者都误认为这是相当于 5 折的促销活动，其实不然，这只是最高折扣为 6.7 折的促销，而且加上消费者购物金额一般有一部分是不足 100 元无法参加返券，使得消费者实际所获得的折扣一般都在 7 折以上。

　　"勤学"即是指通过熟人、网络、杂志等多种途径学习一些新的消费技巧及理财知识，从而提高自身的理财能力。例如，反季节购物的消费技巧就对购买季节性的商品（如空调、皮衣等）十分适用，可以使消费者在反季节购买这些商品时获得较低的价格。

"勤看"就是指多看多打听一些打折、促销的信息以及各种商品行情走势，使自己购买商品时有一个正确的方向和较低廉的价格。

"勤跑"顾名思义就是指购物要货比三家，特别是在购买大件商品时此法尤为有效。

第二节　秒杀

一、秒杀的概念

所谓秒杀，就是网络卖家发布一些超低价格的商品，所有买家在同一时间网上抢购的一种销售方式，本质是网络商家为促销等目的组织的网上限时抢购活动。商品由于价格低廉，往往一上架就被抢购一空，有时只用一秒钟。目前，在淘宝网等大型购物网站中，"秒杀店"的发展可谓迅猛。淘宝网首席财务官张勇对此表示，网销进程的加速，实现了从工厂到消费者的直接通道，压缩了渠道成本，消费者获得更便宜价格的同时，企业也获得了更高的利润。

二、秒杀的技巧

由于所有参与秒杀的产品都是以不可思议的低价呈现，因此全国各地数百万计的顾客一到秒杀时段就会守在电脑前不断点击和刷新，进行抢拍。

1. 硬件好才是硬道理

首先，确保你的电脑配置和网速在众多买家中处于先进水平，没法达到顶级，至少也得中上；其次，尽量使用更快速的浏览器等。

2. 争分夺秒

作为一个合格的秒杀达人，时间都是以秒为单位的，不要忽略鼠标滑轮转动的一瞬间，一眨眼的时间里，就会与宝贝失之交臂。一个秒杀达人的时间观，是以秒为最小计时单位的。一次鼠标滑轮的转动、一次眨眼，0.1秒、0.01秒的微妙差距，都可能与产品失之交臂。

3．准备充分，杜绝临阵掉链子

看准想要的宝贝，记下确切的开始时间，怕忘记的话可以调好闹钟提醒，最好早于半个小时登录。开拍前确认自己处于登录状态，账户中有充裕的余额，别忘了每件宝贝除了产品价格之外，都要另加运费。不管是淘宝的秒杀，还是其他商城的秒杀活动，不要认为只要秒杀下来，宝贝就是你的了，最终还是要以支付为准的，在秒杀开始之前，一定要检查你的收货地址是不是已经填写好了，为了节约时间，支付宝密码要尽量简短一点，并且输入验证码的时候一定不要因为慌乱而错失良机。

4．秒杀之前的练习

如果是第一次网购，或者对于网购不是很熟悉的话，建议在秒杀之前，先进行模拟演习，练习的过程中，会发现自己哪个环节比较欠缺，从而不断地协调手指和眼睛的协调性，这样，练习熟练之后，在秒杀的时候就得心应手了。

5．其他注意事项

在秒抢之前，多看看网站的要求，有部分网站对参与者有资格要求；在秒抢前，将正在下载的文件关闭，保证网络畅通，在秒抢前5秒就进行点击，一般情况下计算机服务器和本地传输都有时间差，多数网络技术员会提前几秒就开始；如正在秒杀的商品自己很喜欢，可将秒杀栏目发给多个好友一起参与，这样秒抢到的机会就大一些了。

三、消费提醒

1．应看清产品是否值得抢购

虽然秒杀可以让买家用低价买到较高档的商品，但业内人士提醒消费者，参与秒杀不仅要手快，还需看清楚产品是不是值得去抢购，不要帮助商家造势，购买一堆自己并不需要的商品。尽管有时候推出的商品非常便宜，但质量确实不是很好。

2．分辨真伪网站

随着各种秒杀活动在网络购物网站中被大量使用，某些站长为喜好秒杀的消费者提供了一个秒杀产品更全面、更新更快速的秒杀网站。但是不法分子批量伪造各种"秒杀网"、"淘宝秒杀"、"一元秒杀"等站点，诱惑用户去点击，然后引导受骗者输入网银、支付宝、财付通账号密码，致使资金全部卷入黑客的钱袋里。

第三节 信用卡打折与优惠

信用卡打折与优惠，即使用某行信用卡在与其有合作关系的商场、酒店消费以及购票时享受一定折扣优惠。目前，各个银行力推的各项信用卡网上优惠措施，在很大程度上是为了提高信用卡的使用频率与忠诚度。与前期扩大市场占有率相比，目前银行信用卡部门也渐渐转向将重点放在如何维持客户、提供更多的信用卡附加值上。

"过去积分换购礼品、专属信用卡分期等活动，对客户的吸引力不大了，现在除了陆续推出餐饮优惠活动外，还尝试与其他商家合作，提供额外的礼品或为消费者返现。"一家股份制银行信用卡部的工作人员李先生这样叙述。从消费情况来看，与现金"满就减"、"满就送"活动类似，信用卡折上折的形式，对鼓励刷卡效果明显。

案例 4-1：华夏信用卡消费打折

活动内容：即日起持华夏银行丽人卡、金卡、普通信用卡、钛金信用卡者在成都风车宝贝教育培训中心消费，均享受 9 折优惠。

活动规则：①持卡人享受优惠时请出示华夏银行卡并用其刷卡结账；②此活动长期有效，我行和特惠商户在法律允许范围内保留最终解释权和修改权，如折扣有变化我行将另行通知；③本次活动特价项目、购买产品不享受折扣，且不再与其他项目同时享受优惠，特此说明。

案例 4-2：华夏信用卡积分换彩

为拓展公众捐赠新渠道，支持国家公益福利事业，国家民政部信息中心设计并组织实施了"华夏信用卡积分换彩"项目。该项目是用户将其积分通过兑换中国福利彩票的方式实现公益捐赠，并有机会赢取一份奖励。华夏银行信用卡用户可以通过"华夏信用卡积分换彩"数字平台，自愿将其华夏银行信用卡积分通过兑换中国福利彩票的形式支持国家公益福利事业。华夏银行"华夏信用卡积分换彩"项目就是"华夏信用卡积分换彩"在华夏银行的具体应用，您只需订制"华夏信用卡积分换彩"服务，便可实现积分自动换彩，从而达到"捐积分、换福彩、献爱心、赢大奖"的公益目标。成功开通上述服务后，系统每期将自动为您投注福彩双色球，中奖后会通过邮件和站内消息的方式通知您，请及时登录网站查询开奖号码和您的中奖情况。如有疑问，请致电我们的客服。

第四节　海淘专业代购

海淘就是直接在海外网站购物，通过电子订单发出购物请求，用国际信用卡支付后，由海外网站通过国际快递直接发货，或是由转运公司代收货物后再转寄回境内。这种方式无须托人海外代购，选择面多、成本低、质量佳，足不出户，买遍全球。

一、海淘步骤

步骤一：准备支付工具

一张国际信用卡是海淘的必备工具，大部分海外网站都支持 Visa、万事达卡。PayPal 账户很管用，海淘族可在 www.paypal.com 进行注册（非中国贝宝）。一是因为通过返利网站进行购物，PayPal 账户必不可少；二是一些海外网站目前不支持内地签发的 Visa、万事达卡，却对 PayPal 用户开放。因此，只有使用 PayPal 才能在这些网站购物。

注册 PayPal 很方便，首页右上方点击"注册"后，选择"中国"、简体中文、点击"个人"项下"立即开始"即可根据提示填写信息。注意，输入的姓名必须与银行账户开户名完全一致。

完成注册后，可选择进行账户认证，认证后才能取消付款限额、进行资金提现。认证过程中，PayPal 会在您卡中扣除 1.95 美元的认证费用。该费用会在认证完成后的 24 小时内退还到 PayPal 账户余额内。

步骤二：注册海外网站、转运公司

喜欢在哪个网站购物，就先注册一下，有些网站只需填写个人邮箱，有些需输入地址。支持直邮的网站可送货至内地，填写内地地址即可。而在非直邮网站购物，则离不开转运公司。

转运公司的优劣不能一概而论，同舟、友家、百通、天翼、飞洋等美国转运公司众多，败欧洲、欧洲 Go 等则是欧洲转运公司。不同转运公司在汇率和运费标准上各有差异，官网首页一般都会明确列表，比较起来较为简单，至于运送速度、品质，则较难衡量，在选择时，除了考虑成本问题，最好使用身边朋友已经试过的或是网上口碑不错的转运公司。

注册转运公司后，可获得海外收货地址，这个地址需要在非直邮网站购物时准确填写。下载一个带有翻译功能的浏览器，可以直接翻译页面内容，轻松海淘。

步骤三：购物、下单

与内地网站购物的流程基本相似，在海外网站，只需将看中的商品一一放入购物车，再输入送货地址，最后结账即可。输入地址时需要注意，海外网站往往分 address1 与 address2，这并不是让你把相同的地址填写两遍，而是因为地址太长需要拆开写。若系统提示输入的地址不正确（有时转运仓库地址中所带有的"#"、"。"等符号无法通过部分网站验证），必须联系转运公司，咨询如何填写以确保运送无误。

付款完成后，就可以在个人账户中查看到订单信息了，物流进度的跟进非常方便。如果直邮，只要坐等收货即可，而若需转运，则会进入下一步。

步骤四：到达转运仓库，填写运单

在转运公司的"到货库件"中发现新购买的宝贝后，需要填写运单。

第一步是选择仓库。假如你购买了很多东西分别送至不同转运仓库，就应该分别提交，一个运单只能选择一个仓库内的货物提交。

第二步填写货物信息。有一些转运公司会要求会员选择服务类别，即入境时的口岸。不同口岸对应的货品类别各异、运费不同，海关的清关速度亦有快慢。选择合适的口岸有助于顺利通关。

"货物说明"需简单罗列货品内容。"申报价格"应慎重填写，此价格在入关时会作为纳税参考，同时也是货物赔偿时的依据。转运公司通常会规定每笔运单的赔偿上限，如果货品较为昂贵，需要更好保障，建议选购保险。保费为2%的申报价格。

随后，可以选择基本服务或高级服务。高级服务中包括分箱、合箱，分箱可选择分箱数量。分箱的目的是把较多的货物分开运输，以避免入关时可能遇到的问题，分箱后货品的重量往往比分箱前更重，因为增加了包装的重量，运费成本增加。而合箱则能把不同网站买到的东西合并寄回内地，运费上较为节省。有部分转运公司还提供增值服务，如取出发票、拍照服务、加急处理等，包装服务包括内件加固、更换外箱、原箱转运等。以上这些都可以根据需要自由选择。

步骤五：留下备注，足额充值

填写备注说明作用很多，可以对运费提出一些要求。美国人按磅计算重量，零头全部进位，如4.3磅就按5磅收费，如果你的订单重量为4.1磅，那不妨试着在备注中申请按照4磅结算运费。此外，还可重申运送是要原箱转运，确保不换包装，或是说明如何分箱，哪些货品放在同一箱等。这就和内地购物时的备注说明差不多。

随后，需要按照转运公司规定充值足额运费。例如，4.5磅的东西实际按5磅结算，若转运公司规定美元汇率为6.7∶1，每磅7美元，那么建议你至少充值240元进入账户，因为万一账户充值不足，货物就发不出了。特别是分箱后，货品的重量会有所上升，运费更该多充些。若实际运费有结余，则会留在账户中供下次使用。

一般充值后两天内，货品就会从转运仓库运出，过去境内收货时间为10~15天，现在海关清关较慢，可能会有所延长。

步骤六：收货、验货

最后一步是收货、验货。尽管有不少网友反映货品出现了错发、损坏等问题，但在千万买家中，这样的概率并不算高。有问题尽快与购物网站、转运公司沟通是最重要的。

二、海淘省钱六大锦囊

锦囊一：优惠信息不放过

实时了解各家海外网站的最新折扣、优惠信息，才能买到更经济实惠的宝贝。例如，关注那些公布海外网站优惠信息的微博——北美省钱快报、北美deal新鲜报、海淘网购完全手册等，每天浏览几次，大部分的信息都可以掌握了。碰上海淘难题的，也可以私信求助。此外，对于特别喜爱的品牌或是综合型网站，还可以在注册成会员时申请获得最新优惠的邮件通知。这样，每天打开邮箱就能关注，同样很方便。

锦囊二：特惠活动下手快

一些折扣幅度较大的商品往往限量很少，几乎需要秒杀，只有果断出手，才能淘得尽兴。美国"黑色星期五"时，不少网站都出现了疯抢，有经验的海淘族不顾时差，都会守到凌晨以确保买到心爱之物。

锦囊三：搜索、比价不偷懒

同样商品，在不同网站购买，价格会有差异。值得一提的是，海外官网的很多活动都与"优惠代码"有关，如前不久欧碧泉就推出了"免费官运"活动，结账时输入代码"SHIP360"就可以享受"FreeShipping"。还有些代码则能让你获得额外折扣或是超值赠品等。这些优惠代码会不定期发送至会员邮箱，而即便尚未注册会员，也可以通过微博、论坛等途径获得。有经验的海淘族在结账前都会尽力搜索、咨询当前的优惠代码。

锦囊四：返利网站值得一试

初试海淘者因为经验和怕麻烦等原因不会使用返利网站。但海淘达人则不同，一来购物经验丰富，操作起来得心应手；二来由于消费金额较高，从返利网站的确可以得到不错的消费返还。返利网站有很多，一般找些知名的、推荐人数较多的，以确保真正能够有所返还。

锦囊五：运费"暴涨"，升级会员或许更优惠

自海关新政公布以来，不少转运公司都对运费进行了提高，且幅度不小。不过一些转运公司针对高级会员的运输价格仍是较低的。如同舟快递规定，高级会员 A 类商品首磅运费 5 美元，较普通会员优惠 2 美元，而续磅则只需每磅 3.5 美元，也较普通会员的每磅 4 美元便宜一些。

升级会员一个月的费用为 150 元，一个季度的费用为 300 元。也就是说，如果你当月或一个季度内有较多的海淘需求，不妨升级为会员，这样总体的运费成本或许更低。每年七八月及岁末是美国折扣季，在折扣季时升级会员效果明显。

锦囊六：朋友"搭伙"、专业代购或许省下更多

当想在官网上买件 40 美元的衣服，可只有消费满 120 美元方可享受额外 8 折优惠时，是选择硬凑金额还是放弃呢？找朋友"搭伙"购买是不错的选择，倘若找不到，不妨试试代购。

代购是指有要求地代购，把自己的需求、心理价位告诉专业代购方，由代购方把不同消费者的需求合并后下单。即使增加了一点代购费，却能享受到官网 8 折优惠，也是划算的。

第五节　团　购

一、含义

团购就是团体购物，指认识或不认识的消费者联合起来，加大与商家的谈判能力，以求得最优价格的一种购物方式。根据薄利多销的原理，商家可以给出低于零售价格的团购折扣和单独购买得不到的优质服务。

团购作为一种新兴的电子商务模式，通过消费者自行组团、专业团购网站、商家组织团购等形式，提升用户与商家的议价能力，并极大程度地获得商品让利，引起消费者及业内厂商，甚至资本市场关注。现在团购的主要方式是网络团购。

据了解，目前网络团购的主力军是年龄在25~35岁的年轻群体，在北京、上海、深圳、广州、厦门等大城市十分普遍。网友们一起消费、集体维权，同时团购网的公司提供网络监督，确保参与厂商资质，监督产品质量和售后服务。

现在，在团购网站和团购帖子的"省钱才是硬道理"的号召之下，小到图书、软件、玩具、家电、数码、手机、电脑等小商品，大到家居、建材、房产等价格不很透明的商品，都有消费者因网络聚集成团购买。不仅如此，团购也扩展到个人消费、健康体检、保险、旅游、教育培训以及各类美容、健身、休闲等多个领域。

二、团购形式

第一种是自发行为的团购；第二种是职业团购行为，目前已经出现了不少不同类型的团购性质的公司、网站和个人；第三种是销售商自己组织的团购；第四种是通过组建"消费者联盟"建立持续、稳定、重复团购渠道来创业的"个人特许加盟型团购"。

以上四种形式的共同点就是，参与者能够在保证正品的情况下让自己的消费资产获得增值。参加团购前要先做好市场调查，并且要了解自己要买的商品的价格、品牌以及性能，只有心中有数了，才不会被所谓的"团购优惠"弄糊涂。

三、团购风险

作为一种新兴的消费方式，网络团购目前还没有相关的规则来约束它，因此，诈骗案也屡见不鲜。网络团购目前存在着一些陷阱。例如，建材、家具等行业的产品价格缺乏透明度，有的商家暗地里拉高标价再打折，这样消费者就很被动。现在有的网络团购很多是由隐藏在背后的商家发起的，这样的团购其实就是促销。

网络团购还存在售后服务不完善等问题。因此，消费者在参与网络团购，尤其是购买一些大件商品时，一定要咨询律师或其他相关人士，以避免不必要的麻烦。消费者还要关注商家的专业水平、售后服务等信息。参加团购时，避免将钱款交付给代购者。

网络团购毕竟只是出于某一特定目的而临时组织的松散团体。现实中，团购者交易成功后就分散了，售后一旦出现纠纷，往往难以再组织起来，这给消费者日后的维权行动带来困难。因此，网络团购的参与者还应该想办法签订团购协议来规避各种风险。

为了确保购物安全，消费者在选择团购博取优惠价格的同时，对团购平台的选择也应该谨慎小心。选择专业、信誉高的平台发起团购或参加团购，即可以提高网购安全系数，团购产品的质量及售后服务也能有所保障。

第六节　网上购物

一、含义

网上购物，就是通过互联网检索商品信息，并通过电子订购单发出购物请求，然后填上私人支票账号或信用卡的号码，厂商通过邮购的方式发货，或是通过快递公司送货上门。国内的网上购物，一般付款方式是款到发货（直接银行转账、在线汇款）、担保交易（淘宝支付宝、百度百付宝、腾讯财付通等的担保交易）、货到付款等。

二、网购的好处

首先，对于消费者来说，第一，可以在家"逛商店"，订货不受时间、地点的限制；第二，获得较大量的商品信息，可以买到当地没有的商品；第三，网上支付较传统拿现金支付更加安全，可避免现金丢失或遭到抢劫；第四，从订货、买货到货物上门无须亲临现场，既省时又省力；第五，由于网上商品省去租店面、招雇员及储存保管等一系列费用，总的来说其价格较一般商场的同类商品更物美价廉。

其次，对于商家来说，由于网上销售库存压力较小、经营成本低、经营规模不受场地限制等，在将来会有更多的企业选择网上销售，通过互联网对市场信息的及时反馈适时调整经营战略，以此提高企业的经济效益和参与国际竞争的能力。

最后，对于整个市场经济来说，这种新型的购物模式可在更大的范围内、更广的层面上以更高的效率实现资源配置。

网上购物突破了传统商务的障碍，无论对消费者、企业还是市场都有着巨大的吸引力和影响力，在新经济时期无疑是达到"多赢"效果的理想模式。

三、网上购物流程

以下以通过财付通付款的具体操作步骤来说明网上购物流程：

（1）在拍拍网选择您想要购买的商品，确认出价金额和购买数量，然后点击"确认购买本商品"。

（2）进入"购买信息确认"页面或购买商品后在"我的拍拍"→"已购买的商品"页面，选择"现在去付款"按钮。

（3）核对商品购买信息和收货信息，如果没有填写收货信息请立即填写，确认无误后，点击"现在就去付款"按钮。

（4）如果财付通账户中余额足够支付，直接输入财付通账户的支付密码，然后点击"确认提交"；若财付通账户中余额不足以支付，推荐采用"财付通·一点通"关联支付；如果暂时没有财付通账户，可以选择一家银行通过网上银行支付，然后点击"确认提交"。

（5）支付成功后，确认信息即可。

四、网购的技巧

（1）要选择信誉好的网上商店，以免被骗。

（2）购买商品时，付款人与收款人的资料都要填写准确，以免收发货出现错误。

（3）用银行卡付款时，最好卡里不要有太多的金额，防止被不诚信的卖家拨过多的款项。

（4）仔细看商品图片，分辨是商业照片还是店主自己拍的实物照片，而且还要注意图片上的水印和店铺名，因为很多店家都在盗用其他人制作的图片。

（5）查店主的信用记录，看其他买家对此款或相关产品的评价，如果有中差评，要仔细看店主对该评价的解释。

（6）通过询问产品相关问题，一是了解他对产品的了解，二是看他的态度，人品不好的话买了他的东西也是麻烦。

（7）通过实体店体验，如果感觉商品不错，再到网上下单购买，通过这样一种线下体验，网上支付的模式，使消费者花最少的钱就能买到自己满意的商品。

另外，也可以用阿里旺旺来咨询已买过该商品的人，还可以要求店主视频看货。原则是不要迷信钻石皇冠，规模很大有很多客服的要分外小心，坚决使用支付宝交易，不要买态度恶劣的卖家的东西。

五、网购的缺点

（1）实物和照片差距太大。网购只能看到照片，和实物可能不一样，这就不如在商场里买到的放心。

（2）不能试穿。网购只是看到照片及对物品的简单介绍，像衣服或鞋子之类的，就不能直接看出适不适合你。如果在商场购买，可以试穿，合身就马上买下，不用考虑那么多，而网上的要看尺码、衣长、袖长、裤长等，要买到适合自己的需要斟酌。

（3）网络支付不安全。网上购物最为担心的一点就是需要用到银行账户，有些朋友的电脑中存在盗号木马等，会造成账号丢失等一些严重的情况发生，所以在购物的时候尽量不要选择网吧等公共场所，自己的电脑也要保证杀毒软件的正常安装才能进行网络交易。

（4）诚信问题。诚信，就是店主的信用程度，如果碰到过服务质量差的店主，问几个问题就显得不耐烦。还有，在网上购物上当受骗的事情时常发生。

（5）配送的速度问题。在网上购来的物品还要经过配送的环节，快则一两天，慢则要一个星期或更久，有时候配送的过程还会出现一些问题。还有，如果对物品不满意，又要经过配送的环节换一下物品，这样比较麻烦。而在商场里，看到自己想要的就可以直接到手，如果不满意可以直接拿去换。

（6）退货不方便的问题。虽然现实中购物退货也需要很复杂的程序，甚至对产品要有保护的要求，可是网上退货相对更加困难，甚至商家会提出无理要求百般拒绝退货和推卸责任。

第七节　电子优惠券

一、含义

电子优惠券是最近金融危机之下被各大媒体炒热的一种消费服务领域的概念。电子优惠券是优惠券的电子形式，指以各种电子媒体（包括互联网、彩信、短信、二维码、图片等）制作、传播和使用的促销凭证。严格意义上讲，电子打折券与电子代金券统称为电子促销券（或电子优惠券）。

电子优惠券有别于普通纸质优惠券的特点，主要是制作和传播成本低，传播效果可精准量化。

目前国内已有的电子打折券主要分为用手机短信搜索下载、互联网搜索下载和终端机打印纸质三种，以短信搜索下载最为方便。同时，通过利用一种最新型的信息传输工具和通道的微扑技术（其中微扑包含了对网络内容的实时扑（捕）取以及将内容实时传输到移动终端的两大主要功能），可以实现电子优惠券简单、快捷的传输使用，是当下比较新颖的应用模式。

二、形式

（一）按计价形式分

（1）打折券，一般指消费（或购买）发生时，消费者（或购买者）可以凭打折券证在商家公开的清单价格基础上，按打折券证所规定的比例折扣计价。

（2）代金券，一般指载有一定面值的促销券证。比如 100 元代金券，指的是消费（或购买）时使用该券证可以抵用 100 元现金。

（二）按照材料形式分

1. 传统电子优惠券

这是 2003 年以来，被大多数促销商家采用的优惠券形式。这种优惠券通常为一张事先编辑好的图片文件，消费者在上网后，下载、打印成纸质优惠券，然后凭打印的优惠券消费。这样的方式，虽然商家的印刷成本降低了，但社会整体的印刷成本升高。尤其是上班时间打印的优惠券，实际雇主承担了印刷费。所以单纯的互联网优惠券，并未改变纸质优惠券的实质。

2. 新型电子优惠券

传统打印方式的电子优惠券更多用于食品类，如肯德基、麦当劳之类，而新型电子优惠券则以一串代码表示，这种优惠券被广泛运用于各大 B2C 电子商务网站。

（1）彩信优惠券，即以彩信方式下载的优惠券，解决了互联网优惠券需要打印的缺点，将优惠券的电子图片以彩信形式下载到手机上。彩信优惠券的缺点是传播成本高，而且是商家承担的。

（2）短信优惠券，包括互联网搜索下载和手机直接搜索下载。从互联网上下载的短信优惠券，用户上网后选择某商家的优惠券然后在网页上点选手机下载指令即可。手机直接下载的短信优惠券则更加方便，用户随时随地可以通过短信发送商家名称和地点（若为连锁商家的话），该商家的优惠券就会被搜索出来，并下载到手机上。

（3）手机电子优惠券，即用手机安装电子优惠券的应用软件，里面集中各种商家的优惠券，可以先将自己需要的优惠券收藏起来，使用的时候只要拿出手机出示之前收藏的电子优惠券即可，不用下载、不用打印，非常方便。

（4）电子书优惠券，即通过互联网、3G 网络、微扑等，在手机、PSP 等终端设备传递商家折扣优惠信息，不增加任何设备和耗材投入，不产生任何浪费、污染，节约资源，并且可重复使用。

（5）电子卡优惠券，即会员卡内存入各种优惠信息，每次使用就直接刷卡。这种结合了折扣、积分、返利、抵扣、兑换、提货等多种优惠于一体的电子会员优惠券（卡），可以通过厂家统一制造，采用特定的加密技术，使用的时候要求客户输入优惠券的交易密码。一旦使用优惠券，所有的交易信息都会通过特定的软件进行实时的数据采集，对于商家来讲，优惠券会员营销的效果可以即时统计和分析，加快企业的市场决策，如卖买提网络推出的电子优惠券/卡优惠券。

（6）微扑优惠券，即会员无需卡类凭证，解决了目前会员卡数量多、携带不便等问题，不需要增加其他任何终端设备。微扑优惠券以会员的手机号码为唯一凭证，并结合了以往优惠券的所有功能。会员在使用优惠券时只需提供手机号码，所有用户交易信息微扑系统都会自动收集，对于商家来讲，会员发展阻碍减少、会员信息精确，加速了市场的发展。

课外阅读 1　亚马逊 Prime 会员服务正式支持数十万海外购日本选品

2017 年 4 月 25 日，亚马逊中国宣布亚马逊海外购日本选品总量突破百万，同时，亚马逊 Prime 会员服务开始支持数十万亚马逊海外购日本选品，涵盖备受中国消费者欢迎的 16 大品类的 13000 多个品牌。即日起，成为亚马逊 Prime 会员的中国消费者在选购亚马逊海外购商店的 Prime 商品时，单笔订单满 200 元，无论来自海外购美国、海外购英国还是海外购日本，均可享受跨境订单免费配送，全年无限次；配送至国内 82 个城市时，亚马逊 Prime 会员可享受预计 5~9 天的加快配送服务，速度一般优于目前亚马逊海外购商店提供的标准配送时间。至此，亚马逊 Prime 会员服务已经覆盖了亚马逊海外购美国商店、亚马逊海外购英国商店以及亚马逊海外购日本商店。在中国推出的亚马逊 Prime 会员服务专为中国消费者量身定制，是亚马逊全球首个提供跨境 Prime 商品订单全年无限次免费配送的会员服务，也是国内首个提供从美国、英国以及日本直邮中国跨境订单全年无限次免费配送的会员服务。

自 2014 年 10 月上线以来，亚马逊 Prime 会员服务便受到了广大中国消费者的广泛好评，并吸引了大量的注册用户。从消费者调查来看，超过 90% 的 Prime 试用者愿意推荐该项目给其他消费者。目前，中国的亚马逊 Prime 会员可以享受亚马逊海外购商店中数百万来自亚马逊美国、英国和日本的纯正海外货，以及来自亚马逊中国的超过 900 万件本地高品质选品。成为亚马逊 Prime 会员的中国消费者在选购这些 Prime 商品时，不仅可以享受跨境订单全年无限次免费配送，同时还可享受国内订单全年零门槛无限次免费配送服务。为了让更多的中国消费者有机会享受 Prime 会员服务带来的各种福利，亚马逊中国还将亚马逊 Prime 会员服务的 188 元年费优惠期持续至 2007 年 11 月 26 日。

亚马逊海外购日本的 Prime 商品包括了服装、鞋靴、箱包、首饰、手表、摄影摄像、乐器、办公用品、电脑用品、厨具、家居、小家电、运动户外、母婴、玩具动漫、美妆在内的 16 大热销品类，涵盖了来自逾 13000 个国际知名品牌的数十万件精选高品质选品。

课外阅读2　教你怎样买机票最省钱！

旅行中交通费用的占比还是很大的，如果能买到特价机票，那当然是最好的！

1. 提前确定出行时间

最好提前六周确定出行日期，并做好行程。如果提前太早，航空公司和机票代理商还没有开始打折，所以不会有什么优惠；如果推迟太久，在机票供不应求的情况下，价格会被代理商抬高。

2. 最佳购票时间

一年四季：1月到3月初（春节除外）、11月到12月初的价格最便宜；4月和5月、9月和10月其次；6月中到9月初、12月中到1月初和春节期间，价格最贵。

工作日：避开周五到周日的时间，周二和周三的票价相对较低，但往往起飞前的周二机票可能是最便宜的。

24小时内：一天中最便宜的机票出现在早晨八九点、中午十一二点、下午五六点的时间段。因为在这些时段，代理商会适当放出相对便宜的机票，所以这些时段购买机票一般会比较便宜。

3. 如何选择航班

当天票价最低：一天中最早或最晚的航班，机票价格最低。

当天票价次低：次早和次晚的航班。

4. 航空公司年度促销规律

一月：提前关注长假出行机票。各大航空公司的开年大促大都集中在这个月，而且力度较大，这时候十一假期的机票已经开始销售了，相比清明、五一、端午假期的机票，只适合探底观望。

二月：节后机票大降价。此时，春节假期刚结束，所以，机票的价格会普遍下降，同时注意关注各个新开航线，因为会有各种开航大促。

三月：航空公司进入季度促销。三月一般是航空公司的促销季，所以此时会有很多大手笔的促销。

四月：暑假机票促销季。很多航空公司在四月就已经开始促销欧洲航线了，除了可以开始预订暑假机票，还可以开始观望年底的机票和次年的机票。

五月：十一长假机票大促。五月时，大量的中秋、国庆期间的特价票开始进入促销季，因此，此时买到各种超值特价机票不是没有可能的。

六月：年中大促和第二季度促销。部分航空公司一般会在六月进行年中大促和本年第二季度促销，会有各种国际航线价格大优惠。

七月：航空公司感恩回馈。七月份是 Skytrax 颁奖的时候，一些获奖的航空公司会因此做感恩回馈的促销。

八月：春节假期欧洲机票。八月时嘎达航空公司会开始对春节期间的欧洲线路进行低价促销，例如汉莎、俄罗斯航空、意大利航空等。

九月、十月：冬季促销和次年促销。九十月航空公司开始进入冬季促销，会开始促销次年上半年的机票，廉价航空甚至会促销次年各大假期的机票，所以此时是比较适合做计划的。

十一月、十二月："双十一"、"双十二"和年终大促。"双十一"和"双十二"的特价机票促销活动就不用说了，绝对是很美丽的价格，而年终大促和次年一月的促销价格在此时也是很值得关注的。

第五章　现金理财

在家庭的资产组合中，必然会留出一部分现金、银行存款和类似于存款的资产。这些资产的预留是为了应付家庭的紧急或者意外情况而导致的收入中断，如失业、失能等，能够保证家庭生活的正常进行，同时也不会对家庭的投资产生影响。

学习目标:

(1) 理解家庭流动资产的配置对于理财的意义。

(2) 掌握家庭流动性资产的范围，以及流动性比率的计算。

(3) 掌握银行存款利息的计算。

(4) 理解类银行存款产品的运作及特点。

(5) 掌握信用卡使用时应注意的问题。

在个人或家庭的理财规划中，现金规划能够使所拥有的资产保持一定的流动性，满足个人或家庭支付日常家庭费用的需要，又能够使流动性较强的资产保持一定的收益，甚至能明确地体现家庭收入和支出情况，同时达到合理规划家庭支出与收入之间的平衡。

第一节　现金理财的基本内涵

一、现金理财的含义

现金理财是为满足个人或家庭短期需求而进行的管理日常的现金及现金等价物和短期融资的活动。现金理财中所指的现金等价物是指流动性比较强的活期储蓄、各类银行存款和货币市场基金等金融资产。

在个人或家庭的理财规划中，现金理财既能够使所拥有的资产保持一定的流动性，满足个人或家庭支付日常家庭生活费用的需要，又能够使流动性较强的资产保持一定的收益。一般来说，在现金规划中有这样一个原则，即短期需求可以用手头的现金来满足，而预期的或者将来的需求则可以通过各种类型的储蓄或者短期投、融资工具来满足。

二、现金理财考虑的基本范畴

1. 持有现金的成本

对于金融资产来说，通常流动性和回报率是呈反方向变化的。现金具有很高的流动性，因此它必将伴随着一定的机会成本。现金的机会成本在金融资产里一般被看作是进行活期储蓄的所得。如果你持有现金，就意味着你放弃收益。因此，要在资本的流动性和收益性之间进行权衡。

2. 紧急备用金的重要性

（1）我们每个人都会碰到意外收入突然减少甚至中断的情况，若没有一笔紧急备用金可以动用，就会陷入财务困境。如因为失业或失能（因为意外身心遭受伤害，导致无法工作，在保险术语上称之为失能）导致收入中断，则会面临生活费用、买车或买房的月供款、房租等债务压力。或者因为紧急医疗或者意外灾害而导致的超支费用，这时也需要一笔紧急预备金来应付这些突发状况。

（2）假如有突发事件发生，需要大量资金，而我们把资金都投入到了收益较高的投资上，而没有建立紧急准备金，这就会导致我们不得不将投资变现，而将高收益投资变现将会使我们付出巨大的成本，并且大多投资还会损失大量的收益。紧急备用金能够很好地防止这类损失的出现，保证自己在投资规划上的正常运作。

三、现金理财中的量化分析指标

流动性比率 = 流动性资产/每月支出 = 3~6 倍

流动性资产主要指现金和现金等价物，现金等价物主要包括活期存款、定期存款、货币市场基金以及类似的产品。

编制收入支出表时一般以 12 个月为一个编制周期，但是为了和现金规划更好地衔接起来，也可以以一个月为周期进行编制。根据客户的具体情况，兼顾资产的流动性和收益性，进而提出有价值的理财建议。对于工作稳定、收入有保障的客户而言，流动性并非其首要考虑的因素，因而可以保持较低的资产流动性比率，而将更多的流动性资产用于扩大投资，取得较高的收益；而对于收入不稳定的客户或家庭，流动性资产应维持在 3~6 个月支出的水平。

第二节 现金理财的常见工具

一、储蓄种类及特征

（1）活期储蓄：一元起存，多存不限，储蓄机构发给存折，凭折存取，开户后可随时存取，每年 6 月 30 日结息一次，全部支取时，按销户日挂牌公告的活期储蓄利率计息。但是，自 2005 年 9 月 21 日起，个人活期存款按季结息，按结息日挂牌活期利率计息，每季末月的 20 日为结息日。未到结息日清户时，按清户日挂牌公告的活期利率计息到清户前一日止。

（2）定活两便：一般 50 元起存。存期不满三个月，按活期计息，存期三个月以上不满半年的，按三个月定期存款利率打六折计息；存期半年以上不满一年的，按半年定期存款利率打六折计息；一年以上无论存期多长，均按一年期存款利率打六折计息。

（3）整存整取定期储蓄：一般 50 元起存，多存不限，存期分三个月、半年、九个月、一年、二年、三年和五年，到期凭存单支取本息。存期越长，利率越高。储户还可以根据本人意愿办理定期存款到期约定或自动转存业务。

（4）零存整取定期储蓄：每月固定存额，一般 5 元起存，存期分一年、三年、五年，存款金额由储户自定，每月存入一次，中途如有漏存，应在次月补存，未补存者，到期支取时按实存金额和实际存期计息。

（5）存本取息储蓄：一次存入本金，金额起点一般为 1000 元，可记名。预留印鉴或密码，可挂失。存期分为一年、三年、五年。开户时由银行发给储户存折，约定每一个月、三个月或半年领取一次。取款时储户凭存折到原开户行填写取款凭证后领取本金。如到期日未领取，以后可随时领取。整存领取不得部分提前支取。

（6）个人通知存款：个人通知存款是指存款人在存入款项时不约定存期，支取时需提前通知金融机构，约定支取日期和金额方能支取存款的一种储蓄方式。根据储户提前通知时间的长短，分为 1 天通知存款与 7 天通知存款两个档次。个人通知存款的最低起存金额为 5 万元，最低支取金额为 5 万元，存款人需一次性存入，可以一次或分次支取。

二、计算利息的相关规定

1. 计算存期的基本规定

（1）一年按 360 天算，每月不分大月、小月、闰月均按 30 天计算。

（2）算头不算尾。

（3）储蓄存款到期日，以对年、对月为准，如果存入日为到期日没有的日期，以应到期月份最末一天为存款到期日。

（4）如定期存款到期日恰逢法定节假日，可在休假日前一天取款，仍然按到期日计息。

2. 计算利息的一般规定

（1）以元为计息单位，元以下角、分不计息。

（2）计息计至厘位，保留至分位，分以下四舍五入。

（3）各种储蓄存款除活期（存折）年度结息可将利息转入本金生息外，其他各种储蓄不计复息。

（4）逾期支取的定期储蓄存款，其超过原定存期的部分，除约定自动转存的外，一律不计复息。

3. 计算利息的基本方法

（1）全额计息法。计算公式：利息=本金×存期×利率。

（2）积数计息法。计算公式：利息=积数和×利率，积数和=每次余额×存期。

三、储蓄利息的计算

（1）活期储蓄存款利息。2005 年 9 月 21 日至今，以每季度末月 20 日为结息日（3 月 20 日、6 月 20 日、9 月 20 日、12 月 20 日），21 日为付息日。按结息日挂牌公告的活期储蓄存款利率计算利息。全部支取活期储蓄存款，按清户日挂牌公告的活期储蓄存款利率计付利息。

（2）定期存款利息的计算。1993 年《储蓄管理条例》规定，在条例实施后存入的定期存款，如到期支取，按存入时规定的利率计算到期利息。储蓄存款提前支取，按支取日挂牌公告的活期储蓄存款利率计付利息，部分提前支取的，支取部分按活期，其余部分到期时按原定利率计息。逾期支取的储蓄存款，其超过原定存期的部分，按支取日挂牌公告的活期储蓄存款利率计息。

（3）存本取息储蓄。根据客户在开户时约定的存期和支取利息的次数，计算出每次应付的利息。利息应在约定的取息日支取，不得提前预支；如到取息日未取息，以后随时可取，但不计复利。先按本金、存期和利率算出应付利息总数，然后根据支取利息次数算出每次支付的利息数。

每次支取利息 =（本金 × 存期 × 利率）/支取次数

支取次数 = 存期/取息间隔

每次支付利息时，只付给整数部分，元以下的小数部分清户时一次付清。如存本取息的储蓄要提前支取，那么银行将对已经分期支付的利息采用如数扣回，再按活期利率的标准计算利息来交付本利。

（4）零存整取储蓄。办理零存整取业务从 1999 年 6 月 10 日起，客户开立零存整取账户，存期内每月必须以约定金额存入。客户中途如有漏存，应在次月补齐，未补存者，视同违约，对违约后存入的部分，支取时按活期利率计息。

$$SN = A(1 + R) + A(1 + 2 \times R) + \cdots + A(1 + N \times R) = N \times A + N \times (N + 1)A \times R/2$$

其中，A 表示每期存入的本金；SN 是 N 期后的本利和，又可称为单利年金终值；N × A 是所储蓄的本金的总额；N × (N + 1)A × R/2 是所获得的利息的总数额。如储户逾期支取，到期时的余额在过期天数的利息按活期利率来计算利息。

（5）整存零取定期储蓄利息。计算公式如下：

利息 =（存入本金 + 每次支取金额）× 支取次数 × 每次间隔日期 × 利率/2

提前支取的存款，按照实际存期，以活期储蓄利率计算利息。过期支取的部分，先算原存期内的应付利息，再按过期天数用支取日活期储蓄利率计算利息。

（6）定活两便储蓄利息。存期小于三个月，用支取日的活期利率；存期大于等于三个月小于六个月，用支取日整整对应三个月的利率，打六折；存期大于等于六个月小于一年，用支取日整整对应六个月的利率，打六折；存期大于等于一年，用支取日整整对应一年的利率，打六折。

（7）转存业务的有关规定。约定转存是指根据客户的约定，在该笔存款到期后，连同本金和利息一并按同档次同存期自动转存。①原存期满，转存期也满，原存期的利息并入本金（元以下不计息）计算转存期的利息。②原存期满，转存期未满，视同转存期的提前支取，原存期利息并入本金，利率用支取日的活期利率。

自动转存是指若客户未约定转存，可提供自动转存功能，在该笔存款到期后，连同本息一并按同档次同存期自动转存。①原存期满，转存期也满，原存期的利息并入本金计算转存期的利息，原存期用开户日与整整对应的利率，转存期用转存日整整对应的利率。②原存期满，转存期未满；视同整存整取的过期支取，利息不需并入本金，利率用支取日的活期利率。

四、储蓄的策略选择

（1）滚动储蓄法。也即连月存储法、12张存单法，即每月存入一定的钱款，所有存单年限相同，但到期日期分别相差1个月，能最大限度地发挥储蓄的灵活性，一旦急需，可支取到期或近期的存单，减少利息损失。

（2）存单四分存储法。如果你这个家庭现有1万元，并且在一年之内有急用，但每次用钱的具体金额、时间不能确定，而且还想既让钱获取"高利"，又不因用一次钱便动用全部存款。此时可以把1万元分别存成四张存单，但金额要一个比一个大，可以把1万元分别存成1000元、2000元、3000元、4000元各一张，也可以把1万元存成更多的存单。

（3）阶梯储蓄法。假定持有5万元，你可分别用1万元开设一年期存单、二年期存单、三年期存单、四年期存单（即3年期加1年期）、五年期存单各一张，一年后，到期的1万元，再去开设一张五年期存单，以后每年如此，五年后手中所持有的存单全部为五年期，只是每张1万元存单的到期年限不同，依次相差1年。这样既可以跟上利率调整，又能获取五年期存款的高利息，是一种中长期投资。

（4）利滚利存储法。假如现在有3万元，可以先把它存成存本取息储蓄，在一个月后，取出存本取息储蓄的第一个月利息，再用这第一个月利息开设一个零存整取储蓄户，以后每月把利息取出来后，存入零存整取储蓄。鸡生蛋、蛋孵鸡，让家里的一笔钱取得了两份利息，这种储蓄的方法，对工薪家庭为未来生活积累养老金和生活保障来说有着相当的优越性。

（5）通知储蓄法。假如手中有10万元现金，打算近期首付住房贷款，但是又不想简简单单地存活期损失利息，这时可以选择七天通知存款储蓄。其利率为1.71%，是活期利率0.72%的2.375倍，很适合手头有大笔资金准备用于近期开支的情况。

五、货币市场基金

根据2004年8月16日中国证监会、中国人民银行制定的《货币市场基金管理暂行规定》，货币市场基金是指仅投资于货币市场工具的基金。具体来讲，货币市场基金应当投资于以下金融工具：①现金；②一年以内（含一年）的银行定期存款、大额存单；③剩余期限在 397 天以内（含 397 天）的债券；④期限在一年以内（含一年）的债券回购；⑤期限在一年以内（含一年）的中央银行票据；⑥中国证监会、中国人民银行认可的其他具有良好流动性的货币市场工具。但不得投资于以下金融工具：①股票；②可转换债券；③剩余期限超过 397 天的债券；④信用等级在 AAA 级以下的企业债券；⑤中国证监会、中国人民银行禁止投资的其他金融工具。

货币市场基金是一种功能类似于银行活期存款，而收益却高于银行存款的低风险投资产品。它为个人及企业提供了一种能够与银行中短期存款相替代，相对安全、收益稳定的投资方式，既可以在提供本金安全性的基础上为投资者带来一定的收益，又具有很好的流动性。就流动性而言，货币市场基金的流动性很好，甚至比银行七天通知存款的流动性还要好。前者 T＋1 或 T＋2 就可以取得资金，而后者则需要 T＋7。货币基金有类似于活期存款的便利。今天赎回（T 日），资金最快明天（T＋1 日）上午 10 点以前到账。就安全性而言，由于货币基金投资于短期债券、国债回购及同业存款等，投资品种的特性基本决定了货币基金本金风险接近于零。就收益率而言，货币市场基金的收益率远高于七天通知存款。货币基金没有认购费、申购费和赎回费，只有年费，总成本较低。收入免征利息税。

在做现金规划时，对于收入和工作都较稳定的家庭，一般以月收入的一倍作为储蓄，月收入的两倍投资货币市场基金，这样安排既兼顾了流动性又能够获得一定的收益性，是比较合适的搭配方案。

六、现金理财的融资工具

（一）信用卡融资

信用卡是银行或其他财务机构签发给那些资信状况良好的人士，用于在指定的商家购物和消费，或在指定银行机构存取现金的特制卡片，是一种特殊的信用凭证。随着信用卡业务的发展，信用卡的种类不断增多，概括起来，一般有广义信用卡和狭义信用卡之分。从广义上说，凡是能够为持卡人提供信用证明、消费信贷或持卡人可凭卡购物、消费或享受特定服务的特制卡片均可称为信用卡。广义上的信用卡包括贷记卡、准贷记卡、借记卡等。从狭义上说，信用卡主要是指由金融机构或商业机构发行的贷记卡，即无须预先存款就可贷款消费的信用卡。狭义的信用卡实质是一种消费贷款，它提供一个有明确信用额度的循环信贷账户，借款人可以支取部分或全部额度。偿还借款时也可以全额还款或部分还款，一旦已经使用余额得到偿还，则该信用额度又重新恢复使用。

信用卡在扮演支付工具的同时，也发挥了最基本的账务记录功能。再加上预借现金、循环信用等功能，更使信用卡超越了支付工具的单纯角色，具备了理财功能。

（二）银行贷款

从银行取得贷款是各种贷款方式中最可靠、获得资金最多的一种，手续简便，而且良好的服务、众多的网点、方便快捷的结算方式，也是其他机构无法比拟的。但其对借款人的资信条件要求非常严格。

1. 凭证式国债质押贷款

目前凭证式国债质押贷款额度起点一般为 5000 元，每笔贷款不超过质押品面额的 90%。凭证式国债质押贷款的贷款期限原则上不超过一年，并且贷款期限不得超过质押国债的到期日；若用不同期限的多张凭证式国债作质押，以距离到期日最近者确定贷款期限。凭证式国债质押贷款利率，按照同期同档次法定贷款利率（含浮动）和有关规定执行。贷款期限不足六个月的，按六个月的法定贷款利率确定；期限在六个月以上一年以内的，按一年的法定贷款利率确定。另外，银行也会根据客户的不同情况对贷款利率有所调整，贷款利率的下限是基准利率的 0.9 倍，上限不设。借款人提前还贷，贷款利息按合同利率和实际借款天数计算，并按合同规定收取补偿金。凭证式国债质押贷款实行利随本清。凭证式国债质押贷款逾期一个月以内的（含一个月），自逾期之日起，按法定罚息率向借款人计收罚息。

2. 存单质押

贷款利率按照中国人民银行规定的同期贷款利率计算，贷款期限不足六个月的，按六个月的法定贷款利率确定；期限在六个月以上一年以内的，按一年的法定贷款利率确定。优质客户可以下浮 10%。如借款人提前还贷，贷款利率按合同利率和实际借款天数计算。目前各家商业银行都推出了存单质押贷款业务，且手续简便。借款人只需向开户行提交本人名下的定期存款（存单、银行卡账户均可）及身份证，就可提出贷款申请。经银行审查后，双方签订《定期存单抵押贷款合同》，借款人将存单交银行保管或由银行冻结相关存款账户，便可获得贷款。有的银行，如中国工商银行存单质押贷款的起点金额为 1000 元，最高限额不超过 10 万元，且不超过存单面额的 80%，交通银行要求最高为质物面额的 90%。银行借款人如果手续齐备，当天就可以签订合同拿到贷款，不需要任何的手续费。存单质押贷款一般适合于短期、临时的资金需求。

目前，商业银行提供的贷款种类各异，除了上述列举的几种外，还有诸如个人临时贷款、个人房产装修贷款、个人旅游贷款、个人商铺贷款、个人小型设备贷款和个人外汇宝项下存款质押贷款等种类，这里就不详述。理财规划师可以根据个人情况增加对这些种类的了解。

（三）保单质押融资

所谓保单质押贷款，是指保单所有者以保单作为质押物，按照保单现金价值的一定比例获得短期资金的一种融资方式。目前，我国存在两种情况：一种是投保人把保单直接质押给保险公司，直接从保险公司取得贷款，如果借款人到期不能履行债务，当贷款本息达到退保金额时，保险公司终止其保险合同效力；另一种是投保人将保单质押给银行，由银行支付贷款给借款人，当借款人不能到期履行债务时，银行可依据合同凭保单由保险公司偿还贷款本息。

然而，并不是所有的保单都可以质押的，质押保单本身必须具有现金价值。人身保险合同可分为两类：一类是医疗保险和意外伤害保险合同，此类合同属于损失补偿性合同，与财产保险合同一样，不能作为质押物；另一类是具有储蓄功能的养老保险、投资分红型保险及年金保险等人寿保险合同，此类合同只要投保人缴纳保费超过一年，人寿保险单就具有了一定的现金价值，保单持有人可以随时要求保险公司返还部分现金价值，这类保单可以作为质押物。

此外，保单质押贷款的期限和贷款额度有限制。保单质押贷款的期限较短，一般不超过六个月。最高贷款余额不超过保单现金价值的一定比例，各个保险公司对这个比例有不同的规定，一般在70%左右；银行则要求相对宽松，贷款额度可达到保单价值的90%。期满后贷款一定要及时归还，一旦借款本息超过保单现金价值，保单将永久失效。目前保单贷款的利率参考法定贷款利率，同时，保险公司和银行根据自身的情况，具体确定自己的贷款利率。

（四）典当融资

根据2005年2月9日颁布的《典当管理办法》，典当是指当户将其动产、财产权利作为当物质押或者将其房地产作为当物抵押给典当行，交付一定比例费用，取得当金，并在约定期限内支付当金利息、偿还当金、赎回当物的行为。

办理出当与赎当，当户均应当出具本人的有效身份证件。当户为单位的，经办人员应当出具单位证明和经办人的有效身份证件；委托典当中，被委托人应当出具典当委托书、本人和委托人的有效身份证件。出当时，当户应当如实向典当行提供当物的来源及相关证明材料。赎当时，当户应当出示当票。所谓当票，是指典当行与当户之间的借贷契约，是典当行向当户支付当金的付款凭证。

当物的估价金额及当金数额应当由双方协商确定。房地产的当金数额经协商不能达成一致的,双方可以委托有资质的房地产价格评估机构进行评估,估价金额可以作为确定当金数额的参考。典当期限由双方约定,最长不得超过六个月。

典当当金利率,按中国人民银行公布的银行机构六个月期法定贷款利率及典当期限折算后执行。典当当金利息不得预扣。除此之外,典当过程中还需交纳各种综合费用,典当综合费用包括各种服务及管理费用。动产质押典当的月综合费率不得超过当金的 42‰。房地产抵押典当的月综合费率不得超过当金的 27‰。财产权利质押典当的月综合费率不得超过当金的 24‰。当期不足五日的,按五日收取有关费用。

典当期内或典当期限届满后五日内,经双方同意可以续当,续当一次的期限最长为六个月。续当期自典当期限或者前一次续当期限届满日起算。续当时,当户应当结清前期利息和当期费用。典当期限或者续当期限届满后,当户应当在五日内赎当或者续当。逾期不赎当也不续当的,为绝当。当户于典当期限或者续当期限届满至绝当前赎当的,除须偿还当金本息、综合费用外,还应当根据中国人民银行规定的银行等金融机构逾期贷款罚息水平、典当行制定的费用标准和逾期天数,补交当金利息和有关费用。

与银行对借款人近乎苛刻的条件相比,典当行对客户的信用要求几乎为零;一般商业银行只对不动产抵押,而典当行则可以动产和不动产抵押贷款,而且起点低,更注重对个人和中小企业服务;银行贷款手续复杂,审批周期长,典当贷款手续非常简便,大多立等可取,即使是不动产抵押贷款,也要比银行快捷很多。但是典当贷款的利息、手续费比其他融资方式都要高,而且贷款规模小。

第三节　案例分析

一、现金理财工作程序

第一步,将客户每月支出 3~6 倍的额度在现金规划的一般工具中进行配置。

根据客户家庭的收入、支出的稳定情况不同,可将其现金或现金等价物的额度确定为每月支出的 3~6 倍。额度确定后,还要对金融资产进行配置,即在现金、各类银行存款、货币市场基金等金融产品间进行配置。

第二步，向客户介绍现金规划的融资方式，解决超额的现金需求。在向客户介绍了现金规划的一半工具后，应将各种融资方式向客户进行介绍，应注意比较各种融资方式的区别，应当熟知各种规划工具。

第三步，形成现金理财报告，交付客户。经过以上的工作程序，充分了解、分析客户需求并且选择适当工具满足需求的现金规划方案已经可以制定完成。如果客户仅进行现金专项规划，则形成现金规划报告，交付客户；如果客户需要综合理财规划服务，则将现金规划部分作为分项规划之一纳入理财规划建议书中。

二、案例分析

家庭基本信息如下。丈夫：31 岁，私营业主，年收入约 30 万元，无任何保险。妻子：28 岁，中学教师，月薪 2000 元左右（13 个月），有社保，公积金 300 元/月。支出：家庭日常支出每月 4000 元，每月孩子 1500 元，每月车费 1500 元，家庭旅游一年 12000 元。资产状况：现金 1 万元，银行活期存款 90 万元，三年定期存款 10 万元，股票 8 万元，房产现市值 86 万元，宝来车一辆 16.8 万元，无负债。

针对现金做出如下规划：

家庭每月支出共计 7000 元，家庭一年的消费支出现金共计 9 万元左右，这一部分资金我们采用组合存款的方式，满足了家庭每个月的现金支出，保证了较强的流动性。在存款方式上我们为您选择了一套 1 万元现金、2 万元活期存款、3 万元三个月定期存款、3 万元六个月定期存款相组合的方式。1 万元现金、2 万元活期存款，至少可以满足家庭三个月的消费支出，配合以三个月、六个月的定期，保证了家庭现金流的连续，使其银行存款合理地运转起来。

在满足了基本的家庭消费支出后，还需建立一个家庭紧急备用金账户。

（1）家庭紧急备用金预留 3 万元，采用货币市场基金形式，经过分析我们为您选择××基金公司的××货币市场基金。家庭在急需用资金的时候，可以通过赎回很快变现。

（2）同时单独设立妻子工资账户（每月 2000 元），每年 26000 元，作为家庭紧急备用金的补充。

（3）为了使您的应急备用金部分更为完善，我们将为您办理一张银行信用卡，将每月的透支额度限定为 5000 元。

在后面的投资规划部分中，我们为您制定了一套购房规划，在房产投资中选择了按揭还款的投资方式，所以，在此建立一个还款账户，根据每月还款金额，我们将该账户设定为 4 万元，采用以房养房的投资方式。具体资金分配见表 5-1。

表 5-1 资金分配

单位：万元

现金规划总计	18.6
家庭消费金：	9
现金	1
银行活期存款	2
三个月定期存款	3
六个月定期存款	3
家庭应急准备金：	5.6
货币市场基金	3
妻子工资账户	2.6
信用卡每月可透支	0.5
房产还款账户：	4
储蓄现有房屋房租收入	2.5
从银行存款中提取	1.5

出租现有房屋，一次性可得房租 2.5 万元，再从现有存款中提出 1.5 万元，共同组成该账户。

通过以上现金的规划，用于现金规划部分的资金总计 18.6 万元，在保证了较强的流动性的同时，可以满足家庭所需的各项支出。

课外阅读 1 中国 36 种现金管理工具

中国 36 种现金管理工具如表 5-2 所示。

表 5-2 中国 36 种现金管理工具

变现能力分类	现金管理工具名称	服务渠道	收益率（%）	门槛	变现时间
现金和活期	现金	银行	0	1 元	直接使用
	活期存款	银行	0.35	1 元	直接使用

续表

变现能力分类		现金管理工具名称	服务渠道	收益率(%)	门槛	变现时间
活期存款替代工具	活期替代品	货币基金官网直销 T+0	基金公司	3.92	100 元	1 分钟
		货币基金银行代销 T+0	银行	3.92	100 元	1 分钟
		货币基金第三方代销 T+0	第三方销售	3.92	100 元	1 分钟
		第三方支付"宝"类产品	第三方支付	3.92	100 元	2 个小时
		开放式银行理财产品	银行	2.80	5 万元	1 分钟
	活期半替代品	通知存款（1 天）	银行	0.80	5 万元	1 天
		上市交易型货币基金	证券公司	3.92	1 万元	1 个工作日
		货币基金官网普通直销	基金公司	3.92	100 元	1~2 个工作日
		非上市场内货币基金	证券公司	3.92	1000 元	1 个工作日
		保证金型券商资管	证券公司	2.84	5 万元	1 个工作日
		老式货币型资管	证券公司	3.92	5 万元	1~2 个工作日
		货币基金淘宝旗舰店直销	基金淘宝店	3.92	100 元	2~4 个工作日
		货币基金银行普通代销	银行	3.92	100 元	2~4 个工作日
		货币基金第三方普通代销	第三方销售	3.92	100 元	2~4 个工作日
		货币基金券商普通代销	证券公司	3.92	100 元	2~4 个工作日
		开放式货币型信托	信托公司	5.04	20 万元	1~4 个工作日
		报价回购（1~4 天）	证券公司	2.97	1000 元	1~4 天
		深圳国债回购（1~4 天）	证券公司	3.05	1000 元	1~4 天
定期存款替代工具	平衡型定期品	通知存款（7 天）	银行	1.35	5 万元	7 天
		深圳国债回购（5~91 天）	证券公司	3.69	1000 元	5~90 天
		报价回购（5~91 天）	证券公司	3.62	1000 元	5~90 天
		短期理财官网基金直销	基金公司	4.20	1000 元	5~90 天
		短期理财基金银行代销	银行	4.20	1000 元	5~90 天
		短期理财基金第三方代销	第三方销售	4.20	1000 元	5~90 天
		封闭式银行理财（5~91 天）	银行	4.66	5 万元	5~90 天
		理财型信托（5~91 天）	信托公司	5.64	300 万元	5~90 天
		理财型资管（5~91 天）	证券公司	5.23	5 万元	5~90 天
		三个月定期存款	银行	2.85	50 元	90 天
	收益型定期品	深圳国债回购（92~365 天）	证券公司	3.68	1000 元	92~365 天
		报价回购（92~365 天）	证券公司	4.25	1000 元	92~365 天
		封闭式银行理财（92~365 天）	银行	5.00	5 万元	92~365 天
		理财型信托（92~365 天）	信托公司	5.92	300 万元	92~365 天
		理财型资管（92~365 天）	证券公司	6.02	100 万元	92~365 天
		六个月定期存款	银行	3.05	50 元	180 天

资料来源：e 财富管理网研究中心《2014 年中国家庭现金管理策略报告》。

课外阅读 2　信用卡的使用

一、符合条件的免息透支

在规定还款日之前全额还款，是免息的。

最低还款额，是指在规定的到期还款日前，本期账单上列示的"最低还款额"。

滞纳金，是指截至到期日前，还款金额不足最低还款额时，按未还部分的一定比例结算的费用。

如果到期日前还款额高于最低还款额，对未还部分征收利息（全额征收或部分征收）。

如果到期日前还款额低于未偿还最低还款额，除了罚息，按最低还款额未还部分5%收取滞纳金，超信用额度用卡的行为，分别按超过信用额度部分的5%收取超限费。

案例1：张先生申请了某银行信用卡，按规定，每月1日为账单日，25日为还款日，则该银行就为客户提供了最长为56天的免息优惠。如张先生在1月1日消费1000元，那么到2月25日才需要偿还这部分透支额，相当于一笔无息贷款。

二、免息分期付款

信用卡持有人在进行一次性大额消费的时候，对于该笔消费金额可以平均分解成若干期数来进行偿还，不用支付任何额外的利息，免抵押、免担保、凭借个人信用即可办理。分期付款的价格会高于市场一次性付款的价格。

案例2：假设刷卡6000元购买了家用电器，最近较短时间内由于支出很多，存在一定财务压力，无法全额还款，申请使用三期消费分期（提供的消费分期最短为三期），所有的手续费支出为6000×0.7%×3=126元。

三、调高临时透支额度

当持卡人因出国旅游、装潢新居、结婚、子女留学等情况在一定时间内的消费需要超出信用额度，需要使用较高信用额度时，可以提前进行电话申请调高临时信用额度。最高可达5万元的信用额度，一般30天内有效，到期后信用额度自动恢复为原来的额度。调高临时信用额度后，实际使用超过原信用额度的超额部分，将加入到下期对账单的最低还款额中。超额使用部分不加收任何费用，但不能享有循环信用的便利，在到期还款日一次还清。可充分利用信用卡最长 50 天的免息还款期来节省利息费用。

四、预借现金（取现）

银行为持卡人提供的小额现金借款，可在自动柜员机 24 小时自由取现。预借现金时，必须承担按每笔预借现金金额 3% 计算的手续费，最低收费额为每笔 30 元或 3 美元。预借现金不享受免息还款期待遇，自银行记账日起按日利率 5‰ 计收利息至清偿日止，记账日为预借现金交易发生日，按月计收复利。

五、循环信用

循环信用是一种按日计息的小额、无担保贷款。当持卡人偿还的金额等于或高于当期账单的最低还款额，但低于本期应还金额时，剩余的延后还款金额就是循环信用余额。如果选择了循环信用，那么在当期就不能享受免息还款期的优惠。利息计算方法为：上期对账单的每笔消费金额为计息本金，自该笔账款记账日起至该笔账款还清日止为计息天数，日息 5‰，利息在下期的账单中列示。

六、操作提示

（1）免息还款期的计算问题。

（2）超额透支不能享受免息还款待遇，不要超额透支。

（3）透支还款要还清费用。

（4）现金透支不能免息还款。

（5）不要将信用卡当存折用。

（6）并非年年都免年费。

课后习题

一、单项选择题

1.（　　）可以应对失业或失能导致的工作收入中断，应对紧急医疗或意外所导致的超支费用。

A. 紧急备用金　　　　　　　　　　　B. 债券

C. 股票　　　　　　　　　　　　D. 套期保值工具

2. 在现金、消费和债务管理中，家庭备付金的储存形式不包括（　　）。

A. 货币市场基金　　　　　　　　B. 活期存款

C. 现金　　　　　　　　　　　　D. 购买商品房

3. 家庭应急准备金（备付金）的数额应为（　　）。

A. 家庭净资产　　　　　　　　　B. 家庭收入

C. 家庭每月支出的 3~6 倍　　　　D. 家庭每月支出的 6~9 倍

4. 现金规划的常见工具不包括下列哪一项（　　）。

A. 现金及现金等价物　　　　　　B. 活期存款

C. 保单质押　　　　　　　　　　D. 期货

5. 下列有关家庭应急准备金用途的描述错误的是（　　）。

A. 应付失业导致的收入中断

B. 实现保值增值

C. 应付紧急医疗或意外伤害导致的大额费用

D. 用于保障家庭发生的预料外支出

二、多项选择题

1. 关于现金规划的说法正确的是（　　）。

A. 现金规划是为满足个人或家庭短期需求而进行的管理日常的现金及现金等价物和短期融资的活动

B. 现金等价物是指流动性比较强的活期储蓄、各类银行存款和货币市场基金等金融资产

C. 现金规划能够使客户所拥有的资产保持一定的流动性

D. 现金规划能够使流动性较强的资产保持一定的收益

E. 将资产在现金规划的一般工具中进行配置能够使资产保持较高的收益性

2. 下列关于货币市场基金说法正确的有（　　）。

A. 货币市场基金是指仅投资于货币市场工具的基金

B. 就流动性而言，货币市场基金的流动性很好，甚至比银行七天通知存款的流动性还要好

C. 就安全性而言，由于货币基金投资于短期债券、国债回购及同业存款等，投资品种的特性基本决定了货币基金本金风险接近于零

D. 一般来说，申购或认购货币市场基金没有最低资金量要求

3. 流动性与收益性是评价金融资产的重要指标，下列说法正确的是（ ）。

A. 对于金融资产，通常来说其流动性与收益率是呈反方向变化的，高流动性也意味着收益率较低

B. 现金及现金等价物的流动性较强，因此其收益率也相对较低

C. 由于货币时间价值的存在，持有收益率较低的现金及现金等价物的同时也就意味着丧失了持有收益率较高的投资品种的货币时间价值

D. 对于金融资产，通常来说其流动性与收益率是呈同方向变化的

4. 下列关于典当的说法正确的是（ ）。

A. 典当期限由双方约定，最长不得超过六个月

B. 典当期限由双方约定，最长不得超过一年

C. 典当当金利息不得预扣

D. 典当期内或典当期限届满后五日内，经双方同意可以续当，续当一次的期限最长为六个月

5. 关于信用卡的说法下列正确的是（ ）。

A. 必须有良好的信用记录，银行才愿意核发信用卡

B. 使用信用卡进行短期融资涉及多种费用，如年费、利息和手续费等

C. 持卡人的融资期限最好限制在免息期内

D. 尽量避免采取预借现金的方式进行短期融资

第六章 保险理财

风险是无处不在、无时不在的，通过缴纳较低保险费的方式，将未来可能的风险损失转嫁给保险公司，就能够避免因未缴纳保险费从而给家庭资产造成的巨额损失；即使未来未发生风险损失，支出的保险费虽然损失了，但能够减轻对未来风险损失的忧虑，对于稳健的家庭来说，也是值得的。本章介绍了保险的作用、对保险产品的认识以及如何根据家庭所处周期进行保险规划等知识点。

学习目标：

（1）掌握保险的定义以及保险的作用。

（2）理解消费型保险和投资型保险的差别，并能够进行辨别。

（3）了解并熟悉常见的保险产品并进行解读。

（4）能够用产品组合的方式对投资型保险进行复制，计算其收益率。

（5）掌握不同生命周期阶段的保险需求，并推荐相应的产品满足客户需要。

第一节 保险基础知识

一、保险的定义与功能

（一）保险的定义

保险可以从不同的角度进行定义。从经济的角度来看，保险是分摊意外事故损失的一种财务安排。通过保险，少数不幸的人的损失由包括受损者在内的所有被保险人分摊，其是一种非常有效的财务安排。从法律的角度讲，保险是一种合同行为，是一方同意补偿另一方损失的一种合同安排，提供损失赔偿的是保险人，接受损失赔偿的是被保险人。投资人通过履行缴付保险费义务，换取保险人为其提供经济保障的权利，体现民事法律关系主体的权利和义务关系。从社会的角度讲，保险是社会经济保障制度的重要组成部分，是社会生产和生活的精巧的稳定器。从风险管理的角度来看，保险是风险管理的一种方法，可以起到分散风险、消化损失的作用。

《中华人民共和国保险法》（以下简称《保险法》）将保险定义为："投保人根据合同约定，向保险人支付保险费，保险人对于合同约定的可能发生的事故因其发生造成的财产损失承担赔偿保险金责任，或者当被保险人死亡、伤残、疾病或者达到合同约定的年龄、期限时承担给付保险金责任的商业保险行为。"

（二）保险的功能

1. 转移风险，均摊损失

买保险就是要将自己的风险转移出去，而接受风险的机构就是保险公司。转移风险并非灾难事故真正地离开了投保人，而是保险人借助众人的财力，给遭受损失的投保人补偿经济损失。保险人以收取保费和支付赔款的形式，将少数人的巨额损失分散给众多的被保险人，从而使个人难以承受的损失变成多数人可以承受的损失，实际上是把损失均摊给有相同风险的人。

2. 投融资功能

《保险法》中明确规定了现金价值不丧失条款，即客户虽然与保险公司签订了合同，但客户有权终止这个合同，并得到退保金额。保险合同也规定，客户在资金紧缺时可申请现金价值的70%~80%作为贷款，如果投保人急需资金，又一时筹措不到，便可以将保单抵押在保险公司，从保险公司取得相应数额的资金，同时保险单仍然是具有效力的。

另外，一些人寿保险在提供保障的同时也具有投资功能。如果投保人在保险合同期间出现了风险事故，保险公司会按照约定给付保险金，如果在保险期间没有发生风险事故，在到达给付期时，投保人得到的保险金不仅会超过投保人过去所交的保险费，而且还有本金以外的投资收益。

3. 最好的资产保全工具

人寿保险的保单是受到法律保护的，任何单位和个人都不能干涉收益人的权益。投保人如果做生意时产生经济纠纷，被对方起诉，要求法院做诉讼保全时，投保人的所有资产，除人寿保险大保单外都将被法院冻结。这时保单就起作用了，投保人可以拿保单的现金价值向保险公司贷款，以做应急之用。

（三）保险的优势

1. 税务优势

人寿保险是很好的避税工具，任何保险金都是免税的，即领取保险给付和理赔金是不用缴纳个人所得税的，其是一个非常好的遗产安排工具。

2. 债务优势

根据《保险法》，指定受益人的保险金不作为被保险人的遗产。

二、保险的分类

保险按保险标的进行分类，可以分为财产保险和人身保险；按保险保障的范围分类，又可分为财产保险、责任保险、信用保证保险和人身保险。

财产保险是以物质财产及其相关利益和责任作为保险标的的保险类别。广义的财产保险除了物质财产以外，还包括责任保险和信用保证保险。

（1）财产保险：是狭义的财产保险，是指以物质财产为保险标的的保险业务，其种类有很多，主要险种包括火灾保险、货物运输保险、运输工具保险、工程保险等。

（2）责任保险：是指以被保险人依法应付的民事赔偿责任或经过特别约定的合同责任为保险标的的保险业务，包括公众责任保险、产品责任保险、职业责任保险、雇主责任险等。

（3）信用保证保险：是由保险人作为保证人为被保证人向权利人提供担保的一类保险业务。当被保险人的作为或不作为致使权利人遭受经济损失时，保险人负经济赔偿责任。

（4）人身保险：是指以人的身体与寿命作为保险标的的保险，又可细分为人寿险、健康保险、意外伤害保险。

另外，根据性质的不同，保险又可分为商业保险和社会保险。

商业保险是指按商业原则经营，以盈利为目的的保险形式，由专门的保险企业经营。所谓商业原则，就是保险公司的经济补偿以投保人交付保险费为前提，具有有偿性、公开性和自愿性，并力图在损失补偿后有一定的盈余。

社会保险是指在既定的社会政策下，由国家通过立法手段对公民强制征收保险费，形成保险基金，用以为其中因年老、疾病、生育、伤残、死亡和失业而导致丧失劳动能力或失去工作机会的成员提供基本生活保障的一种社会保障制度。它不以盈利为目的，运行中若出现赤字，国家财政将会给予支持。

两者比较，社会保险具有强制性，经办者以财政支持作为后盾；商业保险具有自愿性，经办者要进行独立核算、自主经营、自负盈亏，其保障范围比社会保险更为广泛。

第二节　保险合同介绍

保险合同是投保人与保险人约定保险权利义务关系的协议。这种权利义务关系，就是指根据双方当事人的约定，投保人支付保险费给保险公司，保险公司在保险有效期内对约定的事故所造成的损失承担经济补偿责任，或在约定的事件发生后承担给付保险金的义务。

一、保险合同的构成

一份保险合同由合同的主体、客体和内容三部分组成。

(一) 保险合同的主体

保险合同的主体，是指对保险合同享有权利或者承担义务的人，即保险合同的当事人和关系人，包括提供风险保障及相关服务的专业组织及个人、申请获得保障的组织和个人，以及其他与保险合同的签订或者履行有关的人。

1. 当事人

当事人指签订保险合同的人，包括保险人和投保人。

(1) 保险人。我国《保险法》第九条第三款规定，保险人是指与投保人签订保险合同，并承担赔偿或者给付保险金责任的保险公司。保险人在保险合同中享有向投保人收取保险费的权利，同时也承担在发生合同载明的风险事故或合同期满时向被保险人或受益人支付赔款或给付保险金的义务。

保险公司是一个法人机构，具有民事行为能力，根据我国《保险法》的规定，经营商业保险业务，必须是依法成立的保险公司。其他单位和个人不得经营商业保险业务。

(2) 投保人。我国《保险法》第九条第二款规定，投保人是指与保险人订立合同，并按照保险合同负有支付保险费义务的人。投保人可以是法人，也可以是自然人。投保人只能对其具有保险利益的财产投保财产保险，只能对其具有保险利益的人投保人身保险。因此，投保人必须具备两个基本条件：一是必须具有民事行为能力，二是对保险标的具有保险利益。

作为保险合同的主体之一，投保人享有变更保险合同内容和解除保险合同的权利，负有如实告知义务、缴纳保费义务、保险事故发生及时通知和提供单证等义务。

2. 关系人

关系人是指虽不直接参与保险合同的签订但与保险合同有关的人，包括被保险人、受益人和中间人。

（1）被保险人。被保险人是指财产或者人身受保险合同保障，享有保险金请求权的人，投保人可以为被保险人。在财产保险合同中，被保险人是对保险标的具有所有权和其他权利的人，当事故发生使其受损时，有权向保险公司提出赔偿，其既可以是法人，也可以是自然人。在人身保险合同中，被保险人就是保障的对象，当发生保险事故或者期满时，有权向保险公司要求给付保险金，其必须是自然人，不能是法人。被保险人是受保险合同保障的人，因此具有相应的权利和义务。

严禁以无行为能力人和限制行为能力人为被保险人签订以死亡为给付条件的人身保险合同，如果要为这些人投保，必须取得其监护人的同意，保证不会损害其利益。

（2）受益人。受益人是指人身保险合同中由被保险人或者投保人指定，享有保险金请求权的人，投保人、被保险人可以为受益人。受益人享有保险金请求权，负有保险事故发生时通知和提供单证的义务。

作为人身保险的受益人，在法律上并没有被加以任何限制，无论是法人，还是自然人，均可以被指定为受益人。受益人的保险金请求权以受益人生存为限，因此，已经死亡的人不得被指定为受益人。

受益人有确定受益人和未确定受益人之分，在保险合同中确定受益人包含以下四种情况：投保人既是被保险人，又是受益人；经被保险人同意或者认可，投保人可以指定受益人；被保险人为无民事行为能力人或者限制民事行为能力人，由其监护人指定受益人；被保险人可以指定一人或者数人为受益人，确定数人为受益人时，可以确定受益顺序或者份额，否则受益人按照相等份额享有受益权。在保险合同已确定受益人的情况下，受益人领取的保险金受法律保护，不属于死者的遗产，受益人以外的任何人无权分享受益人领取的保险金。被保险人可以变更受益人并书面通知保险人，保险人应当在原保险单上批注，这时原受益人丧失保险金请求权，而新的受益人获得保险金请求权。

如果被保险人未指定受益人，或自己为受益人，则保险合同的利益，在其生前是被保险人的资产，死后是遗产，由被保险人的法定继承人继承。

（3）中间人。中间人包括保险代理人和保险经纪人，他们协助保险人、投保人、被保险人办理签订保险合同、履行保险合同、解决保险争议，以及处理理赔检验工作，保险人则以手续费或者佣金的形式给予保险中间人一定的劳务报酬。

1）保险代理人。保险代理人是指根据保险人的委托，向保险人收取代理手续费，并在保险人授权的范围内代为办理保险业务的单位和个人。各国法律一般规定，保险代理人应当具有法律规定的条件，经过考核和政府主管部门的批准方能取得代理资格。保险代理人根据保险人的授权代为办理保险业务的行为，由保险人承担责任。

由于保险代理人的代理行为影响着保险人、投保人和被保险人及自身的利益，为了更好地处理保险人与代理人的权利义务关系，我国法律明确规定保险代理关系的确立应当采取书面形式，如保险代理授权委托书。

保险代理人可分为专业代理人、兼业代理人和个人代理人。专业代理人，就是专门从事保险代理业务的保险代理公司，必须为有限责任公司形式。保险代理公司经授权后，可以代理销售保险单、代理授权保险费、进行保险和风险管理咨询服务、代理损失勘查和理赔业务，可以代理多个保险人的业务。兼业代理人，是指接受保险人的委托，在从事自身主业的同时，指定专人代办保险业务的单位，主要业务范围是代理销售保险单和代理收取保费。个人代理人，是指根据保险人的委托，向保险人收取代理手续费，并在保险人授权范围内代为办理保险业务的个人。个人代理人必须取得《保险代理人资格证书》，我国法律规定，个人不能兼职从事保险代理业务，亦不得同时为两个以上的保险人代理保险业务。

2）保险经纪人。保险经纪人是指基于投保人的利益，为投保人和保险人签订保险合同、提供中介服务的单位。

权利包括：①要求支付佣金的权利。保险经纪人受保险客户的委托，代为办理投保业务，保险人应从保费收入中提取一定比例支付给保险经纪人作为报酬。②拥有保单质押权或者留置权。经纪人接受委托与保险人签订合同后，不管投保人是否已向其支付保险费，经纪人都必须向保险人交付保险费，为了防止被保险人不支付保险费，经纪人在收到保险费前，对保险单具有留置权。

义务包括：①提供保险信息，促使签订保险合同；②监督保险合同履行；③协助索赔；④损失赔偿。当保险经纪人未妥善地履行该合同下的义务，导致委托人承担了不合理的风险、费用与损失时（如因经纪人过错使签订的保险合同未能较好地保护被保险人的利益，而在发生保险事故时遭保险人拒赔或者少赔，或致使投保人支付了比正常情况下高的保险费等），经纪人属于违反合同，对委托人的损失应承担相应的赔偿责任。

（二）保险合同的客体——保险利益

保险合同的客体，是指保险合同中权利和义务所指向的对象。保险利益是投保人对保险标的具有的法律上承认的权益。也就是说，保险标的与投保人具有某种利害关系。保险标的安全与否，直接影响着投保人的利益。保险标的安全，投保人的利益存在；保险标的遭受损害，投保人利益受到损害。

各国保险法一般规定：以死亡为给付保险金条件的合同，未经被保险人书面同意并认可保险金额，保险合同无效；投保人不得为无民事行为能力的人投保以死亡为给付保险金条件的人身保险，投保人也不得承保。对于父母为其未成年子女投保的人身保险，死亡给付保险金总额不得超过金融监管部门的规定限额。

我国《保险法》规定，投保人对下列人员具有保险利益：①本人；②配偶、子女、父母；③前项以外与投保人有抚养、赡养或者扶养关系的家庭其他成员、近亲属；④除前款规定外，被保险人同意投保人为其订立合同的，视为投保人对被保险人具有保险利益。

主要有以下两种情况：①投保人以自己的身体和寿命作为保险标的，其目的是确保自己的生活得以保障，因此，当然具有保险利益，即使指定他人为受益人，也是基于自己的意志，将自己享有的权利转移给受益人享有。②以他人的身体或寿命作为保险标的。

保险利益是保险合同的客体，但它是以保险标的的存在为前提的，投保人对保险标的的保险利益是保险合同生效的要件和依据，没有保险利益，保险合同因失去客体而无效。

人身保险的可保利益，强调在签订保险合同时必须存在，至于在保险事故发生时是否存在并不重要。

（三）保险合同的内容

1. 当事人条款

保险合同应当载明保险人名称、投保人和被保险人名称与住所，以及受益人的名称和住所。

2. 保险标的

保险标的是指作为保险对象的财产及其有关利益或者人的寿命和身体。在人身保险中，保险标的是被保险人的寿命和身体。在人身保险合同中，应当详细记载被保险人的性别、年龄、职业和健康状况，只有符合人身保险合同条款要求的被保险人才能成为保险标的。

3. 保险责任与责任免除

保险责任是指保险合同约定的风险发生后，保险人承担赔付或者给付保险金的责任。保险责任是保险合同中规定的保险公司所承担的风险及对被保险人应承担的经济补偿或给付责任。

责任免除是指保险合同中规定的保险公司不承担的风险及不负责赔偿或给付保险金责任的范围。

《保险法》规定，保险合同中规定有关于保险人责任免除条款的，保险人在订立合同时应当向投保人明确说明，未明确说明的，该条款不产生效力。

4. 保险期限和保险合同有效期

保险期限是保险合同的有效期限，是保险合同双方当事人享有权利和承担义务的起止时间，即保险人根据保险合同约定承担保险责任的起止日期及保险责任的存续时间。保险人只对保险期间发生的风险承担保险金的赔付责任。因此，保险期间和保险责任的开始时间必须在保险条款中注明。

保险合同的有效期自保险合同签订开始，到保险期满或保险人履行完保险义务为止，其有可能与保险期间一致，也可能大于保险期间。

5. 保险金额

保险金额是指保险人承担赔偿或者给付保险金责任的最高限额。在人身保险中，保险金额一般按照被保险人的实际保障需要和投保人的缴费能力，由保险双方当事人协商决定。

6. 保险费及其支付办法

保险费是投保人根据保险合同的规定，为获得保障而支付给保险公司的费用。缴纳保险费数额的确定，以保险金额的大小和风险的性质为依据，保险金额越高，保险期越长，保险费就越多。具体保险费的计算，是用保险金额乘以保险费率求得，因此，保险合同中必须注明保险费率以及缴费方式。

7. 保险金的赔偿给付办法

这是保险人承担保险责任的方法，原则上保险补偿以现金履行赔偿给付责任。在人身保险合同中，由于保险标的是被保险人的身体和寿命，因此会依据险别的不同而分别规定。

8. 违约责任和争议处理

义务人不履行合同叫违约，在法律上应承担违约责任。由于人身保险期限较长，因此会发生很多变化，造成许多不利于合同履行的结果。

争议处理是指保险合同的当事人和关系人在保险责任的归属、赔款数额及保险条款的解释等问题上产生分歧时，应当采取的解决方式的规定。一般情况下，应当在互谅的基础上进行协商，在共同可以接受的条件下达成协议，消除纠纷。若协商不成，可以用其他方式，如仲裁或诉讼。

9. 现金价值表

在人身保险合同中，对具有现金价值的保单，现金价值表也是保险合同的组成部分，应和合同一起交付，以免引发不必要的麻烦。

二、保险合同的性质

1. 保险合同是一个双务合同

所谓双务合同，就是合同的双方当事人相互承担对对方的义务的合同。投保人一方的主要义务是缴纳保险费，保险人一方的主要义务是提供保险保障的承诺，即在保险事故发生后支付保险金。

2. 保险合同是一个特殊的有偿合同

所谓有偿合同，是指合同当事人要为其享有的权利付出相应代价的合同。在保险合同中，投保人以缴纳保费而换取保险公司承担某种约定的风险为对价，保险公司以履行赔偿或给付义务而换取投保人缴纳保费为对价，所以说保险合同是一个特殊的有偿合同。

3. 保险合同是要式合同

所谓要式合同，是指必须具有特定的形式才能成立的合同。我国《保险法》规定，保险合同必须采取书面形式，这也是为了保证合同的顺利执行，在合同中记载约定的内容。

4. 保险合同是一个附和合同

所谓附和合同，是指合同内容不是当事人双方共同协商拟定的，而是由一方当事人事先拟定，另一方当事人只是做出是否同意的意思表示。

保险合同的基本条款都是由国家保险监管机关制定或由保险公司事先拟定，投保人只是表示同意与否；投保人不能设计自己所需要的保险单，或修改其内容，即使投保人提出特别要求，也只能采用保险公司事先拟好的附加条款作为对原有条款的补充，或者另附批单。

5. 保险合同是一个射幸合同

所谓射幸合同，是指双方当事人在签订合同时，对合同的结果不能预计。投保人在签订保险合同时，并不能预计保险风险是否发生以及什么时候发生，也不能确定一旦发生所导致的损失有多大，保险人也无法确定是否给付保险金以及给付的数量和时间等。

6. 保险合同是一个最大诚信合同

所谓最大诚信，就是订立合同的双方当事人都必须有诚意，必须遵循诚实守信的原则。诚实是对保险合同双方当事人的要求，信用是指保险合同当事人必须严格履行合同义务。因此，要求投保人在投保时要将所保标的的风险情况如实告知保险人，将风险程度增加的状况及时通知保险人，并履行对保险标的的过去、未来的事项对保险人的保证义务；同时，保险人也应当如实向投保人解释合同条款内容，在合同约定的风险事故发生后及时给付保险金，向被保险人履行经济补偿的义务。

第三节　保险产品

一、财产保险

财产保险是以物质财产及其相关利益和责任作为保险标的的保险类别。广义的财产保险除了物质财产以外，还包括责任保险和信用保证保险。

(一) 普通家庭财产保险

该险种对属于被保险人所有的相对静止状态下的财产物资进行承保，但不包括一些贵重物品、有价证券、技术资料等资产。该险种的保险责任比较宽泛，包括了火灾、爆炸、冰雹、地震等各种自然灾害，但不包括战争、军事行动或暴力行为等带来的损害。普通家庭财产保险是采取缴纳保险费的方式，保险期间为一年，从保险人签发保单零时起，到保单期满24时止，没有特殊原因，中途不能退保。保险期满后，所缴纳的保险费不退还，继续保险需要重新办理保险手续。

(二) 家庭财产两全保险

它的承保范围和保险责任与普通家财险相同，不过此类保险具有灾害补偿和储蓄的双重性质。投保时，投保人缴纳保险储金，储金的利息作为保费，保险期满时，无论在保险期内是否发生赔付，保险储金均返还投保人，这样家庭财产和保险储金即获得两全。

这种保险的赔付情况与普通家庭财产保险不同：第一，在一个年度内赔款数额没有达到保险金额，本年度保险公司仍然承担余下保额的赔偿责任；第二，在同一保险年度内，不论一次或多次出险，只要保险公司累计赔付达到保险金额，该保险年度的保险责任即告终止。

（三）长效还本家庭财产保险

长效还本家庭财产保险是普通家财险和家庭财产两全保险相结合的产物。投保此类保险时，保户交给保险公司的保费作为储蓄金，当保险期满时，只要不申请退保，上一期的储金可以作为下一期的储金，保险责任继续有效，如此一直延续下去，直到保险期满或保户要求退保为止。由于这种保险的实际有效期较长，不可预测的经营风险较大，所以保险公司往往在保险合同中保留保险公司终止合同的权利。

（四）附加盗窃险

盗窃保险虽然是一项附加责任，却是家庭财产保险中的重要内容。只要投保了附加盗窃险，保险人就对存放于保险地址室内的保险财产遭受的外来的、有明显痕迹的盗窃损失承担赔付责任，但对被保险人及其家庭成员、服务人员、寄居人员的盗窃和纵容他人盗窃所致保险财产的损失不负责任。同时，还有两条规定：一是被保险人在保险财产遭受保险责任范围内的盗窃损失后应当保护现场，向当地公安机关如实报案，并及时通知保险人，否则，保险人有权不予赔偿；二是赔款后、破案追后的保险财产，应当归保险人所有，如果被保险人愿意收回该财产，就需要退还赔款，保险人则对被追回财产的毁损部分按实际损失给付赔偿。

（五）家政雇佣责任险

承保被保险人雇佣的家政服务人员在从事家政服务过程中发生意外造成人身伤害，保险人根据合同约定负责赔偿，保险期限为一年，为被保险人解决后顾之忧，同时为家政服务人员提供保障。

（六）宠物犬主责任保险

在保险期间内，由于被保险人合法饲养的犬造成第三者人身伤害，依照中华人民共和国法律应由被保险人承担经济赔偿责任的，保险人将根据本合同的规定，在保险单载明的赔偿限额内予以赔偿。

二、人身保险

（一）定义

人身保险是指对于自然灾害、意外事故、生命的自然规律及其约定事故或事件的发生而引起的生老病死及收入的减少，由保险人按照合同约定给付保险金的行为。

（1）人身保险的保险标的是人的身体和寿命。

（2）人身保险的保险责任为生命风险。

（3）人身保险的给付条件具有多样性。

（4）人身保险的给付大多数是定额给付。

（二）人身保险的内涵和特征

1. 内涵

（1）分摊给付保险金。人的身体和寿命无法用货币衡量，而且精神、心理的创伤更不是金钱能弥补的，所以人身保险金的给付并不是补偿保险标的的实际损失，而是通过众多投保人缴纳保险费形成保险基金，当其中个体发生保险事故时，以给付保险金的形式帮助被保险人解决经济困难。

（2）采取均衡保费。均衡保费是指保险人每年收取的保险费不随被保险人死亡率的变化而变化，费率在整个保险期内保持不变。从数学上看，一份长期的人寿保险单可以看作是由一系列的每年可更新的定期寿险组成，每年的纯保费恰好可抵补每年提供的保障。在这种状况下，随着被保险人年龄的增加，死亡率相应提高，每年所缴纳的保费也在增加，以至于最后被保险人不堪重负。在均衡保费之下，交费早期，均衡费率高于自然费率，晚期则均衡费率低于自然费率，投保人用早期多缴的保费弥补保险后期不足的保费，既均衡了投保人的负担，又能保障被保险人获得保险保障。

2. 特征

（1）从保险金的性质来看，人身保险是给付性保险，保险金额是根据被保险人对风险保障的需求程度和在经济上的缴费能力来确定的，不宜过高或者过低：如果过高，可能引发道德风险或者其他不正当的风险因素，甚至危及被保险人的生命安全，而且相应地提高了保费，可能超出投保人的负担能力，造成保险合同中途失效或退保；而保险金额过低又起不到保障的责任。财产保险是补偿性保险，其赔偿是根据标的物的损失程度来进行的。

人身保险在保险金额的含义与保险金给付的作用上不同于财产保险，所以在人身保险中不存在重复投保、超额投保和代位追偿问题。我国《保险法》第六十八条规定："人身保险的被保险人因第三者的行为而发生死亡、伤残或者疾病等保险事故的，保险人向被保险人或者受益人给付保险金后，不得享有向第三方追偿的权利。但被保险人或受益人仍有权向第三者请求赔偿。"

（2）从保险期间风险的变化情况看，人身保险的被保险人发生保险事故的概率随其年龄的增长而增加 。随着被保险人年龄的增长，其身体的各项机能逐渐老化，身体的协调性、柔韧性及抗病性日渐减退，因此其发生疾病的可能性和死亡的概率逐年增加。

（3）人身保险具有储蓄性质。人身保险采取均衡保费，在合同早期，保险人每年收取的保费要超过其当时需要承担的义务，这部分是投保人提前交给保险人用于履行未来义务的资金，相当于投保人存在保险人处的长期性的储蓄存款，由保险人投资或存储于银行并产生利息，这些权益属于被保险人所有。为防止投保人因资金短缺无法继续缴纳保费或急需领取保单的现金价值而退保，寿险公司设计出各种业务来吸引客户，比如保单质押贷款，或者感觉交费有困难时，可提取现金价值，作为一次缴清的保费，这时就要调整保险金额或者扩展保险期间。

（4）享有纳税方面的优惠。在寿险较为发达的国家和地区，其税法规定，纳税人本人、配偶及其相关人员的人身保险费，每年可以以一定比例或金额从所得税中扣除；雇主为雇员的生命和健康投保也可以享受所得税方面的优惠政策。

三、传统人寿保险险种

（一）死亡保险

死亡保险是指以被保险人在保险期限内死亡为给付保险金条件的保险。其目的是避免由于被保险人死亡而使其家属或依赖其生活的人陷入困境。

1. 定期死亡保险（定期寿险）

定期死亡保险是指在保险合同约定的期限内，订立一定时期为保险有效期，如果被保险人在期内死亡，保险人给付保险金；如果逾期未死，合同即行终止，保险人不给付保险金，也不退还保费。

定期寿险是一种消费型保险，与储蓄型寿险相比，在保险金额相等的条件下，其保费要低得多。定期寿险保障期限一般分为 1 年、5 年、10 年、15 年、20 年、30 年或约定保障至规定年龄，如到 65 岁或者 70 岁。随着保险需求和经济收入状况的改变，只提供基本风险保障的定期寿险无法满足投保人更高的保障需求，因此保险公司为投保人增加了以下三个重要条款：

（1）可续保条款，是指投保人在保险期满时不需要体检，即可续保一个期限和保额与原保单相同的定期寿险，但投保人续保时的年龄与续保次数不能超出保险公司的规定。

（2）可转换条款，是指投保人可以将定期寿险转换成终身寿险或两全保险以满足更大的风险保障，而且在行使转换权时投保人不必提供被保险人的可保证明。通常，保单可转换期限比保单最长期限要短，增加了定期寿险的可转换性。例如，在购买定期寿险时，投保人可能没有选择最适合自己的险种，可能是由于预算的限制，投保人决定购买价格便宜的定期寿险，但在保险期内，情况好转，有条件购买他需要的足够数量的其他保险，或者需求发生变化，由以前的保障需求变为现在的储蓄需求。

（3）重新加入性，可以使那些符合可续保条件的被保险人享受较低的费率，实际上鼓励被保险人积极澄清自己的生命健康情况，从而有利于保险公司的风险细分。

根据保险金额在整个保险期间是否发生变化为依据，可以将定期寿险分为以下三种：

（1）固定保额定期寿险，是指保险金额在整个期间保持不变，即不随保险期间的经过年数而改变的保险。

（2）保额递减式定期寿险，是指死亡给付金额随着时间的推移而逐年递减，主要是出售给家庭的主要经济来源者，如被保险人进行了房屋抵押贷款，贷款金额逐渐减少，或子女尚幼，其财务负担随子女逐渐长大而减少。

（3）保额递增式定期寿险，是指死亡给付金额随着时间的推移而逐年递增，可以采用固定金额递增或以基本保额的一定百分比递增，主要功能是提供一个解决通货膨胀的工具。

定期寿险风险管理的原则是重点保障可能对家庭造成巨大损失的风险。定期寿险对收入较低而保险需求较高的人群来讲是十分必要的，比较适合四类人群购买：一是收入不高而保障需求较高的人。二是事业刚刚起步的年轻人。三是新兴企业的员工。新兴企业因为尚处于成形阶段，那些对企业的成功起关键作用的员工一旦出现意外，将会给企业带来沉重打击。在这种情况下，定期寿险是一种十分有用而且力所能及的避险工具。四是私人企业的合伙人。

2. 终身死亡保险（终身寿险）

终身死亡保险是不定期的死亡保险，其保险期间自保险合同生效时起至被保险人死亡时止，保险人须对被保险人终身负责，不论被保险人何时死亡，保险人均按照保险合同的规定给付死亡保险金。通常被保险人的年龄以 100 岁或 105 岁为限，若被保险人在 100 岁或 105 岁时仍然生存，也可以领取终身保险金。

终身寿险的最大优点是使被保险人得到永久性的保障，因为死亡是一个必然事件，所以很多人通过购买这个保险以期给子女留下一笔遗产，并且合理地回避遗产税。其费率高，保费中既有保障因素，也有储蓄因素。

案例6-1： 小安在20岁时投保15年期的定期险，保额为200万元，如果小安在20~35岁期间死亡则可以获200万元理赔，如果在35岁之后死亡，则因为超过保险期间，所以保险公司不予理赔。

如果投保缴费20年的终身保险，保额为200万元，小安在缴费20年后到40岁后就不用再缴保险费，但是终身都享有200万元的保障。也就是说，小安从他缴费开始不论何时死亡都享有200万元的保障。

3.定期寿险、终身寿险区别

定期寿险虽然便宜，却是纯保障型的，如果在保障期内不出险，缴的钱再也拿不回来了。终身寿险属于储蓄型，所缴保费虽然较多，但最终钱还会拿回来。

由于保险期限的区别，两者的费率相差较大。如果在保险期限内退保，定期寿险基本上没有现金价值，而终身寿险会有相应的现金价值。

（二）生存保险

生存保险指以被保险人在保险期满时生存为给付保险金条件的保险。如果被保险人在保险期内死亡，保险人不承担保险责任，并且不退还保费。因此，保险人按照保险合同规定给付生存者的保险金，不仅包括其本人所交的保费及相应的利息，还包括保险期内死亡的人所缴纳的保险费及相应的利息，具有较强的储蓄功能。

案例6-2： 小安在20岁时投保15年期的生存保险，保额100万元，如果小安在20~35岁期间死亡则无法获得任何理赔金额，保险费也不退还，但是如果小安在35岁之后仍然生存，那么小安就可以获得100万元的生存保险金。

（三）两全保险（生死合险）

两全保险指被保险人在合同约定的保险期限内死亡，或在保险期限届满时生存，保险人按照合同的约定均承担给付保险金责任的人寿保险。若被保险人在保险期限内死亡，保险人将死亡保险金支付给受益人，保险合同终止；若被保险人生存至保险期限届满，保险人将生存保险金支付给被保险人。此险种实际上是将死亡保险和生存保险混合，同时兼顾了死亡保障与储蓄的功能，属于保费较贵的保险。

两全保险将死亡保险和生存保险混合，具有保障性和储蓄性功能。首先，两全保险对被保险人在保险合同约定的保险期限内可能发生的死亡事故提供保障。其次，两全保险在保险期限内不断积存现金价值，因为两全保险采取均衡保费制，随着时间的推移，风险保费（死亡保险金）逐渐下降，至保险期满时为零，相应的储蓄部分逐年上升，至保险合同期满时达到合同的保险金额。在这种制度下，保险人早期收取的保费大于用于赔付的部分。在两全保险中，积累起来的准备金在保险期限届满时将等于保险金额，因此，具有很强的储蓄功能。

案例 6-3：小安在 20 岁时投保 15 年期的两全保险，如果小安在 20~35 岁期间死亡，则可以获得一笔死亡理赔金，而若是小安在 35 岁之后仍然生存，则还可以获得一笔生存保险金。

（四）年金保险

年金保险指在被保险人生存期间或一特定期间，保险人按合同约定定期向被保险人或其他年金受益人给付保险金的人寿保险。其因在保险金的给付上采用年金的方式而得名，通常以被保险人的生存为条件，从支付首期年金开始，只要被保险人生存，保险人即按月或季、半年、年给付年金直至保险期满或者被保险人死亡。一旦被保险人在领取期内身故，年金即停止支付。如果被保险人在缴费期内身故，保险人通常将保单项下的保费累计额支付给受益人。参加年金保险的被保险人，通常是身体健康、预期寿命长的人，因此一般不需要进行体检。

案例 6-4：小林在 30 岁时，购买了递延型年金保险，在合同中规定缴费期满 20 年后，小林可以每年领回 10 万元，直到小林过世为止。因此小林在 50 岁时就可以开始领取保险金，直到小林逝世为止。

年金保险主要有以下几种：

（1）按交费方式分：

1）趸缴年金保险，指投保人一次缴清全部保费，然后从约定时间开始由受领人以年金形式领取保险金的年金保险。

2）分期缴年金保险，指投保人按合同约定分期等额缴纳保费，然后从约定时间开始由受领人以年金形式领取保险金的年金保险。

（2）按给付金额是否变动分：

1）定额年金保险，指每次保险金给付额按照合同事先的规定支付，不进行任何调整的年金保险。

2）变额年金保险，指保险人每次给付的年金额可能随市场物价的变动而进行调整，其设计目的在于应付通货膨胀。

（3）按给付期间分：

1）终身年金保险，指被保险人一直可以领取年金直到身故为止的年金保险。限期缴费终身年金保险，指投保人在限期内缴纳保费，被保险人生存至一定时期后，按照合同约定按期领取保险金，直到身故为止的年金保险。退休养老年金保险属于这一种。

2）最低保证年金保险，是为了适应某些年金购买者担心过早死亡而损失本金的心理而产生的防范形式年金，分为两种：①确定给付年金保险，即规定一个最低保证给付年数，在规定期限内，无论被保险人生存与否均可得到年金给付的年金保险，即被保险人如果领取年金的年数未满规定的年数而死亡，剩余的年金可由其受益人继续领取，如果被保险人在领满规定年金后仍然生存，则继续领取年金直至身故。②退还年金保险，即当年金受领人死亡而其年金领取总额低于年金购买价格时，保险人以现金方式一次或分期退还差额的年金保险。

案例 6-5：王先生，30 岁，投保国寿个人养老年金保险（分红型），每年缴纳保费 10000 元，选择 10 年交费期，保险利益如下：

王先生生存至 60 周岁生效对应日后可以选择领取：①生存保险金。a.一次性领取 168100 元，合同终止；b.生存状态下每年领取养老金 10400 元直至终身，如果被保险人自开始领取养老年金之日起不满 10 年身故，其继承人可继续领取未满 10 年部分的养老年金，合同于养老年金开始领取日起满 10 年的年生效对应日终止。②身故保险金。被保险人在合同约定的养老年金开始领取日前身故，国寿按合同的现金价值给付身故保险金，合同终止。

四、新型人寿保险险种

（一）分红保险

分红保险指公司将其实际经营成果优于定价假设的盈余，按一定比例向保单持有人进行分配的一种人寿保险。持有人所分享的是公司经营利润的一部分。

分红保险对于克服传统固定利率保单的不足，有着诸多优点：第一，在人寿保险经营中，若某险种投保人缴纳的保费超过了保险人提供的保障，如果不将此收益与投保人共享，就显失公平；第二，在通货膨胀条件下，货币的实际购买力下降，投资收益增加，如果不将红利与保单所有人分享，保单所有人就会以保单为质押来借取保单的现金价值或直接退保，从而影响经营的稳定性，而且人们都不愿意购买长期性的人寿产品。

保险公司的利润来源：保险公司在厘定保费时，主要考虑三个因素，即预定死亡率、预定利率和预定费用率。保险公司的特殊性质决定了它必须遵循稳健经营的原则，因此在估计三个预定值时，都会采用相对保守的数字。在实际经营过程中，实际的死亡率可能会低于预定死亡率从而减少保险金的支付，此部分差额为死差益；一个投资运作良好的保险公司可能投资回报率比较高，超过预定利率，从而形成利差益；内部管理科学的公司也能使费用开支低于预定费率，形成费差异。这三部分就形成了公司的主要利润来源。对于分红保单而言，当"三差"为正时，保险公司就会拿出一部分利润与保单持有人分享，而对于非分红保单而言，则由保险公司分享。

保险公司每一会计年度向保单持有人实际分配盈余的比例不低于当年可分配盈余的70%。因为每一年度的业务盈余是波动的，但是保险公司一般以"稳定红利水平"为原则，所以业务盈余高的年度，可能并不很快提高红利水平，而业务盈余较低的年度，可能并不大幅降低红利水平。从长期来看，寿险公司会根据自身经营状况和市场经济情况调整红利水平，使其在一个较小的区间内波动。

领取红利的方式主要有以下四种：

（1）现金领取。

（2）累积生息，即受益人将利息存留在保险人处以复利计息获取收益。

（3）抵交保险费。红利可用来抵交到期应缴纳的保险费。若红利的金额不足以抵交到期保险费，不足部分由投保人补齐。若红利的金额超过到期保险费，剩余部分累积生息，也可以现金方式支取。

（4）缴清增值保险，即根据被保险人当时的年龄将红利作为趸缴保险费购买非分红缴清保险。

投保示例　金鑫两全分红保险

投保范围：凡出生30日以上、57周岁以下，身体健康者均可作为被保险人，由本人或对其具有保险利益的人作为投保人向本公司投保本保险。

缴费方式：保险费的交付方式为年交，交费期间分为3年、5年和10年三种，由投保人在投保时选择。

保险期间：保险期间为本合同生效之日起至被保险人年满75周岁的年生效对应日止。

金鑫两全分红保险具体如表6-1所示。

表 6-1　金鑫两全分红保险

保障	生存保险金：被保险人生存至每五周年的年生效对应日，本公司按规定给付生存保险金	生存保险金=基本保险金额×18%
	一年内因疾病身故	身故保险金=所交保险费（不计利息），本合同终止
	意外伤害身故	身故保险金=基本保险金额×500%，本合同终止
	一年后因疾病身故	身故保险金=基本保险金额×500%，本合同终止
	满期保险金被保险人生存至保险期满的年生效对应日，本公司按规定给付满期保险金	满期保险金=所交保险费（不计利息），本合同终止
分红	在本合同有效期内，在符合保险监管部门规定的前提下，本公司每年根据上一会计年度分红保险业务的实际经营状况确定红利分配方案。如果本公司确定本合同有红利分配，则该红利将分配给投保人	
红利领取	投保人在投保时可选择以下任何一种红利处理方式： 现金领取； 累积生息：红利保留在本公司以复利方式累积生息，红利累积利率每年由本公司宣布（若投保人在投保时没有选定红利处理方式，本公司按累积生息方式办理）	

（二）可以调整的人寿保险单

传统的人寿保险单都不允许改变保险金额和费率，但是由于人寿保单的期限大多比较长，在这段较长的期限内，投保人的经济状况、被保险人的风险保障需求等都会发生变化，宏观经济状况特别是通货膨胀也会影响人们对已购买保险单的满意度，因此美国在20世纪70年代出现了可以调整的人寿保险单，即允许增加或减少保险金额和保险费。

1. 投资连接保险

投资连接保险是变额人寿保险在我国的俗称，即保险金额可以变动的寿险，它是包含保险保障功能并至少在一个投资账户拥有一定资产价值的人寿保险，是一种融保险保障和投资理财于一身的新型保险。具体地说，就是投保人每年所缴纳的保费里，一小部分用于保险保障，大部分则转入专门设立的投资账户，由保险公司代为管理投资，投资收益扣除保管费后，全部归投保人所有（保费减掉保单费用和死亡费用后，剩余资金转入分离投资账户，保单所有人可以在规定的范围内制定资金的投资方向）。所谓"连接"，就是把投资和人寿保险结合起来，使保户既可以得到风险保障，又可以通过稳定投资为未来积累资金。

寿险公司为被保险人设立单独账户，将资金进行投资，保险金额随投资收益而变化，不对投资收益率做任何保证，把所有风险都转嫁给保单持有人。通常人们购买此保险的目的在于，希望受益人能够得到金额较大的死亡保险金给付，而不是积累可用于退保和保单质押贷款目的的现金价值。其保险金额由基本保险金额和额外保险金额两部分组成：基本保险金额是被保险人无论何时都能得到的最低保障金额，即最低的保证死亡给付；额外保险金额部分则另外设立账户，由投保人选择投资方向委托保险人进行投资，根据资金运用实际情况进行调节。

两者的不同之处包含以下几个方面：

（1）保单的收益来源不同。投资连接保险的收益只来自于"利差益"，也就是投资账户的经营收益，由保险公司的投资专家进行管理，收益扣除一定管理费后全部回馈给被保险人。而分红保险的收益来自于"三差"，但实际上死差益和费差益的比例比较小。

（2）被保险人承担的风险不同。投资连接保险的收益完全由被保险人享有，当然也得承担投资过程中的全部风险。分红保险的收益由双方分享，风险共担。

（3）收益的分配不同。投资连接保险的收益扣除一定管理费后全部回馈给被保险人。分红保险的收益由双方分享，当年的可分配盈余保险公司最多自留30%，剩余的必须分配给保单持有者。

（4）身故给付不同。如果身故，对于投资连接保险的客户而言，保险公司将在该客户自己的投资账户价值和保险金额价值两者之间进行比较，把其中价值较高的一个支付给客户。而分红保险除了得到合同规定的保额外，还会加上未领取的累积红利。

投保示例　太平智胜投资连结保险2007产品

太平智胜投资连结保险2007产品介绍、运作示意图与投资账户如表6-2、图6-1与表6-3所示。

表6-2　太平智胜投资连结保险2007产品

产品定位	投资为主的保险理财产品
投保年龄	60天~60周岁
保险费	基本保费5000元；首期追加保费10000元
保险期间	被保险人年满88周岁，或保单终止；保障期同缴费期
保险责任	1. 身故保险金：第5个保险单周年日前（不含当天）身故，按保险金额扣除累计已部分提取的个人账户价值和个人账户价值的105%两者的较大值给付；第5个保险单周年日后（含当天）身故，按个人账户价值的105%给付身故保险金 2. 满期生存金：个人账户价值

续表

初始费用	基本保费：50%/25%/15%/10%；追加保费：2%
买卖差价	2%
保单管理费	5 元/月
资产管理费	策略成长/精选平衡：2%；稳健避险：1%
退保费用	保单年度 1~5 年：10%、8%、6%、4%、2%；6 年以上：0%
持续奖金	保费年期 5 年及以上：每年基本保费的 2%
适合人群	1. 有闲钱没有时间打理，虽然不懂投资也想分享股市的平均收益； 2. 打算长期持有，起码 5 年不会用到这笔钱，用于养老金储备或者孩子教育金储备的最佳； 3. 相信机构理财和专家理财

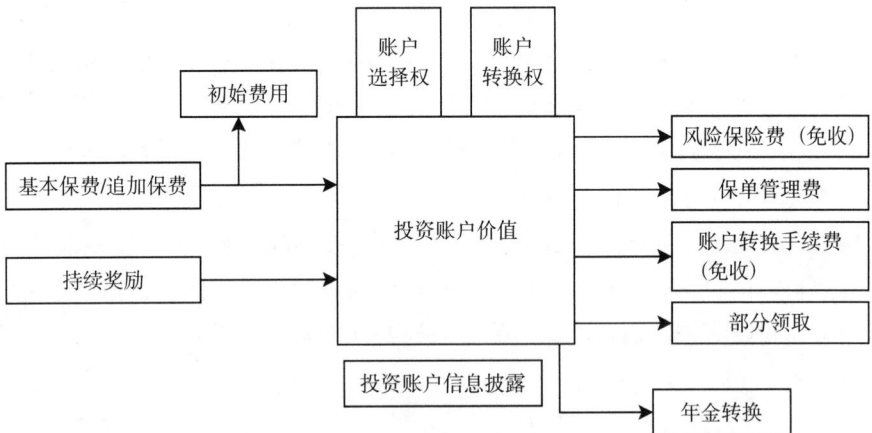

图 6-1　太平智胜投资连结保险 2007 产品运作示意图

表 6-3　太平智胜投资连结保险 2007 产品投资账户

账户名称	投资组合	资产分配比例目标区间	资产分配比例容许区间	收益水平	风险水平
策略成长型投资账户	股票、股票主导型及混合型基金	90%~100%	50%~100%	较高	较高
	货币市场基金、银行存款及现金	0%~10%	0%~50%		
精选平衡型投资账户	混合型、债券主导型基金及债券类投资	80%~100%	40%~100%	中等	中等
	股票主导型基金	20%~30%	0%~60%		
	货币市场基金、银行存款及现金	0%~10%	0%~30%		
稳健避险型投资账户	货币市场基金、银行协议存款和其他存款、央行票据和短期债券及现金	80%~100%	50%~100%	较低	较低
	债券类投资及债券主导型基金	0%~20%	0%~50%		

2. 万能保险

万能保险，是指保费和保险金额都变动的寿险产品。这类产品兼有保障和投资两种功能，允许客户在交费方式和保单面额方面进行灵活选择。在交费方面，通常规定最高和最低两个限额，客户在此之间决定首期、续期的保费数量及交费期间，客户可以在一定条件下随时改变保单面额。在此险种中，从客户投保到定期结算，公司都将以书面形式告知，客户也可随时查询账户余额以充分了解账户资金的运作情况。

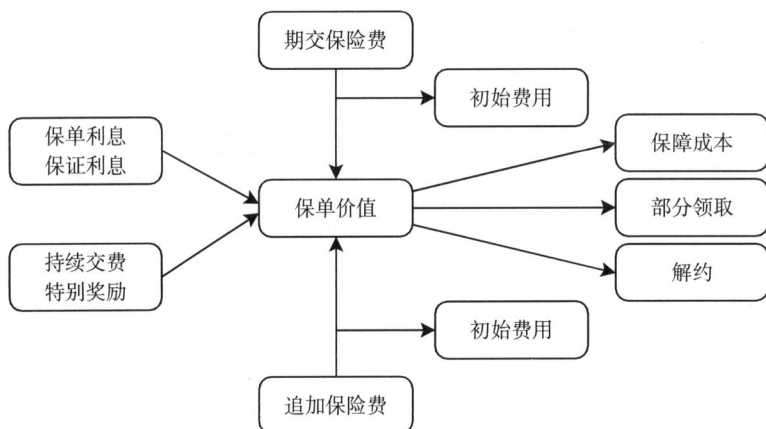

图6-2　平安万能保险产品运作示意图

（1）特点。

1）灵活性，即保费缴纳和保险金额的可调整性。客户在缴纳了首期保险费后，可以选择在以后的任何时间缴纳任意数额的保险费，只要保单的现金价值足以支付下一期负担的各项成本和费用，则保单持续有效。同时，客户可以在任意时刻增加或减少保险金额。

2）运作的透明性，即保险人向投保人定期公布组成账户价格的各种因素。投保人每年可以得到一份保单信息状况表，用以说明保费、保险金额、利息、保险成本、各项费用以及保单现金价值的数额和变动情况，从而便于客户在不同产品间的比较和监督保险人的经营情况。

（2）运用和局限。

万能寿险使得仅用一份保单来满足消费者不同时期的不同需要成为可能，具有保费支付的灵活性和保额的可调整性，是一个低成本的保险产品，十分适合作为个人整个生命周期内的保险保障。但是其灵活性尤其是保费支付方面的灵活性，可能会导致较低的保费持续率，造成投保人的损失。

（3）相关费用。

1）初始费用，即保费在进入个人账户之前所扣除的费用，是保险公司在客户购买保单的前几年收取经营成本费用，通常逐年递减，有的保险公司从保单第六年开始就免除了该笔保费。

2）风险保险费，即我们平常所说的保费，是指保险公司因承担身故给付责任而收取的费用，根据被保险人的性别、当时的年龄和风险保额以及其他承保条件计算而得。如果投保人选择了附加险，还会有附加合同保险费，即保单风险保额的保障成本，其计算方法为风险保额乘以预定风险发生率的一定百分比，不大于100%；同时，还可以收取风险保险费附加费用，但不得超过风险保险费的30%。

3）保单管理费，即为了维持保险合同有效向投保人收取的服务管理费。

4）手续费，保险公司可在提供部分领取等服务时收取，用于支付相关的费用。

5）退保费用，即在保单中途退保或部分领取时保险公司收取的保费，用于弥补尚未摊销的保单获取成本。该项费用在第一保单年度不得超过领取部分个人账户的10%，保单生效五年后该项费用应降为0。

五、健康保险

（一）概念

健康保险，是指被保险人在保险期内因疾病造成残疾或死亡，或因病导致医疗费用支出，或者因病不能工作而减少收入时，由保险人给付保险金的人身保险。

（1）免责期，即等待期，是保险人为了防止被保险人带病参加健康保险，而做出的规定，即规定在保险合同生效后的一定时期（一般为30~180天），被保险人因疾病所致的医疗费用开支和收入损失不属于保险人有承保范围。但在免责期内因意外伤害所致的医疗费用和收入的损失，保险人要承担给付保险金的责任。合同到期后续保，则新合同没有等待期规定。

（2）责任期，为自被保险人患病之日起的一定时期。在此期间内，被保险人因疾病治疗的费用和收入的损失由保险人承担。责任期与保险期间可能相同也可能不同。例如，某人在2007年4月17日投保一年期的医疗保险，2008年4月5日被保险人因病治疗，4月12日手术后处于昏迷状态，若合同规定的责任期为90天，则保险人要按合同约定的计算方式来承担此期间的费用，虽然保险期间已届满。

（3）自负额，即规定一定金额内的费用由被保险人自己承担，或者规定被保险人按一定的比例承担医疗费用。通常是，费用开支额越大，被保险人承担的自负额比例越低。

保险责任必须满足的条件如下：

（1）人体内在的原因或非明显的外来原因造成的疾病。疾病必须是由人体内部的某种原因引发的，即是由于某个或者多个器官异常，从而出现各种病理情况。为避免道德风险和逆向选择，在保单中都严格规定必须是在保险期限内的疾病，才被视为保险事故，保险人才承担给付保险金的责任。对那些在投保之前已感染，但尚未表现出来的疾病不承担保险责任。

（2）非先天的原因造成的疾病。一些先天存在的疾病如色盲、肢体残疾等都不属于健康保险的责任范围。对于一些遗传性因素导致的疾病，由于承包条件的不同，有不同的规定。

（3）非常存原因造成的疾病，即偶然性疾病。假设人们在正常状况下是健康的，疾病是一种不健康的状态，因此疾病的发生是偶然事件，不是人们所能预料到的，但这种偶发的疾病是可以医治的。对于那些必然发生在人们身上的身体损害事件如死亡、老年性痴呆等都不属于健康保险的承保范围。

（二）分类

1. 按保障项目的不同进行分类

（1）医疗保险，承保被保险人因疾病需要治疗而支出的各种医疗费用，包括门诊费用、药费、住院费、护理费、手术费、检查费和各种杂费等。承保条件一般比较严格，对疾病产生的原因要严格审查。为防止已患病的被保险人投保，长期医疗保险单中常规定一个观察期（一般为半年），被保险人在观察期内对患病支出的医疗费用，保险人不负责。

医疗保险具体分为以下四种：

1）普通医疗保险，为被保险人提供治疗疾病时相关的一般性治疗费用，包括门诊费用、医药费用和检查费用。其成本较低，比较适合于一般公众。

2）住院医疗保险，为被保险人住院发生的费用提供保障，可单独承保。保险人只对超过免赔天数、未超过最多给付天数的住院期间所发生的费用给付保险金。

3）综合医疗保险，为被保险人提供全面的医疗费用保险，保障范围包括医疗、住院、手术等一切费用。其保费较高，一般都规定一个较低免赔额和适当的费用分担比例。

4）特种医疗保险，负担由于某些特殊疾病，如癌症、心脏病等，给患者带来的巨额的费用支出。其保险金额比较高，以足够支付各种费用，保险金给付方式一般为一经确诊立即一次性支付。

（2）疾病保险，承包被保险人因疾病造成死亡、残疾，因疾病所需的医疗费用以及暂时不能工作期间收入损失的补偿。其一般是作为独立险种投保，往往规定观察期（180 天），观察期结束后，保单才正式生效。疾病保险的责任范围包括工资收入损失、业务利益损失、医疗费用、残废补贴、丧葬费及遗属生活补贴等。疾病保险，是指以保险合同约定的疾病的发生为给付保险金条件的保险。

疾病保险和医疗保险都属于健康保险，都是以被保险人的健康为保险标的。但它们也有很大的区别：

第一，保障范围不一样，医疗保险保障范围更广。疾病保险，也就是重大疾病保险，主要针那些会威胁到生命或者花费比较大的重大疾病。而医疗保险保障范围就宽了很多，从一般的阑尾炎到癌症都在医疗保险保障范围之内。但医疗保险不保死亡，而疾病保险保死亡。

第二，赔偿标准不同。疾病保险是定额赔付，也就是只要患合同规定的重大疾病，保险公司立即按照保险金额赔付。比如保额 20 万元，那保险公司就赔偿 20 万元。医疗保险是按实际所用医疗费来赔付。比如保额 1 万元，住院花费了 5000 元，那保险公司可能会赔偿 4000 元（实际费用的 80%）。

第三，保险期间不同。医疗保险的保险期间只有一年。若今年投保，如果一年内没有住院，那保险合同就终止了，要想继续得到保障，就得再交钱续保。疾病保险的保险期间一般都在 20 年以上，甚至是终身型的。

（3）残疾收入补偿保险，补偿被保险人因疾病所致残疾后不能继续正常工作而发生的收入损失，属于损失补偿保险，一般不单独承保，而是作为其他人身险的附加险。

（4）生育保险，承保被保险人因生育、分娩所需的住院费、医疗费，以及因分娩造成的死亡、残疾。

当保险事故发生造成人身伤亡时，保险人按事先约定的条件给付保险金。至于被保险人是否向第三者责任方获取利益，保险人无权索取，即人身保险中不适用于代为追偿权。

2. 根据给付方式不同进行分类

（1）给付型。保险公司在被保险人患保险合同约定的疾病或发生合同约定的情况时，按照合同规定向被保险人给付保险金，保险金的数目是确定的，如疾病保险。

（2）报销型。保险公司依照被保险人实际支出的各项医疗费用按保险合同约定的比例报销，如住院医疗保险、意外伤害医疗保险。

（3）津贴型。保险公司依照被保险人实际住院天数及手术项目赔付保险金。保险金一般按天计算，保险金的总额依住院天数及手术项目的不同而不同，如住院医疗补贴保险、住院安心保险等就属于津贴型。

投保示例　平安健享人生住院费用医疗保险A

首次投保或非连续投保本保险时，被保险人在本附加险合同生效之日起30天内发生疾病，由此而导致的住院治疗，我们不承担给付保险金的责任。这30天的时间称为等待期。续保或者因意外伤害住院治疗无等待期。

被保险人因疾病或意外伤害经医院诊断必须住院治疗，对于每次住院在约定范围（同签发保险单分支机构所在地社会医疗保险规定的赔付范围）内实际支出的合理且必要的医疗费用，健享人生A按80%给付保险金，每次住院给付保险金不超过限额。

在每一保单年度内，我们仅对被保险人住院180天内发生的医疗费用承担保险责任。

六、人身意外伤害保险

人身意外伤害保险，是指以人的身体和劳动能力作为保险标的，被保险人在保险期内，因意外伤害而导致残疾或者死亡以及医疗费用支出或暂时丧失劳动能力，由保险人给付保险金的人身保险。其性质是损害赔偿，它同人的身体有直接关系。

保险责任的构成要件有以下几点。①被保险人必须遭受到意外伤害：被保险人遭受伤害必须是客观事实，如果被保险人突然死亡原因不明或者非遭受意外伤害，保险公司均不承担保险责任。②意外伤害导致被保险人死亡或者残疾。③意外伤害与被保险人的死亡和残疾之间存在因果关系。④意外伤害发生在保险期内：如果意外伤害发生在保险期开始之前，而在保险期内才导致被保险人死亡或者残疾，保险公司不承担保险责任；如果意外伤害发生在保险期内，但保险期限结束后才导致被保险人死亡或者残疾的，那么保险公司要看责任期限是否已过来决定是否承担保险责任。

投保示例　太平综合意外伤害保险

《太平综合意外伤害保险计划（IPA）》一直是太平人寿意外险的主打产品。人们无法预知意外的发生时间，只能预先增强自己的抗风险能力，尽量将损失程度降到最低。太平 IPA 正是抵御意外伤害损失的有力装备，其保费不多，但保障全面，可随意搭配组合，理赔次数不受限制，切实排解了人们的后顾之忧。

其产品特色主要体现在：意外医疗与疾病医疗相结合，责任全面、关注医疗；医疗保障项目全；易于搭配，灵活组合；投保范围广，满足客户需求。具体保险责任的规定如下：

意外身故、烧烫伤及残疾保险金：若被保险人因意外事故导致身故，本公司按保额给付身故保险金；因意外事故导致残疾或烧烫伤，将根据伤残程度按比例给付保险金。

意外伤害医药费保险金：若被保险人因意外事故而导致医药费用开支，我们对实际医药费用按以下约定给付；若被保险人已经通过社会医疗保险取得补偿，我们对剩余部分按 100%进行给付；若被保险人未通过社会医疗保险取得补偿，我们对实际发生的费用按 80%进行给付。同一意外事故，最高补偿以本附加合同约定的保额为限。

住院费用补偿：若被保险人因疾病或意外伤害事故住院治疗，我们对实际发生的住院费用按以下约定给付住院费用补偿金；若被保险人已经通过社会医疗保险取得补偿，我们仅对剩余部分按 90%进行给付；若被保险人未通过社会医疗保险取得补偿，我们对实际发生的住院费用按 70%进行给付。每次疾病或意外伤害，最高补偿以本附加合同约定的保额为限。

手术费补偿保险金：若被保险人因疾病或意外伤害事故需进行手术治疗，我们对实际发生的手术费用按以下约定给付手术费补偿金；若被保险人已经通过社会医疗保险取得补偿，我们仅对剩余部分按 90%进行给付；若被保险人未通过社会医疗保险取得补偿，我们对实际发生的手术费用按 70%进行给付。每次疾病或意外伤害，最高补偿以本附加合同约定的保额为限。

住院津贴：若被保险人因疾病或意外伤害事故住院治疗，将按"实际住院天数-3 天"获得补偿金。同一住院原因给付天数最高可达 180 天。

重病监护津贴：若被保险人因疾病或意外伤害事故入住医院重病监护病房治疗，将按实际入住重病监护病房天数获得补偿金。同一住院原因给付天数最高可达 180 天。

七、人身保险合同的标准条款

(一) 不可争议条款

不可争议条款，是指在被保险人生存期间，从保单签发之日起满一定时期（一般为两年）后，除了由于投保人欠交保费以外，保险人不得以投保人投保时的误告、漏告、隐瞒等为由，否定保单的有效性。不可争议条款使能保险公司不能随意以告知不实等为由随意解除长期寿险合同，可以保障善意的被保险人和受益人的利益。

我国《保险法》第十六条规定："投保人故意隐瞒事实，不履行如实告知义务的，或者因过失未履行如实告知义务，足以影响保险人决定是否同意承保或者提高保险费率的，保险人有权解除保险合同。""投保人故意不履行如实告知义务的，保险人对于保险合同解除前发生的保险事故，不承担赔偿或者给付保险金的责任，并不退还保险费。投保人因过失未履行如实告知义务，对保险事故的发生有严重影响的，保险人对于保险合同解除前发生的保险事故，不承担赔偿或者给付保险金的责任，但可以退还保险费。"第五十三条规定："投保人申报的被保险人年龄不真实，并且其真实年龄不符合合同约定的年龄限制的，保险人可以解除合同，并在扣除手续费后，向投保人退还保险费，但是自合同成立之日起逾二年的除外。"以上的法律规定意味着我国目前还实行严格的保证和告知制度，只对年龄误告除外。从客观上来讲，这种规定对投保人、被保险人及其受益人是不利的。

(二) 年龄误告条款

年龄误告条款主要是针对投保人申报的被保险人的年龄不真实，而真实年龄又符合合同约定限制的情况而设立的。法律与保险合同中一般均规定年龄误告条款，要求保险人按被保险人真实年龄调整。

年龄误告条款一般规定，如果投保人在投保时错误地申报了被保险人的年龄，按以下办法处理：①被保险人投保时年龄已超过可保年龄时，保险合同无效，保费无息退还。②投保时年龄未达最低可保年龄时，合同自被保险人达到最低可保年龄时生效。③因年龄误告致使多缴保险费，无息退还多缴部分。④因年龄误告致使少缴保险费，或补缴保费及利息，或按实缴保费与应缴保费的比例调整保险金额。如在被保险人死亡后发现少缴保险费，则调整保险金额。

（三）宽限期条款

人寿保险大部分为长期合同，交费期间有的长达几十年。交费期间常出现一些无法按时交费的情形，比如出差、遗忘、暂时性经济拮据等。为避免保险单轻易失效，保险人一般给投保人缴纳续期保费一定的宽限期，在宽限期发生保险事故的，即使投保人没有缴纳保险费，保险人仍给付保险金，但可以从应支付的保险金中扣除逾期保险费及其利息。如果突破宽限期仍未交费，有保险费自动垫交条款保护的，进入垫交期，没有保护的，则进入失效期。《中华人民共和国保险法》规定的宽限期为两个月。自合同效力中止之日起两年内双方未达成协议的，保险人有权解除合同，目的是向保单所有人非故意地拖欠保险费提供一些保护，否则即使拖延一天缴纳保险费，也必须申请复效。

（四）保险费自动垫交条款

突破宽限期仍旧未缴纳保险费的，保险人可以用保险单项下积存的现金价值垫缴投保人欠缴的保险费，保险合同继续有效，除非投保人书面反对该条款。当垫交保险费一直到累计贷款本息达到保险单的现金价值时，投保人还未补缴，合同效力终止。对于此项垫缴保险费，投保人要偿还并支付利息，保险人要从应给付的保险金中扣除。《中华人民共和国保险法》并未强制规定该条款，但许多保险公司提供该条款。此条款在许多国家都不是法定条款，目的在于避免非故意的保险单失效。

（五）复效条款

如果保单所有人在宽限期内仍未付保险费，并且该保单没有使用自动垫缴保险费条款，保险单就会失效。复效条款规定，人寿保险单如因欠缴保费而中止效力的，投保人可以在两年内申请补缴保险费使保险单复效。但是其他原因导致的失效并不受复效条款的保护。

（六）不丧失价值条款（不可没收现金价值条款）

该条款规定，即使保险单失效，保险单的现金价值所有权仍归投保人所有。人寿保险发展初期，对保单失效后是否给予保单积累的现金价值是不做规定的，而是由保险公司自行决定，从而使保险公司没收的失效保险单的现金价值成为其一大利润来源，这对被保险人显然是不公平的。

现金价值＝保险单准备金－扣除额＋增额保险费缴清保险准备金＋红利累积金额

减额缴清保险，是把现金价值作为趸缴保险费购买与原保单期限相同的寿险，保险金额较原保单减少，但可以继续分红，而且不从现金价值中扣除债务。

展期保险，是指维持原保单的保险金额不变，把扣除债务后的现金价值作为趸缴保险费，保险期限相应缩短。

（七）保险单贷款条款

人寿保险合同生效满一定时期（常为两年）后，投保人可以以保单为质押向保险人申请贷款，期限一般不超过一年，贷款金额不得高于保险单项下积累的现金价值。投保人应按期归还贷款并支付利息。如果在归还贷款本息之前发生保险事故或者退保，保险人则从赔款或现金价值中扣除贷款本息。当贷款本息达到责任准备金或退保金数额时，保险合同即行终止，保险人必须提前31天通知保单所有人。其并不是通常意义上的贷款，法律并不要求借款人到期一定偿还。

（八）红利任选条款

被保险人如果投保了分红保险，便可享受红利分配。这一条款规定了红利分配的任选方式。可供投保人选择的红利分配方式主要有以下几种：

（1）现金给付，即直接用现金给付红利。

（2）抵缴保费，即用红利缴纳应缴的保险费。

（3）累积生息，即将红利寄存在保险人处，由保险人运用生息。

（4）增加保额，即将红利作为一次缴清的保险费，用以提高原保单上的保险金额。

（5）提前满期，即在生存保险中把红利并入责任准备金中，使被保险人可以提前领取保险金。在生存保险中，当保单的责任准备金积累到与保险金额相等的时候，就是保单期满的时候。

（九）自杀条款

自杀条款一般规定，被保险人在保单生效后的两年内自杀（包括复效），不论其精神是否正常，保险人都不负给付保险金的责任，只负退还保费的责任，并一次支付给保险单上注明的受益人。如果自杀发生在两年以后，保险人承担给付保险金的责任。

自杀曾在很长一段时期内一直被作为除外责任，人们曾认为，如果自杀也属于保险责任的话，就会助长道德危险的发生，并直接影响保险人的经济核算。后来，在人寿保险的经营实践中，人们发现，对自杀完全免除责任并不合理。其理由是：①人寿保险的目的是保障受益人的利益，受益人往往就是依靠被保险人提供经济来源的人。如果对自杀一概不负给付保险金的责任，必将损害许多受益人的利益。②编制生命表时已经考虑了自杀这一因素，也就是说，投保人已经给自杀投了保。③蓄意自杀，骗取保险金的行为可以被排除。研究发现，人在特定的环境下，一时因挫折产生自杀的念头是很容易的，但要将此念头保持到两年后再去实施，则是不太可能的，这是因为，随着时间的流逝、环境变化、新机会的出现，人一时不理智的决定会改变。所以，规定在两年内自杀不赔，两年后自杀给付是合理的。

（十）保单转让条款

人寿保险单是一项金融资产，但不同于一般意义上的金融资产，它需要一定的条件，才能从依法占有变为实际占有。人寿保险单持有人在不侵犯受益人既得利益的情况下，可以将其转让。保单转让分为绝对转让和条件转让两种。绝对转让是指把保险单所有权完全转让给另一个所有人，条件转让是指把保险单作为被保险人的信用担保或贷款的抵押品。人寿保险单的转让仅是一种民事权利义务关系的转让，并不改变保险人。保单转让时，必须书面通知保险人，否则不产生法律效力。有的保险条款还规定，保单持有人须将转让文件的复制本存放于保险公司，且保险公司对转让保单的有效性不负任何责任。通常，受让人取得保单后，一方面取得了权利，另一方面也要承担原合同规定的一些尚未履行的义务。我国《保险法》中没有关于人寿保险单转让条款的规定，各寿险公司的条款中目前也暂未出现此条款。

八、附加特约条款

（一）免缴保险费附加特约条款

如果投保人在规定的年龄或期限之前，因遭受人身伤害或患病而完全丧失工作能力，其在丧失工作能力期间可以免缴所有保险费，保险合同继续有效，死亡保险金给付、贷款、现金价值增加和分红如同已缴纳保险费那样处理。

（二）丧失工作能力收入附加特约条款

在被保险人丧失工作能力的情况下，保险人会按照保险金额的一定比例给付收入保险金，这个比例一般为1%。

（三）保证加保选择权条款

该条款允许投保人在将来某个日期增加人身合同的保险金额，无须提供可保性证据。如果投保人想要增加保额，但目前无力缴付增加保额的保险费，该选择权就能保证其在将来用标准保险费来增加保额。

（四）意外死亡双倍补偿附加特约条款

如果被保险人的死亡是由于意外事故造成的，则保险人给付双倍保险金，其至有的保险合同经约定可给付三倍保险金。该附加特约的费用较低，因为意外死亡风险比疾病风险相对要小很多。

第四节　保险规划理财

一、保险规划原则

（一）对保险代理人的要求

1. 最大诚信原则

该原则不仅是寿险合同的基本原则之一，也是寿险营销人员必须遵循的重要行为准则，主要从两方面来做：一是寿险营销人员必须把要了解的寿险标的风险的真实情况，尤其是那些影响保险人决定是否承保和是否调整费率的重要事实，如实告诉保险人；二是寿险营销人员还要对客户诚实守信，必须如实向客户介绍寿险公司的基本情况、条款的内容，尤其是寿险保单的保险责任和除外责任，不得夸张宣传，欺骗客户。

2. 客户至上、优质服务原则

该原则应当贯穿于寿险营销活动的各个环节，在从事营销工作时以满足客户的需求为中心，一切从客户的利益出发，在客户投保前，根据客户的自身需求，帮助客户设计寿险建议书及选择适当的寿险险种；还表现在客户投保后，为客户续保、制定新的寿险计划、协助索赔等方面。

3. 遵守法律规范和职业道德原则

一方面，寿险营销人员要在遵守国家法律、法规的前提下，严格遵循寿险公司的各项规章制度，按照寿险公司的承包要求吸纳客户，维护寿险公司的利益；另一方面，寿险营销人员要遵循职业道德，诚心诚意为客户服务，不得夸大保险责任，合法进行寿险营销工作。这样不仅可以树立自身良好的公司形象，有利于自身业务的拓展，而且也维护了寿险营销职业群体和寿险公司的形象，并促进寿险业健康、有序发展。

（二）保险规划的原则（从客户的角度出发）

1. 需求为先原则

客户在购买保险之前，要仔细了解存在哪些客观保险需求，选择相应的保险种类。如因意外或疾病伤残、死亡，人们的预期收入便会落空，需购买意外险、健康险；房屋、车辆、家电等财产因天灾人祸而发生损毁，需购买财产保险来获得资产保障。没有医疗保险的人，就要选择保障性高的健康医疗产品；若是筹备子女的教育经费或准备养老金，则选择储蓄性高的产品为宜。

2. 量力而行原则

保险理财不是买得越多越好，必须量力而行，需要根据自己的经济收入状况，来确定适当的保险费和保险金额。每年所缴纳的保险费，一般而言，以家庭每年可支配所得（扣税后的余额）的 10%~20% 为宜，保险金额一般确定为个人年收入的 5~10 倍。一个人一生不可能只买一张保单，当收入增加时，再购买第二张、第三张新保单以满足自己的需要。

3. 组合保障原则

选择含有意外险、健康险、寿险、车险、家财险等保险利益的多个保险险种的组合式保险理财计划。切记别忘了加附加险、意外保险和住院医疗保险、住院津贴保险等。附加险赔付率较高，这样既可以获得较周全的保障，也可以节省一定的保险费用。

4. 保障顺序原则

在购买保险时，首先要明确家庭成员先后保障顺序，即遵循家庭经济支柱—父母—子女顺序。许多家庭保险理财的误区是"只保孩子就可以，大人保不保没关系"。其实只要夫妻中有一人发生不幸，这个家庭就会因此背上沉重的经济负担，孩子的幸福也将不复存在。

5. 保障第一原则

保险本身的功能是规避风险和经济补偿，所以运用保险理财时应把保障放在首位，其次才是投资。重投资轻保障的行为是冒险。购买险种顺序应遵循意外伤害保险—健康保险—分红险—万能险—投资连接保险的先后顺序购买。

6. 平和心态运用原则

保险理财切忌心情急躁，好高骛远，在短期内因得不到高回报而选择退保将造成资金损失。由于保险理财是复利记息，也是一种储蓄，长期来看，收益不比基金、股票等理财产品收益差，概括而言，保险理财短期看保障，长期看收益。

二、保险规划步骤

1. 确定保险标的

购买人身保险，应考虑适应性、经济能力、选择性，在有限的经济能力下，为成人投保比为儿女投保更实际，特别是为家庭的经济支柱投保。

2. 选择保险产品

投保客户只有在专业人员的帮助下，准确判断自己准备投保的保险标的的具体情况，进行综合的判断和分析，才能选择适合自己的保险产品，较好地回避各种风险。

3. 确定保险金额

人的价值是无法估量的，从保险的角度出发，可以根据诸如性别、年龄、配偶的年龄、月收入、消费额、子女的情况、父母的情况、存款、利率、通货膨胀等因素，计算虚拟的"人的价值"。

4. 明确保险期限

关于预期缴纳保费的多少和频率，人寿保险期限一般较长，为 15 年甚至到被保险人死亡，其他险种多为中短期，期满后可以续保或停止投保，一般应该长短期结合综合考虑。

三、客户保险需求分析

客户保险需求分析如表 6-4 所示。

表 6-4　客户保险需求分析

人生阶段	单身期	家庭形成期（结婚）	家庭成长期（孩子出生）	家庭成熟期（退休）
阶段概况	经济独立，身体健康，经济责任相对较少，年轻气盛，意外事故发生率高，保费最便宜，保障时间最长	人生的一大转折，双薪家庭，两人工作忙于奔波，可能购买房屋，家庭的主要经济支柱责任较重	划时代的变化，家庭责任最重的时候，子女教育费用高，成人病危险群，着手退休金规划，父母发生意外或疾病引起收入中断对孩子的健康成长影响很大	人的寿命日益延长，收入大幅减少，医疗费用增加，退休后生活费用逐渐增加，养儿防老风险大、失尊严，社会养老只提供基本保障
适合险种	意外伤害保险 住院医疗保险 定期寿险	意外伤害保险 住院医疗保险 定期寿险 重大疾病	子女教育保险 意外伤害保险 住院医疗保险 重大疾病定期寿险养老保险	养老保险 住院医疗保险 重大疾病定期寿险 意外伤害保险
意外身故	★★★★	★★★★	★★★★	★★★
住院医疗	★★★★	★★★★	★★★★	★★★★
重大疾病	★★	★★★	★★★★	
疾病身故	★★	★★★	★★★★	
养老	★	★★	★★★	

人生阶段	单身期	家庭形成期（结婚）	家庭成长期（孩子出生）	家庭成熟期（退休）
投资	★	★★	★	
教育			★★★★	

在考虑寿险保障的需求大小时，您首先应明确自己的角色——您在家庭中的地位、责任、作用以及经济贡献如何，然后估算出您面临的各种风险可能产生的最大的费用需求。

（一）单身期：从参加工作至结婚的时期，一般为 2~5 年

特点：经济收入比较低且花销大；这个时期是未来家庭资金积累期；年纪轻，主要集中在 20~28 岁，健康状况良好，无家庭负担，收入低，但稳定增长，保险意识较弱。

保险需求分析：保险需求不高，主要可以考虑意外风险保障和必要的医疗保障，以减少因意外或疾病导致的直接或间接经济损失；保费低、保障高；若父母需要赡养，需要考虑购买定期寿险，以最低的保费获得最高的保障，确保一旦有不测时，用保险金支持父母的生活。

（二）家庭形成期：指从结婚到新生儿诞生时期，一般为 1~5 年

特点：这一时期是家庭的主要消费期；经济收入增加而且生活稳定，家庭已经有一定的财力和基本生活用品；为提高生活质量往往需要较大的家庭建设支出，如购买一些较高档的用品，贷款买房的家庭还须一笔大开支——月供款；夫妇双方年纪较轻，健康状况良好，家庭负担较轻，收入迅速增长，保险意识和需求有所增强。

保险需求分析：为保障一家之主在万一遭受意外后房屋供款不会中断，可以选择交费少的定期险、意外保险、健康保险等，但保险金额最好大于购房金额以及足够家庭成员 5~8 年的生活开支；处于家庭和事业新起点，有强烈的事业心和赚钱的愿望，渴望迅速积累资产，投资倾向易偏于激进；可购买投资型保险产品，规避风险的同时，又是资金增值的好方法。

（三）家庭成长期：从小孩出生到小孩参加工作以前的这段时间，一般为 18~22 年

特点：家庭成员不再增加，整个家庭的成员年岁都在增长；这一时期，家庭的最大开支是保健医疗费、学前教育、智力开发费用；理财的重点适合安排上述费用；同时，随着子女的自理能力增强，年轻的父母精力充沛，时间相对充裕，又积累了一定的社会经验，工作能力大大增强，在投资方面可考虑以创业为目的，如进行风险投资等；夫妇双方年纪较轻，健康状况良好，家庭成员有增加，家庭和子女教育的负担加重，收入稳定增长，保险意识增强。

保险需求分析：在未来几年里面临小孩接受高等教育的经济压力；通过保险可以为子女提供经济保证，使子女能在任何情况下接受良好的教育；偏重于教育基金、父母自身保障；购车买房对财产险、车险有需求。

（四）家庭成熟期：子女参加工作到家长退休这段时期，一般为 15 年左右

特点：这一阶段里自身的工作能力、工作经验、经济状况都达到高峰状态，子女已完全自立，债务已逐渐减轻，理财的重点是扩大投资；夫妇双方年纪较大，健康状况有所下降，家庭成员不再增加，家庭负担较轻，收入稳定在较高水平，保险意识和需求增强。

保险需求分析：人到中年，身体的机能明显下降，在保险需求上，对养老、健康、重大疾病的要求较大；同时应为将来的老年生活做好安排；进入人生后期，万一风险投资失败，会葬送一生积累的财富，所以不宜过多选择风险投资的方式；此外还要存储一笔养老资金，且这笔养老资金应是雷打不动的；保险作为强制性储蓄，累积养老金和资产保全，也是最好的选择；通过保险让您辛苦创立的资产完整地留给后人，才是最明智的；财产险、车险的需求必不可少。

（五）退休期：退休以后

特点：这段时间的主要内容应以安度晚年为目的，理财原则是身体、精神第一，财富第二；那些不富裕的家庭应合理安排晚年医疗、保健、娱乐、锻炼、旅游等开支，投资和花费有必要更为保守，可以带来固定收入的资产应优先考虑，保本在这个时期比什么都重要，最好不要进行新的投资，尤其不能再进行风险投资。

保险需求分析：夫妇双方年纪较大，健康状况较差，家庭负担较轻，收入较低，家庭财产逐渐减少，保险意识强。

四、确定保费支出的方法和保险金额

（一）确定保费支出的方法

确定合理的保费支出额度与适合的保险缴费期，是为了避免缴费风险的发生。如果选择的是纯保障型的保险，缴费期最好控制在 10~20 年；如果选择的是理财型的保险，缴费期最好控制在 5~10 年。保费支出额度的计算方法是：

保费 = 年收入 × （10%~20%）

在分析了资产负债状况后，就可以根据财务状况确定保险金额了。确定保险金额的方法是：

保险金额 = 年收入 × 5 + 负债

保险金额 = 年收入 × 10

案例 6-6： 一个三口家庭的年收入是 6 万元，有一处价值 50 万元的房产，还有 30 万元未还，最佳保额为 6 万元×5+30 万元=60 万元。

从上面的例子来看，其年保费支出额应控制在 6000~12000 元。

（二）寿险保额

1. 生命价值法

1924 年美国寿险大师休伯纳用人的生命价值来分析个人所面临的基本经济风险，提出人的生命价值在数量上可以定义为一个人的预期净收入的资本化价值。第一步，估计某人预期工作寿命期间的年平均收入；第二步，从年收入中扣除税收、本人的生活费用，其余额供其扶养人使用；第三步，确定剩余工作年限；第四步，使用一个合理的贴现率求其家庭在上述时期内所分享收入的现值。其缺陷是：忽略了遗产继承、社会保险收入和意外所得；将来的收入是可变的；忽略了通货膨胀因素。

案例 6-7： 陈先生今年 30 岁，假设其 60 岁退休，退休前年平均收入是 10 万元，平均年收入一半自己花掉，一半用于家人，即给家人花掉 5 万元。那么，按生命价值法则，陈先生的生命价值是 （60 – 30）×（10 万元 – 5 万元）= 150 万元。所计算出的生命价值，可以作为考虑现阶段该购买多少寿险的标准之一。

案例 6-8： 张三，40 岁，现在年收入 10 万元，预期每年收入增长 2.5%，按照现在的年利率 1.5% 计算，张三需要买多少人寿保险？

实际收益率 = （1.5% – 2.5%）/（1 + 1.5%）= –0.98%

年收入现值 = PV（–0.98%，25，100000）= 2846928 元

2. 遗属需要法

根据被保险人死亡后其家庭的各项需要确定保险金额。即当事故发生时，可确保至亲的生活准备金总额。计算方式是，将在生至亲所需生活费、教育费、供养金、对外负债、丧葬费等，扣除既有资产，所得缺额作为保额的粗略估算依据。如表 6-5 所示。

3. 资本保留法

估计替代收入的资本需求，一旦家庭成员发生风险不能获得收入，则用保险赔偿费用投资，按照合适的收益率，产生的收益与发生风险前的收入基本相等。

表 6-5　根据需要法计算的保额

财务需求	费用额（元）
家庭生活支出	350000
妻子的退休基金	150000
大学教育经费	200000
其他费用	30000
总额	730000
金融资产	
现金及存款	25000
共同基金	100000
总资产	125000
总需求减总金融资产	605000
已有保险	160000
额外的保险需求	445000

案例 6-9：王武，35 岁，年收入 40000 元，有丈夫和两个孩子（2 岁和 5 岁），其寿险规划目标是即使她死亡，她的家庭每年有 20000 元的收入。如果她死亡，则需准备最后支出 10000 元，为两个孩子准备教育经费 100000 元。如果她死亡，预期其他收入为每年 12080 元。如表 6-6 所示。

表 6-6　家庭资产负债表

单位：元

资产	金额	负债	金额
公寓	150000	抵押贷款	125000
个人资产	40000	汽车贷款	8000
两辆汽车	18000	信用卡结余	2000
共同基金	55000	总额	135000
支票账户	2000		
个人及团体保险	180000		
退休金死亡受益	15000		
总额	460000		

假设王武一旦死亡，则家庭要把所有的未来支出先做准备，由此分析家庭资产在负担所有费用后能够剩下可以投资的金额。总资产460000元，扣除不能产生收益的资产（公寓、个人财产、两辆汽车208000元），再扣除负债、最后支出、孩子教育经费，剩下能够产生收益的资金总计是7000元。预期家庭收入目标是20000元，其他收入每年12080元，缺口部分为7920元，须通过投资收益来获得。假定一旦发生死亡，保险理赔金投入一个年收入为6%的投资组合，则产生7920元的收益需要本金132000元，由于能够产生收益的资金已有7000元，因此王武只要准备另外的125000元，就能达到预期目标，因此其人寿保险需求为125000元。

五、选择保险时应注意的问题

投保人在面对众多的保险产品时，首先应该审视自己的需求，根据需求做出自己的选择。选购产品时，一般主要考虑两个方面的因素：价格因素和非价格因素。目前，我国保险监管机关对保险公司的产品实行备案制度，对许多险种实行价格限制，因此各保险公司的产品价格存在差异但是差别不大。同时，由于市场竞争的充分发展，市场上同一种类的保险产品的同质化趋势越来越明显。由于保险产品是一种无形产品，尤其是养老保险，期限可能达十几年、几十年甚至伴随人的一生，因此选择一家经营稳健、信誉良好、管理规范、服务周到的保险公司是至关重要的。

（1）购买必需的保险产品。对于每个家庭和个人而言，保险当然是越多越好，越全面越好，但是购买保险要和自己的支付能力相匹配。人身意外伤害险和健康保险是必需的，投资储蓄类的保险并不是必需的，如果你是一个炒股票或者外汇的高手，就可以选择其他工具使自己的资产保值增值。

（2）要进行适当的产品组合。许多保险在保险责任上会有重叠的部分，可能在购买多个保险产品后身故保额达到几百万元，实际上并不需要，因为这对应着保险费的增加。寿险产品的组合策略是指，寿险营销人员根据寿险公司现有的寿险产品，在认真分析客户的经济实力和寿险保障需求的基础上，将两种或两种以上的寿险险种搭配组合成寿险套餐，更好地满足客户多种需求的寿险营销策略。

（3）选择信誉好的保险公司，主要考虑以下几个方面：

1）保险公司的偿付能力。保险本质是对未来的一种承诺，如果选择的保险公司在保单发生事故或需要满期给付时发生支付危机，如日本在20世纪末由于泡沫经济的破灭导致个别保险公司破产，那么保单持有人的利益就会受到损失。因此，我们在选择保险公司时，要选择那些实力较为雄厚、经营相对稳健、管理较为规范的保险公司。这就需要理财规划师时刻关注保监会对保险公司信息的披露，经常阅读并收集有关保险公司偿付能力方面的信息，以助于正确地判断。

2）保险公司的服务质量。购买保险的目的在于当保单发生理赔给付事件时得到及时和周到的服务，因此保险公司的服务态度、技术条件以及在民众中的口碑就成为我们选择的标准。

3）保险公司的机构网络。在目前保险公司主要依靠自身自行客户服务工作的情况下，一家公司机构网络的多少一方面反映了业务规模和经营实力，另一方面也是其客户服务能力大小的体现。

4）保险公司的民意调查。可以通过调查公司对各保险公司进行民意调查，例如服务质量和态度、产品受欢迎程度、公司知名度等，这些都可以作为选择保险公司时的参考因素。

5）保险公司的经营特长。

（4）对市场上的同类产品进行比较。

（5）认真研究即将签订的保险合同当中的条款，避免只听代理人的推荐和介绍就签下保单，也不要碍于亲戚、同学或者朋友的面子而不对所买的保险进行必要的了解。

第五节　保险规划案例

一、低收入单身客户保险计划

年纪较小但已经经济独立，未婚但余钱又不多的年轻人。他们没有赡养父母或者抚养子女的家庭负担，但经济收入也不高，而且消费欲望较强，开销较大，常常会出现开支困难，这时如果能适当买一些保险，不仅可以养成储蓄的习惯，而且由于年纪轻，保费较便宜，相比之下买保险也更合算，应以储蓄性寿险为主，适当搭配一些意外伤害险。

案例 6-10：李蕾今年 25 岁，是家里的独子，大学毕业后留在北京的一家国有企业担任技术工作，月收入 2200 元，参加了社会保险，喜欢郊游，平时花钱没有计划，所以每月的结余几乎为 0。李蕾很想对自己的父母尽一份孝心，报答他们的养育之恩。对于李蕾的情况，他应该怎样理财呢？

情况分析：李蕾这样的年轻人正处在人生的创业期，并且收入一般，花销大，没有银行存款，喜欢郊游，客观上存在较大的意外风险，另外重大疾病带来的经济损失也是巨大的，还有在自己遭遇不测时父母的赡养问题也应该及早解决。

理财建议：收入不高的年轻一族，建议投保一些交费低、保障高的定期重大疾病保险和意外伤害保险以及父母养老保险。建议李蕾的总保险额在 26 万元左右，他每年的交费金额可以控制在年收入的 10%以内，这样可以多留下一些资金用于定期储蓄，第一是可以有足够的金钱迎娶未来的新娘，第二是为将来的理财奠定基础。

李蕾的保险理财组合：可以拥有总保额 27 万元的保险保障金，其中重大疾病定期保险一份，保额 10 万元；意外伤害保险 1 份，保额 6 万元；意外伤害医疗保险 1 份，年保额 1 万元；父母养老保障保险 1 份，保额 10 万元，年交保费约 2500 元，占总收入的 10%，没有太大的经济压力。

低收入单身客户的保险理财应侧重于基本的保障，以稳健为目的，用保险来解决当前的意外、疾病等风险问题，为将来的家庭理财打下基础，而不应注重那些轻保障、重投资回报的保险产品。

二、中高等收入者的保险理财

案例 6-11： 张峰 24 岁，在广州某政府机构工作，工作刚满一年，目前的工资收入为每月 5500 元，基本日常支出为每月 1900 元，在单位享有医保和社保，由于喜好购物，所以也是个月光族，暂时没什么存款，父母在外地，均有工资收入，所以家庭负担不重。

财务状况：目前尚无流动资产和固定资产积累，月收入水平较高，5500 元，日常固定每月消费 1900 元，结余 3600 元，合计每年 43200 元，收入来源比较稳定，属于中等收入水平，目前正处在个人职业生涯的初始阶段。

理财建议：由于正处在个人职业生涯的初始阶段，没有银行储蓄和固定资产，所以抗风险能力不强，建议增加理财压力，强制理财。将每月 3600 元中的 2000 元用于银行定期存款，700 元用于活期储蓄，900 元用于买入健康和投资理财保险，这样不仅每三年可以获得 3000 元的保底收益，同时在他 60 岁时还可以获得约 26 万元的养老金。如表 6-7 所示。

表6-7　投保明细表

投保险种	保险金额（元）	年交保费（元/年）	交费期（年）
大病保险	100000	1300	20
分红保险	60000	8400	10
意外伤害保险	100000	140	每年
意外伤害医疗保险	10000	20	每年
合计	270000	9882	

课外阅读1　汽车保险

1. 交强险：推崇指数★★★★★（必须购买）

交强险，是指由保险公司对被保险机动车发生道路交通事故造成本车人员、被保险人以外的受害人的人身伤亡、财产损失，在责任限额内予以赔偿的强制性责任保险。机动车交通事故强制责任险责任限额6万元中，包含了死亡伤残赔偿5万元、医疗费用赔偿8000元、财产损失赔偿2000元。而被保险人在交通事故中无责任，赔偿限额分别按照以上三项限额的20%计算。

2. 车辆损失险：推崇指数★★★☆（选购）

车辆损失险是指保险车辆遭受保险责任范围内的自然灾害（不包括地震）或意外事故，造成保险车辆本身损失，保险人依据保险合同的规定给予赔偿。这是汽车保险中的主要险种。若不报这个险种，车辆碰撞后的修理费保险公司不负责赔偿，全部得由自己掏腰包，如果是快报废的车辆，修理费用很低就不用上此险种。需要注意的是，车损的赔付最高限度是你的投保金额、车辆当前价值较低的那个，换句话说，即使你按照20万元甚至更高的金额进行投保，多花的钱都是白花的。

3. 第三责任险：推崇指数★★★★☆（选购）

第三责任险，是指合格驾驶员在使用被保险车辆过程中发生意外事故而造成第三者的财产直接损失与人员伤亡的，保险公司依据保险合同的规定给予赔偿。以现在的赔付标准，建议最少买10万元，最好买20万元或50万元，特别是新手或中意飞车的朋友及工作压力大精神不易集中的朋友，又因5万元、10万元、20万元的价钱相差不大，总之这个险种买大的自己安心。其属强制性保险，车年审时需要。由于交强险仅限额6万元，因此，大家需要考虑购买商业三者险，至于额度，可根据自己的情况判断，主要因素还是自己驾驶的熟练程度，如果驾驶经验丰富，可以考虑少买或不买，但对大多数刚考到驾照的车友，建议购买一定额度的商业三者险。

4. 全车盗抢险：推崇指数★★☆（选购）

机动车辆全车盗抢险的保险责任为全车被盗窃、被抢劫、被抢夺造成的车辆损失以及在被盗窃、被抢劫、被抢夺期间受到损坏或车上零部件、附属设备丢失需要修复的合理费用。可见，机动车辆全车盗抢险的保险责任包含两部分：一是因被盗窃、被抢劫、被抢夺造成的保险车辆的损失；二是因保险车辆被盗窃、被抢劫、被抢夺造成的合理费用支出。上述两部分费用由保险公司在保险金额内负责赔偿。

如果你的车在使用过程中一直都在比较可靠、安全的停车场中停放，上下班路途中也没有什么特别僻静的路段，就可以考虑不保盗抢险，但如果你的车属于很常见的、丢失率比较高的车型，那一定要保盗抢险。

5. 不计免赔特约险：推崇指数★（选购）

不计免赔特约险，是指车辆发生车辆损失险或第三者责任险的保险事故造成赔偿，对应由被保险人承担的免赔金额（20%），由保险公司负责赔偿。不计免赔率——附加险几乎是一个必保的好险种，建议加上，特别是新手，加上了会有用，尤其在你碰到大的事故损失时，这个险种可以大大减少你的损失。如果你的交通意识、驾驶水平、停车安全程度很高，购买此险种意义不大。

6. 自燃损失险：推崇指数：★（选购）

自燃损失险，是指车辆在行驶过程中，因本车电器、线路、供油系统发生故障及载运货物自燃原因起火燃烧，造成车辆损失以及施救所支付的合理费用，由保险公司负责赔偿。新车建议不买，三年以上的车建议考虑。价值不是很大，但费率却不低（0.4%）。在现实中车辆自燃事故发生的很少，10万元以上的中高档车自燃的就更少了。另外，车辆自燃如果与质量有关，生产厂家应负赔偿责任。所以不推崇该险种。

7. 车上人员责任险：推崇指数☆（选购）

车上人员责任险负责赔偿保险车辆发生意外事故，导致车上的司机或乘客人员伤亡造成的费用损失，以及为减少损失而支付的必要合理的施救、保护费用。如果你购买了人寿险中的意外伤害险，则可以考虑不购买此险种。

8. 玻璃单独破碎险：推崇指数☆（选购）

玻璃单独破碎险，是指保险公司负责赔偿使用过程中发生本车玻璃单独破碎所造成的损失，注意"单独"两字，如是其他事故引起的，车损险里有赔偿。如果你的汽车不是很高档，投保挡风玻璃险的价值不是很高，原因在于费率太高：

国产轿车车费率为 0.15%，进口轿车为 0.25%。例如一辆价值 12 万元的车挡风玻璃险的保费是 180 元，但一块前风挡才 300 元左右，可以不考虑。

9. 无过错责任险：推崇指数☆（选购）

撞人或车后，保险车辆一方无过错，不应承担赔偿责任，但出于某种原因，实际已经支付了对方而无法追回的费用，由保险公司负责赔偿，但每次有 20% 的免赔率，即最多赔 80%。一般家庭轿车投保意义不大。

课外阅读 2　保险公司免费送的保险不要轻易接

市民可能遇到过这样的事：某一天突然接到保险公司的电话，说是可以免费送一份保险。近日，保监会出台《关于规范人身保险公司赠送保险有关行为的通知》，对寿险公司赠送保险这种事情再次做出了明确的规定。

所谓赠送保险，是指保险人在订立保险合同时，免除投保人支付保险费的义务，或者代替投保人履行支付保险费的义务。保险公司通常通过三个渠道赠送保险：一是岁末年初等业务冲刺阶段，可能会赠送一份保险让对方试用；二是为吸引粉丝，通过微信公众平台赠送保险；三是在买其他保险产品时，附加赠送另外的保险。

保险公司赠送保险，这些保险是否违规、是否有效要看是否符合保监会的六方面规定。对个人来说，一旦保险公司赠送的险种与规定不一致，则属于违规赠送，接受赠送的市民如果发生保险事故，就得不到赔偿。保监会称，上述规定从 2015 年 4 月 1 日起施行。

想得免费保险首先必须弄清以下六个问题：

一是可赠送什么保险？人身保险公司可以以促销或者公益事业为目的赠送人身保险，但不得赠送财产保险。

二是可赠送什么险种？人身保险公司赠送的人身保险产品仅限于意外伤害保险和健康保险。

三是保险期限有多长？人身保险公司赠送的保险，保险期间不能超过 1 年。

四是赠送保险价值多少？对每人每次赠送保险的纯风险保费不能超过 100 元，以公益事业为目的的赠送保险不受此金额限制。

五是被保险人是谁？赠送人身保险时，投保人对被保险人应当具有保险利益；赠送的人身保险为以死亡为给付保险金条件的，应经被保险人同意并认可保险金额；被保险人为未成年人的，死亡给付的保险金额应符合有关监管规定。

六是是否可以领到保单？人身保险公司应向投保人出具纸质或电子保险单，赠送团体人身保险产品的，应向被保险人出具纸质或电子保险凭证。

课后习题

一、单项选择题

1. 下列关于投资型保险产品的说法，错误的是（　　　）。

A. 收益水平可以事先确定

B. 当合同规定的保险事故发生时，保险公司即按照事先约定标准给付保险金

C. 该类产品同时具有保障功能和投资功能

D. 该类产品的费用较高，流动性相对较弱

2. 保险实质上也属于（　　）范畴。

A. 消费

B. 投资

C. 分配

D. 流通

3. 张先生失业前申请了数额较大的房贷、车贷等债务，失业后没有能力归还每月最低还款额，此时张先生正确的做法是（　　）。

A. 以其他身份再申请其他的贷款来归还以前的欠款

B. 找地下钱庄借钱还款

C. 变换工作单位避免银行到单位追讨账款

D. 如实告知银行自己的状况，达成解决方案

4. 通常而言，下列各类理财客户中，风险承受能力较高的是（　　）。

A. 负债比率较高的

B. 年龄比较大的

C. 需动用资金的时间离现在比较近的

D. 理财目标弹性比较大的

5. 健康保险不包括下列哪一项（　　）。

A. 疾病保险

B. 医疗保险

C. 定期寿险

D. 生育保险

二、多项选择题

1. 推荐客户购买保险产品，可以实现客户的哪些理财目标？（　　）

A. 消除风险的不确定性给个人和家庭带来的忧虑

B. 在发生风险事件时可使客户迅速恢复安定生活

C. 使得客户的消费在一定时期内尽量平稳，避免大的波动

D. 通过合法的手段降低客户的税收负担

2. 投资型保险产品包括（　　）。

A. 意外伤害保险　　　　　　　　B. 分红保险

C. 定期寿险　　　　　　　　　　D. 万能寿险

3. 保障型保险产品包括（　　）。

A. 意外伤害保险　　　　　　　　B. 分红保险

C. 定期寿险　　　　　　　　　　D. 万能寿险

4. 保险规划的原则包括（　　）。

A. 需求为先原则　　　　　　　　B. 量力而行原则

C. 组合保障原则　　　　　　　　D. 保障顺序原则

5. 人身保险合同的当事人包括（　　）。

A. 被保险人　　　　　　　　　　B. 受益人

C. 保险人　　　　　　　　　　　D. 投保人

三、辨析题

1. 健康保险是储蓄性保险。

2. 风险容忍度主要受外部因素影响，风险承受能力主要受内部因素影响。

3. 年龄越大风险承担能力越强，家庭收入及资产越高，承担风险能力越强。

4. 对于每个家庭和个人而言，保险当然是越多越好。

5. 保险规划是每个家庭必需的理财规划。

四、案例思考题

1. 张先生夫妇属于工薪阶层，张先生收入高于妻子。夫妻二人向银行贷款40万元购买了一套商品房。在办理住房抵押贷款时，"主贷人"一项随便地写上了张太太的名字，张先生则为"共同贷款人"。不久张先生在一次交通事故中身亡，张太太在要求保险公司承担剩余贷款额的索赔要求时，遭到了拒绝。原来，房贷险条款中所保障的唯一对象是"主贷人"，而不包括"共同贷款人"。除了痛失亲人，张太太如今还面临着经济危机，因为张先生生前的收入在6000元左右，而她自己只有1800元的收入，无力偿还每月高达2000多元的住房贷款。

思考：家庭购买保险的顺序应该是先为谁购买？为什么？

2. 王强和赵平都属于白领阶层，收入差不多，每个人都有较强的保险理财意

识，但是理念却不一样，王强的保险偏重于保障，涵盖了住院医疗费用报销保险、住院津贴保险、意外伤害保险及医疗保险、重大疾病险和定期寿险，年交保费 3000 元，赵平的保险则偏重于投资储蓄，只投了分红险，没有附加险，年交保费 3000 元。

思考：（1）如果发生了意外需要住院治疗，谁能得到保险公司充分的赔付？

（2）购买保险时，首要考虑的是保障功能还是投资功能？

3. 高先生 40 岁，经理，没有医疗和养老保险；高太太 32 岁，家庭主妇，没有医疗和养老保险；儿子 7 岁，上小学一年级。丈夫收入稳定，每月 10000 元，属于高收入家庭。随着夫妇年龄的增加，保障相应减少了，而养老的需求逐渐增加，其设计保险时应该把这一需求考虑进去。其家庭保险的侧重点应放在高先生的养老和医疗上。另外，由于家庭条件好，可考虑购买储蓄性的寿险。儿子还需要 11 年的学习费用，因此儿子的保险应着重考虑教育、婚嫁的保障。

高先生的保险计划主要侧重于养老、医疗、意外伤害保险，具体保险计划见表 6-8。

表 6-8　具体保险计划

保险产品	缴费年限	每年保险费（元）	保险金额（元）
终身寿险	25 年	3702	200000
危疾保险	25 年	1704	200000
住院医疗保险	每年	197	每日 150

如果客户退保，客户可取回人寿保险的现金价值，而取回的金额是根据保证金额和红利的总和计算的，其具体金额见表 6-9。

表 6-9　具体金额

单位：元

已供年期	保证价值	预期价值（假设回报率为 6%~7%）	总值
10 年	13374	20593	33967
20 年	34401	79577	113978
25 年	53895	144008	197903

思考：（1）如果发生风险事故，高先生保障情况如何？

（2）如果没有发生风险事故，则高先生的投资收益情况如何？

第七章　房产理财

拥有自己的房屋是每一个人的梦想，可一路攀升的房价使得购房者的压力越来越大，另外，房地产也是我国居民投资的首选，因此如何评价自己买房首付款的筹集能力、合理负担房屋还贷按揭支出、挑选具有增值潜力的房产就显得尤为重要。本章主要介绍了房地产的基本知识、购房过程中的首付款筹集与贷款的相关问题，以及如何进行房地产投资。

学习目标：

(1) 了解房地产的分类等基本知识。

(2) 掌握按揭贷款的流程以及还款方法。

(3) 掌握首付款筹集能力的评价方法。

(4) 熟悉房地产投资的形式。

(5) 了解国家对房地产业进行调控的内容。

第一节　房地产基础知识

一、房地产的概念和特性

1. 概念

房地产指土地上的永久性建筑物和由它们衍生出来的所有权，是国家政策许可的、个人可以投资的房地产。房地产是房产和地产的合称，房产是指物业建成后的置业投资，地产是指购买土地使用权的开发投资。

房地产业是商品经济发展的产物，它随着商品经济的发展和扩大而发展和扩大。在我国，把房地产业作为一个经济部门，开展各种经营活动，建立房地产市场，是从实行经济体制改革之后才开始的。房地产业是从事房地产综合开发、经营、管理和服务的综合性行业，是一项新兴的独立产业，是城市第三产业的一部分。

房地产业应包括：土地的开发，房屋的建造、维修、管理，土地使用权的有偿转让、划拨，房屋所有权的买卖、租赁，房地产的抵押贷款，以及由此形成的房地产市场。房地产业所涉及的范围很广，其中房产是指建设在土地上的各种房屋，包括住宅、厂房、仓库、商业、服务、办公、文教、医疗卫生和体育用房等；地产是土地和地下各种基础设施的总称，包括供水、供热、供气、供电、排水排污等地下管线以及地面道路等。住宅建设、买卖、租赁，房屋维修、装饰，房地产抵押等经济活动是与居民个人直接相关的，也是我们这里所说的房地产投资的主要对象。

2. 特性

房地产业作为一项独特的产业，与其他工业产品有着明显的区别，有着自身的特性，了解这些特性对于投资房地产会有很大的帮助。房地产业的主要特性有：

（1）房产、地产交易的不可分性。房产和地产是紧密联系、不可分割的。一方面，房屋必须建立在土地上；另一方面，地下的各项设施都是为房屋主体服务的，是房屋主体不可缺少的组成部分。

（2）房地产位置的固定性、地区性和单一性及由此而兴起的级差效益性。由于土地具有不可移动性，所有的房产，不论其外形如何、性能怎样、用途是什么，都只能固定在一定的地方，无法随便移动其位置。由于房地产位置的固定性，使得房地产的开发、经营等一系列经济活动都必须就地进行，从而使房地产具有区域性的特点。此外，因每一栋房屋都会因用途、结构、材料和面积以及建造的地点、时间和房屋的气候条件等的不同而产生诸多的相异之处，在经济上不可能出现大量供应同一房地产的情况。由于房地产的以上特性，就产生出对房地产投资的级差效益性，即地域的不同决定了房地产价格的不同。例如，处于一个城市市区的房地产，其价格就远远高于郊区的房地产，即便在市区，也会因离市中心的远近、人口的密集程度、文化教育的发展程度等的不同而不同，黄金地段的房地产价格必然昂贵。而且房地产的价格是相互影响的，某一房地产的价格往往取决于其周围其他房产的开发状况和开发程度。

（3）房地产的耐久性和经济效益的可靠性。土地具有不可毁灭性，它具有永恒的使用价值。土地上的建筑物一经建成，只要不是天灾人祸或人为损坏，其使用期限一般都可达数十年甚至上百年。因此，经营房地产风险小，得利大，经济效益可靠。

（4）投资规模大，开发建设周期长。比如，一幢楼房就需要投资几十万元甚至几百万元，经过半年、一年甚至更长的时间才能建成，可见房地产开发建设投资周转慢、周转率低。

（5）房地产的保值、增值性。由于土地是不可再生的自然资源，而随着社会的发展、人口的不断增长、经济发展对土地需求的日益扩大、建筑成本的提高，房地产价格总的趋势是不断上涨的，从而使房地产有着保值和增值功能。这就是我们进行房地产投资的可靠性。房地产的这些特性对房地产投资和经营具有很大影响，房地产投资策略的制定、决策和经营都必须考虑房地产的这些特性。

二、房地产的类型

中国的房地产有多种类型，这些类型的划分有着浓厚的中国特色，主要分为以下几种：

1. 按照性质划分

（1）公房：也称公有住宅、公产住房、国有住宅，在国外也称公共住宅、公营住宅。它是指国家（中央政府或地方政府、城市政府）以及国有企业、事业单位投资兴建、销售的住宅，在住宅未出售之前，住宅的产权归国家所有。公有住宅主要由本地政府建设，主要向本城市居民出租出售；由企业建设的住宅，向本企业职工出租出售。公房随着出售而变为私房。

（2）大产权证和小产权证：在房屋竣工验收之后交付购房者之前，由房地产开发商向房地产管理部门申请初始登记，对符合规定的申请，房地产管理部门应当在受理登记申请起30天内做出准予登记的决定，颁发房地产权证，即大产权证。对新建商品房，法律规定可由合同一方申请小产权证。小产权证，即将房地产开发商取得大产证的房地产分割以后，由购房者取得的房地产权证。

（3）商品房：指房地产公司在取得土地使用权后开发销售的房屋。购买商品房拥有独立的产权，土地使用权通常为40~70年。商品房的价格由市场供求关系决定。

（4）安居房：指按照国家"安居工程"建设规划，由国家安排贷款和地方自筹资金建造的面向广大中低收入家庭的非营利性住房，直接以成本价向城镇居民中低收入家庭出售，优先出售给无房户、危房户和住房困难户，在同等条件下优先出售给离退休职工、教师中的住房困难户，不售给高收入家庭。其实属于经济适用房的一类。这类住房因剔除了工程报价中的部分费用，其成本略低于普通商品房。购房者有占有权、使用权。

（5）解困房：是指在实施"安居工程"之前，各级政府为解决城市居民的住房困难而修建的用于住房特困户、困难户和拥挤户的住房。其建设和经营都有政策优惠，建设成本低、售价低，销售对象主要是经审核合格的住房困难户、无房户。购房者除拥有使用权外，还有部分产权。

（6）廉租房：类似于中国香港的"廉租屋"，即只租不售的房屋，专门出租给城镇居民中最低收入者或外来务工人员。

（7）微利房：即廉价房，指的是开发商修建的用于公开向社会让利出售，获取自由微利的普通商品房。微利房是房产商为追求商业利益而建造并经营的商品房，在市场上销售基本没有政策优惠，销售对象不受限制。购房者拥有房屋的全部产权，即占有权、使用权、收益权和处分权。

（8）经济适用住房：是指由政府扶持的具有经济性和适用性特点的社会保障商品住房。经济性是指住房价格相对市场价格而言是适中的，能够适应中低收入家庭的承受能力；适用性是指在住房设计及其建筑标准上强调住房的使用效果，而不是降低建筑标准。其是国家为解决中低收入家庭住房问题而修建的普通住房，房产开发商利润相当微薄，是政策照顾分配的一种给予购买者一定优惠的住房，其销售对象有一定的限制。经济适用房的价格是由其主管部门会同同级物价部门按建设成本确定，并报当地人民政府审批后执行的。购房者拥有房屋的全部产权，即占有权、使用权、收益权和处分权。

（9）房改房：是指国家机关、企事业单位按照国家有关规定和单位确定的分配方法，将原属单位所有的住房以房改价格或成本价出售给职工的住房。职工购买房改房时享有政策优惠，但在进入市场出售时有限制，需持有一定时间后方可出售或需补交地价款。它是单位职工按照分房条件（一般按工龄、职务或职称打分）已经分到或即将分到的住房，但它不是无偿的，而是按照国家住房体制改革的要求出售或出租给职工的。以成本价购有房改房的购房者具有房屋的全部产权，购买者拥有占有权、使用权及房改有关规定范围内的收益权、处分权；以标准价购买的现有住房，购房人拥有部分产权。

2. 按照取得时间来划分

（1）期房：是指开发商从取得商品房预售许可证开始至取得房地产权证大产证止，在这一期间的商品房称为期房，消费者在这一阶段购买商品房时应签预售合同。期房在中国港澳地区称为买"楼花"，这是当前房地产开发商普遍采用的一种房屋销售方式。购买期房也就是购房者购买尚处于建造之中的房地产项目，一般没有整体竣工，购买后一般需要等待一段时间后才能入住。

（2）现房：是指开发商已办妥房地产权证（大产证）的商品房，消费者在这一阶段购买商品房时应签出售合同。通常意义上指的现房是指项目已经竣工并通过验收，购买时签订商品房买卖合同，可以入住的房屋。

（3）准现房：是指房屋主体已基本封顶完工，小区内的楼宇及设施的大致轮廓已初现，房型、楼间距等重要因素已经一目了然，工程正处在内外墙装修和进行配套施工阶段的房屋。

三、房地产市场

1998年，我国停止实物分房，开始实行货币化分房制度。随着货币化分房制度实施的逐步深入，现阶段，我国房地产市场已形成了一个由三级市场体系构成的有机整体。

房地产一级市场，是国家作为土地所有者根据国家整体利益，将土地使用权投放流通领域的市场。通过一级市场对进入流通领域的土地数量、使用方向及开发质量进行控制管理，可以确保土地资源的合理配置和有效使用。

房地产二级市场，是经营者与消费者进行房地产交易的市场，即房地产开发商将新开发的商品房转让给购房者的市场。交易主体为掌握大量信息的房地产开发商和具有投资购房意向的购房者。由于信息的不对称，使得投资购房者处于相对弱势地位。

房地产三级市场，投资者与购房者之间进行房地产转让、租赁的市场。只有不断完善房地产三级市场，才能使"以房养房"的房地产投资手段得以普及，从而进一步推动房地产二级市场的发展，促进二、三级市场的联动效应。

第二节　购房与租房的比较

一、购房与租房的理论与决策分析

（一）房地产规划流程

个人房地产规划实际上就是根据自己的需要进行购房或者租房的决策，如图7-1所示。

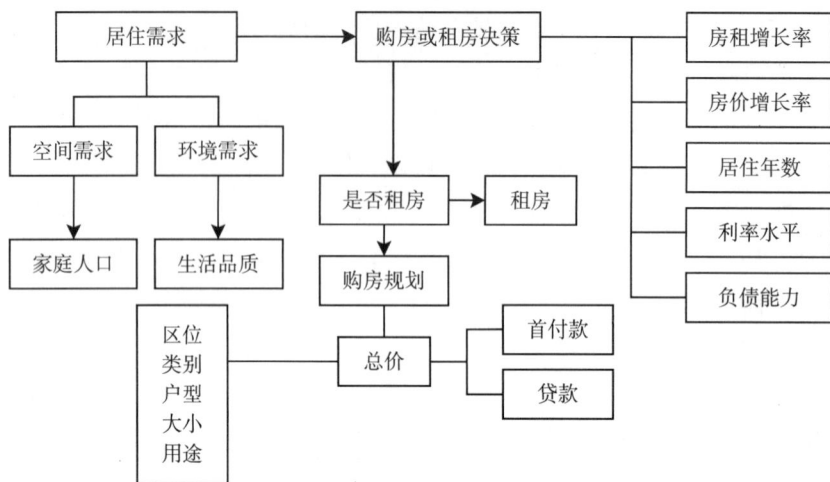

图 7-1 房地产规划流程

（二）购房与租房决策

住房选择的比较如表 7-1 所示。

表 7-1 住房选择的比较

	优点	缺点
租公寓房	方便迁移，灵活，不需付维修费用，财务负担小	没有自己的产业，无法重新布置，租金可能提高
租别墅房	居住环境好，财务负担相对较小，灵活，不需付维修费用	没有自己的产业，无法重新布置，比租公寓房费用高
购新房	崭新，拥有自己的产业，抵抗通货膨胀，保值、增值，可按自己的意愿布置	财务费用大，需要维修费用，迁移受限制
购二手房	拥有自己的产业，价格比新房低，选择余地大	周围配套环境成熟，财务负担小，维修费用高，设施陈旧，迁移受限制

二、购房与租房的成本分析

可以以财务计算的方法——年成本法来进行比较。如果用于自住，购房者的使用成本主要是首付款的机会成本与房屋贷款利息（不考虑物业费等），而租房的使用成本是房租。

案例 7-1：王先生看上一处 60 平方米的房产，可租可售。若租房，房租每月 1000 元，押金预付三个月；若买房，总价 25 万元，可获得 20 万元、利率 6% 的贷款，首付 20%，即为 5 万元。

租房和购房的成本分析如下（假设押金和首付款的机会成本为5%，一年期存款利率以3%计算）：

租房年成本：1000×12+1000×3×5%＝12150元

买房年成本：50000×3%＋200000－6%＝13500元

看起来租房比买房年成本低1350元，因此租房比较划算。不过还要考虑到以下因素：

（1）房租是否会调整。

（2）购房的相关税费。

（3）房价上涨潜力。如果房价未来再涨，即使目前买房年成本稍高，未来出售房屋的资本利得也足以弥补目前的差异。租房的年居住成本率4.86%（12150/250000），购房成本率5.4%（13500/250000），差异比较小，如果居住五年，只要房价在五年内上涨2.7%（0.54%×5）以上，购房仍然合算。

（4）利率的高低。利率越高，则购房的年居住成本也就越高。

三、适宜租房的人群

（1）刚刚踏入社会的年轻人。一般来说，刚刚工作的年轻人收入较低，而由于需要添置工作相关物品如正装等，生活开销并不低，如果在工作起步的同时买房则往往会将家里仅有的积蓄扫荡一空，而且会让自己背上还贷的沉重负担。就目前北京房租价格来说，刚毕业的大学生还是租房尤其是合租更为经济。

（2）工作地点与生活范围不固定者。因为工作关系需要频繁轮换地方或者派遣到其他城市工作者，不太适宜在一个地方买房固定下来，因为房屋是不动产，不会因为购房者的变动而跟着变化。因此，这种人群不要冲动买房，可以先租房，等到能够真正安定下来的时候，再实施买房计划。

（3）储蓄不多的家庭。当家庭储蓄不多时，首付款可能就消耗了多年的储蓄，此时购买房屋可能会使得家庭财务因缺乏弹性，导致不足以应付生活中的危机事件或紧急开支。按目前北京商品住宅均价20000元/平方米左右的价格，购买一套70~80平方米的房子也需150多万元，加上缴纳契税、公共维修基金、保险等费用，以及装修房屋、购买家电、家具等支出，如此下来，至少要预留出总房款40%左右的费用，才能够舒舒服服地搬进新家。然而，为了抑制近几年过热的房地产投资，国家上调了住房贷款利率，因此随着银行可能持续上调贷款利率，还贷成本也会随之增高，种种不确定因素都将考验购房者的资金实力。故对于收入不稳定、财力不够雄厚的消费者来说，在没有经济实力买房的情况下，租房也不失为一种理想的选择。

（4）不急需买房且辨不清房价走势者。随着国家宏观调控楼市的推进，房价是涨是跌，各方说法莫衷一是。消费者无法把握也看不透房地产市场的未来发展方向和房价走势，对于不急于马上买房的购房者来说，不如"以静制动"，暂且租房，静观其变。

第三节　房地产消费理财

一、购房的目标

购房的目标包括客户家庭计划购房的时间、希望的居住面积、届时房价三大要素。由于房价并非一成不变，因此，在考虑未来房价时，理财规划师可以通过参考房地产专业报告或其他资料并结合房价的历史走势而得出。最终得到诸如"我希望在两年以后购买150平方米左右，价格为8000元/平方米的房屋"这样的描述，才能算是明确了客户的购房目标，而不是停留在"我希望过几年换套大点的房子"。

（一）购房面积需求

购房面积需求应把握以下几个原则：

（1）不必盲目求大。房屋的主要功能是满足人们居住的需要，如果房子买得太大，势必会有面积闲置，若房价较高，那就不必为经常不使用的面积买单。

（2）无须一次到位。年轻客户往往喜欢一步到位，认为买的房屋面积大，可以一劳永逸。这是一种错觉，因为人们在一套房子里住一辈子的可能性越来越小，每隔一二十年更换一套住房比较普遍，且即使现在选的是最好的户型，10年或20年后也会显得陈旧而跟不上时代的步伐。另外，子女成家后会另择新居，一旦他们离开，则闲置的面积会更多，不符合理财规划的初衷。

（3）量力而行。购房面积的大小，取决于客户的资金及还贷能力。面积大，总房价高，首付多，贷款也多，贷款利息也多，月供负担重，不得不紧缩日常开支，影响生活质量。一般以贷款比例的70%为例，如果客户有10万元首付款，则可购买总价为33万元的房子，即 10/(1 - 70%) = 33万元。

另外，由于总价低，需求人群多，小户型房屋比大面积套型更容易转手，因此对于购买第一套住房的客户，应考虑该因素。

（二）购房环境需求

房价取决于两个因素：一是面积，二是区位。房子大小主要取决于居住人数。区位的单价相差很大，同样的钱，买较好地段的房子房价较高，面积也相应较小；而买地段差的房子房价较低，面积也会相应较大。地段差的房子往往离客户工作地点较远，生活不太便利，住房面积虽大，可交通成本、消耗在路上的时间成本也增加，达不到最优理财效果。理财规划师需要综合考虑客户的负担能力，以及环境需求，包括所居住社区的生活质量、上班的距离、子女上学、配套设施等，在为客户提供购房建议时，一定要仔细分析客户需求与目标住房的适应性。

二、衡量负担能力

理财规划师在确定客户的住房目标后，应对客户的财务状况进行分析，在保障客户保持一定财务弹性的情况下，估算客户每月能承担的费用。由于购房开支除房款本身之外，还需缴纳契税、印花税、房屋买卖手续费、公证费、律师费等各种费用，加总上述费用，就可以得到客户家庭在预期的购房时间上总的资金需求。客户如果决定购房，则应该考虑的首要问题是衡量自己的负担能力，然后还要考虑购房所要支付的各项税费。

购房规划最重要的就是客户按照自己的经济实力确定购房目标和制定切实可行的付款计划。客户衡量自己负担能力的方法有两种：

（1）按每月的负担能力估算负担得起的房价总额。

可负担首付款 = 目前年收入 × 负担比例上限 × 年金终值 + 净资产 × 复利终值

年金终值 = 年金金额 $\times \dfrac{(1+i)^n - 1}{i}$（n = 离买房年数，i = 投资报酬率）

复利终值 = 本金 $\times (1+i)^n$（n = 离买房年数，i = 投资报酬率）

可负担房屋贷款 = 目前年收入 × 复利终值 × 负担比例上限 × 年金现值（复利终值：n = 离买房年数，i = 预期收入成长率）

可负担房屋总价 = 可负担首付款 + 可负担房屋贷款

可负担房屋单价 = 可负担房屋总价/需求面积

案例 7-2：王先生年收入 10 万元，预计收入成长率 3%，目前净资产 2 万元，储蓄首付款与负担房屋贷款的上限为 40%，打算 5 年后买房，投资报酬率为 10%，贷款年限为 20 年，利率 6%，可以负担买房贷款的目前房价为：

可负担首付款 = 10 × 40% × 6.11 + 2 × 1.611 = 27.7 万元

可负担房屋贷款 = 10 × 1.159 × 40% × 11.47 = 53.2 万元

可负担房屋总价 = 27.7 + 53.2 = 80.9 万元

购买多大的房子，取决于家庭人口数及对空间舒适度的需要，如果 5 年后才要买房子，应以届时的家庭人口数计算所需面积。假设想买 100 平方米的房子，则单价为 80.9 万元/100 = 8090 元。

（2）按照想购买的房屋价格计算每月需要负担的费用。

预购买房屋总价 = 单价 × 需求面积

需要支付的首付款 = 预购买房屋总价 × （1 - 按揭贷款成数比率）

需要支付的贷款部分 = 预购买房屋总价 × 按揭贷款成数比率

每月摊还的贷款本息费用 = 需要支付的贷款部分/年金现值

$$年金现值 = \frac{1 - (1 + i)^{-n}}{i} × 年金 \quad （n = 贷款年限，i = 利率）$$

案例 7-3： 张先生欲购买 100 平方米的房子，目前市面上（全国范围来看）一般价格是 3000~6000 元/平方米，则购买 100 平方米的房子所需要的费用为 30 万~60 万元。假设按七成按揭，贷款期限 20 年，贷款利率 6%，等额本息还款。每月需要摊还的贷款本息费用为多少？

（1）30 万元的房屋首付及贷款情况如下：

需要支付的首期款 = 30 × （1 - 70%）= 9 万元

需要支付的贷款数额 = 30 × 70% = 21 万元

每月需要摊还的贷款本息费用 = 1505 元

（2）60 万元的房屋首付及贷款情况如下：

需要支付的首期款 = 60 × （1 - 70%）= 18 万元

需要支付的贷款数额 = 60 × 70% = 42 万元

每月需要摊还的贷款本息费用 = 3009 元

所以，当每月除了应付日常生活外还能节余 3009 元时可以买 6000 元/平方米的房子；而当每月除了应付日常生活外只能节余 1505 元时只能买 3000 元/平方米的房子。

另外，理财规划师应使用一些支付比率指标来估算最佳的住房贷款额度，其中最重要的两个指标是：

（1）房屋月供款与税前月总收入的比率。房屋月供款占借款人税前月总收入的比率一般不应超过 25%~30%。

（2）所有贷款月供款与税前月总收入的比率。房屋月供款加上其他 10 个月以上贷款的月供款得到的总额占借款人税前月总收入的比率一般应控制在 33%~38%。

三、房产消费信贷

(一) 个人住房公积金贷款

个人住房公积金贷款，是指按《住房公积金管理条例》的规定，按时缴存住房公积金的借款人，在购买自住房时，以其所购住房或其他具有所有权的财产作为抵押物或质物，或由第三人为其贷款提供担保并承担偿还本息连带责任，申请以住房公积金为资金来源的住房贷款。与个人商业贷款相比，住房公积金贷款有以下几个特点：

（1）贷款期限短，个人住房公积金贷款期限最长为 15 年。

（2）住房公积金贷款利率比商业银行住房贷款利率低。

（3）对贷款对象有特殊要求，即要求贷款人是当地公积金系统公积金缴存人。

（4）对贷款人年龄的限制不如商业银行个人住房贷款那么严格，没有年龄上的限制。

（5）贷款额度大于商业银行个人住房贷款，但单笔贷款最高额度规定也有所不同。

（6）个人住房公积金贷款额度一般不超过购房合同金额的 70%。

按照住房公积金管理中心有关贷款额度的规定，客户可申请个人住房公积金贷款最高额度以下面四个额度中最低者为准：

（1）按照还贷能力计算的贷款额度。

贷款额度 =［(借款人月工资总额 + 借款人所在单位住房公积金月缴存额) ×
还贷能力系数 − 借款人现有贷款月应还款总额］× 贷款期限（月）

使用配偶额度的：

贷款额度 =［(夫妻双方月工资总额 + 夫妻双方所在单位住房公积金月缴存额) × 还贷能力系数 − 夫妻双方现有贷款月应还款总额］× 贷款期限（月）

其中，还贷能力系数为 40%。

月工资总额 = 公积金月缴额 ÷（单位缴存比例 + 个人缴存比例）

（2）按照房屋价格计算的贷款额度。

贷款额度 = 房屋价格 × 贷款成数

首套住房贷款额度不高于所购住房价款的 70%；职工家庭贷款购买第二套住房的，应支付不低于所购住房价款 50% 的首付款，贷款额度不高于所购住房价款的 50%；职工家庭贷款购买第三套及以上住房的，暂停发放个人住房公积金贷款。

（3）按照住房公积金账户余额计算的贷款额度。职工申请住房公积金贷款的，贷款额度不得高于职工申请贷款时住房公积金账户余额（同时使用配偶住房公积金申请公积金贷款的，为职工及配偶住房公积金账户余额之和）的 10 倍，住房公积金账户余额不足 2 万元的按 2 万元计算。

（4）按照贷款最高限额计算的贷款额度。使用本人住房公积金申请住房公积金贷款的，贷款最高限额为 40 万元；同时使用配偶住房公积金申请住房公积金贷款的，贷款最高限额为 60 万元。

（二）个人住房商业性贷款

个人住房商业性贷款，是指银行以信贷资金向购房者发放的贷款，也叫住房按揭贷款，俗称"按揭"，具体指具有完全行为能力的自然人，购买本市城镇自住住房时，以其购买的产权住房为抵押，作为偿还贷款的保证而向银行申请的住房商业性贷款。目前在我国，绝大多数商业银行在为客户办理住房抵押贷款时要求贷款人必须购买商业保险。

个人住房商业贷款要求借款人必须有稳定的经济收入，有合法有效的购房合同或协议，自筹 20% 以上的房款，且能向银行提供有效的抵押、质押或保证担保。贷款额度由银行根据申请人的资信程度和还款能力确定，一般最高不超过 100 万元，同时不超过所购住房售价的 80%，贷款期限一般不超过 20 年。此类贷款适合有稳定收入的企事业单位员工、大中专毕业生等。

（三）住房组合贷款

住房组合贷款，是指银行以公积金存款和信贷资金为来源，向同一借款人发放的用于购买自用普通住房的贷款，是个人住房委托贷款和银行商业性贷款的组合。个人住房组合贷款可以由一家银行的房地产部门统一办理，公积金部分和商业性部分分别按各自的利率计算利息。凡符合个人住房商业性贷款条件的借款人同时缴存住房公积金，在申请个人住房商业性贷款的同时还可向银行申请个人住房公积金贷款，即借款人以所购本市城镇自住住房作为抵押物可同时向银行申请个人住房公积金贷款和个人住房商业性贷款（即个人住房组合贷款）。

四、个人住房贷款的还款方式

（1）等额本金还款法，即把全部的贷款本金平均分摊到贷款期内的每一期归还，而每一期的利息则是根据当期的贷款余额计算，所以每一期归还的贷款本金是固定的，而利息却不一样，是随着贷款本金的逐步降低而减少的，总的还款金额也是逐渐减少。其计算公式为：

每月还款金额＝贷款本金/贷款期数（按月算）＋（贷款本金－累计已归还本金）×月利率

如果 20 年贷款利率以 8% 计算，借款 24 万元，20 年要还 240 期，每期还本金 1000 元。第一期应还 24 万 × 8%/12 ＋ 1000 ＝ 2600 元，第二期应还 23.9 万 × 8%/12 ＋ 1000 ＝ 2590 元，逐期递减，至最后一期 1000 × 8%/12 ＋ 1000 ＝ 1006.7 元。

利息总数＝ 24 万 × 8%/12 ＋ 23.9 万 × 8%/12 ＋ … ＋ 1000 × 8%/12 ＝ 19.28 万元

等额本金贷款采用的是简单利率方式计算利息。在每期还款的结算时刻，它只对剩余的本金（贷款余额）计息，也就是说未支付的贷款利息不与未支付的贷款余额一起作利息计算，而只有本金才作利息计算。因此，这种方法每月还款额是递减的，每月还款额中本金保持相同，利息逐月递减。

等额本金还款法的优点是总的利息较本息还款法少，本金归还得快，每月还款额递减，适合当前收入较高者，或预计不久的将来收入大幅增长，准备提前还款的人；缺点是前期还款额度高，压力大。

（2）等额本息还款法，即根据贷款金额、贷款期限以及还款次数计算出一个固定值，每月的还款额中包括了本金和利息，随着贷款本金的逐步归还，贷款利息逐步减少，而每期还款额中归还贷款本金的金额则逐渐增加。其计算公式为：

每月还款金额 ＝ $\dfrac{p \times r \times (1+r)^n}{(1+r)^n - 1}$（p ＝ 贷款本金，r ＝ 月利率）

如果为本息平均摊还，同样 24 万元，利率 8%，期限为 20 年，运用年金现值法的公式可以计算出每月要还 2007.5 元，第一期的 2007.5 元中有 1600 元是利息，只有 407.5 元是本金，第二期中 2007.5 元有 1597.3 元是利息，410.2 元是本金，每月偿还总额固定，但是越往后本金偿还的部分越多，利息偿还的部分越少。采取本金平均摊还者第一期摊还额 2600 元远比本息平均摊还额 2007.5 元多。

案例 7-4：借款 10 万元，期限 12 个月，月利率 5.7‰，每月的还款额 ＝ 8645.30 元（采用年金函数计算）

按照规定，第 1 个月还款情况为：利息 ＝ 10 万元 × 5.7‰ ＝ 570 元，本金 ＝ 8645.30 － 570 ＝ 8075.30 元，合计 8645.30 元。第 2 个月还款情况为：利息 ＝（10 万元 － 8075.30）× 5.7‰ ＝ 523.97 元，本金 ＝ 8645.30 － 523.97 ＝ 8121.33 元，还款本息合计 ＝ 8645.30 元。以下月份以此类推。

在每期还款的结算时刻，剩余本金所产生的利息要和剩余的本金（贷款余额）一起被计息，也就是说未付的利息也要计息，也就是采用"利滚利"的方式计息。在央行基准贷款利率不变的前提下，每月按相同金额还贷款本息，月还款额中利息逐月递减，本金逐月递增。在国外，它是公认的适合放贷人利益的贷款方式。

等额本息还款法的优点是每月支付的款额固定，还款压力均衡，适合有一定积蓄，收入持平，又不打算提前还款的人；缺点是需要多付些利息，而且提前还款并不能减少你要还款额的数量，因为这种方法在开始还款时所还款项中，利息占大部分，这样过一段时间如果你想提前还款，有可能你要还的钱比你贷款的钱少不了多少，因为之前你的钱还利息还的多而本金却没还多少。

（3）等额递增还款法，即把还款期限划分为若干时间段，每个时间段内月还款额相等，下一个时间段的还款额按一个固定金额递增。该方法适合于目前收入一般，还款能力较弱，但未来收入预期会逐渐增加的人群。

（4）等额递减还款法，即把还款期限划分为若干时间段，每个时间段内月还款额相等，下一个时间段的还款额按一个固定金额递减。该方法适合于目前还款能力较强，但预期收入减少或者目前经济很宽裕的人，如中年人或者未婚的白领。

（5）等比递增还款法，即在贷款期的后一时间段内每期还款额相对前一时间段内每期还款额呈一定比例递增，同一时间段内，每期还款额相等的还款方式。

该方法适合于前期还款压力较小，工作期限短，收入呈上升趋势的年轻人。

（6）等比递减还款法，即在贷款期的后一时间段内每期还款额相对前一时间段内每期还款额呈一定比例递减，同一时间段内，每期还款额相等的还款方式。该方法适合于收入较高，还款初期希望归还较大款项来减少利息支出的借款人。

五、提前还贷与延长贷款期限

（一）提前还贷

提前还贷，是指借款人具有一定清偿能力时，主动向贷款银行提出部分或者全部提前偿还贷款的行为，可以看成是借款人贷款后隐含的期权。其包含以下几种情况：

（1）全部提前还款，即客户将剩余的全部贷款一次性还清（不用还利息，但已付的利息不退）；

（2）部分提前还款，剩余的贷款保持每月还款额不变，将还款期限缩短（节省利息较多）；

（3）部分提前还款，剩余的贷款每月还款额减少，保持还款期限不变（减少月供负担，但节省程度低于第二种）；

（4）部分提前还款，剩余的贷款每月还款额减少，同时还款期限缩短（节省利息较多）。

如果是组合贷款，先还商业贷款会优惠很多，因为公积金贷款含有政策性补贴的成分；如果全是商业贷款，由于已支付的利息是不退还的，因此应综合考虑已还本息之和与提前还贷时须一次性偿还本金加总后的金额，再来选择等额本息还款法和等额本金还款法。

（二）延长贷款期限

借款人出现财务紧张或由于其他原因不能按时如数还贷时，可以向银行申请延长贷款。贷款利率调整：贷款期限在1年以内（含1年）的，遇法定利率调整，不调整贷款利率，继续执行新利率；贷款期限在1年以上的，遇法定利率调整，于下年1月1日开始，按相应利率档次执行新的利率。

第四节　房地产投资

房地产投资可以分为房地产实物投资和房地产金融投资两大类。

一、房地产实物投资

房地产实物投资是投资者为了出租给最终使用者以获取较为稳定的经常性收入，或者取得高额的转让差价，而购入房地产或进行房地产开发的投资行为。

（一）投资品种

各类房地产均可以作为房地产实物投资的对象，涉及住宅、写字楼、商业店铺等各个品种。

（1）写字楼。写字楼是专业商业办公用楼的别称，其作用是集中进行信息的收集、决策的制定、文书工作的处理和其他形式的经济活动管理。购买写字楼部分或全部的股权，以获取较为稳定的经常性收入，是欧美房地产市场最为典型的房地产投资方式。欧美资金在进入我国房地产投资领域时，一般也倾向于投资写字楼或类似的服务式公寓等能够保持稳定、长期的现金流量的物业形式。

（2）商铺。商铺是经营者为顾客提供商品交易、服务、感受体验的场所，逐渐成为房地产投资的一个新热点。为了保证商铺的有效回报，开发商甚至还对商铺的功能进行了逐一的初步设定，比如餐饮、药店、美容美发、鲜花店等，通过这样的方法既让日后各个商铺的竞争不致太过激烈，形成服务的独占地位，又可以保持各商铺的合理利润，让商铺的投资者可以长期经营并获利。

（3）产权式酒店（度假公寓）。产权式酒店一般位于风景区、旅游观光度假区内，投资者投资产权式酒店后，由开发商聘请酒店管理公司统一经营和管理，投资者可以得到固定比例的投资回报和一定期限的免费入住权。这种投资方式具有一次性投资、收益稳定、风险小的独特特点。

（4）小户型公寓。小户型公寓由于所需投资资金总额较少，且转让流通较为迅速，因此为大多数置业投资者所看好，尤其是精装修的单身公寓、酒店式服务公寓、SOHU、SOLO 等新型小户型单身公寓都具有较高的投资价值。

（5）车库。

（二）投资价值评估

作为理性的投资者，有必要在正式投入资金前，采用一定的估价手段，对拟投资的物业进行价值评估，通过评估价值和市场价格的比较，测算投资的经济可行性。评估方法有很多，如收益还原法、市场比较法、成本估价法等，其他方法都是这三大方法的派生。

1. 收益还原法

收益还原法是指在估算土地在未来每年预期纯收益的基础上，以一定的还原率，将评估对象在未来每年的纯收益折算为评估时日收益总和的一种方法，只适用于有收益或潜在收益的土地和建筑物，或房地产的估价，对于没有收益的不动产的估价则大多不适用。

收益还原法是具有理论依据且应用面很广的一种估价方法，但它也有一个缺点，就是稳定纯收益和适当还原率的求取比较困难。以收益还原法评估土地价格按以下公式：

$$V = (a/r)[1 - 1/(1+r)^n]$$

其中，V＝土地收益价格，a＝土地纯收益（或地租），r＝土地还原利率，n＝未来土地使用年期。

2. 市场比较法

市场比较法，是指与估价时近期有过交易的类似房地产进行比较，对这些类似房地产的已知价格做适当的修正，以此估算估价对象的客观合理价格或价值的方法。市场比较法是房地产估价最重要、最常用的方法之一，也是一种技术上成熟、最贴切实际的估价方法。选用市场比较法，必需的前提条件是：

（1）需要一个充分发育、活跃的房地产市场。在房地产市场上，房地产交易越频繁，与估价对象相类似房地产的价格越容易获得。

（2）参照物及估价对象可比较的指标、技术参数等是可以收集到的。运用市场比较法估算估价对象的价格或价值，重要的是能够找到与估价对象相同或相似的参照物。与估价对象完全相同的参照物是不可能找到的，这就要求对类似房地产参照物进行修正调整，其修正调整的指标、参数等资料的获取和准确性，是决定市场比较法运用与否的关键。

其计算公式为：

评估价值 = 交易实例房地产价格 × 交易实例情况修正系数/100 × 交易实例日期修正系数/100 × 交易实例个别修正系数/100 × 交易实例区域修正系数/100

3. 成本估价法

成本估价法，又称成本逼近法，是指在求取估价对象的价格时，以开发或建造物业所需耗费的各项必须费用之和为基础，再加上正常利润、利息和应缴税的税金并扣减折旧来确定物业的价格，一般适用于市场狭小、类似交易实例很少、无法用收益还原法及市场收益法进行估价的物业价值的估算，如学校、医院等公共建筑和公益设施等。

其计算公式为：

新建物业价值 = 取得土地费用 + 建造建筑物费用 + 正常利税

旧有物业价值 = 土地取得费用 + 旧有物业重新建造完全价值 − 建筑物折旧

二、房地产金融投资

房地产价值的昂贵使得实物投资需要的资金数额巨大，而且房地产的经营运作及相关业务又有很强的专业性，要求具备相当的专业知识和经验，这一切构成普通中小投资者难以克服的障碍。房地产金融投资则为中小投资者进行房地产投资开辟了一条较为畅通的渠道。

（一）房地产股票

随着房地产公司上市数量的不断增加以及越来越多的上市公司参与房地产领域的开发和经营，中小投资者通过购买房地产股票参与房地产投资的机会不断增加，选择股票的范围也日益扩大。

（二）房地产债券

房地产债券主要是以公司项目债券和住房抵押贷款债券的形式出现。对于大型的房地产开发项目，开发商往往以该项目未来的销售收入作为保障，发行一定利率的项目债券，项目完成获取收益后，偿还债券本息。由于房地产项目债券期限合理，利率远高于同等期限的一般债券，而且有开发项目的实物作为偿付保障，因此深受广大投资者的喜爱。

（三）房地产投资信托

房地产投资信托（REIT），一般以股份公司或托拉斯的形式出现，通过发行收益凭证或基金股份募集社会投资者的资金，并委托或聘请专业性机构和人员实施具体的经营管理。

房地产信托投资的具体投资运作和管理一般委托专业性机构来实施，通常由投资银行来担任，并实行多样化投资策略，选择不同地区和不同类型的房地产项目及业务，通过集中专业管理和多元组合投资，有效降低投资风险，取得较高投资回报。中小投资者通过房地产投资信托在承担有限责任的同时，可以间接获得大规模房地产投资的利益。因此，房地产投资信托为普通投资者进行房地产投资提供了一条较好的途径。

（四）住房抵押贷款证券化

住房抵押贷款证券化，是指银行等金融机构在信贷机构缺乏流动性的情况下，将其持有的住房抵押贷款债权进行结构性重组，重新组成新的抵押品组合，经政府或私人机构担保和信用增级后，在资本市场上发行和销售由这些新抵押品担保的证券的过程。证券化过程中发行的抵押债券形式灵活，可以是股票、债券，也可以是收益凭证，但目前主要是以债券的形式出现。住房抵押债券使用的证券金融工具有三种：

（1）过手证券。该证券由投资者对住房抵押贷款及其还款流量拥有直接的所有权，不出现在发行人的资产负债表上，抵押贷款的管理人按月收取借款人偿还的本金和利息，将其"过手"给投资者。

（2）抵押债券。该债券以住宅抵押贷款作为抵押担保，由抵押放款机构发行，属于发行人的负债。抵押贷款和抵押债券分别保留在发行人的资产负债表上，相应的抵押贷款所产生的现金流量，不一定用于支付抵押债券本息。发行人可以用其他来源的资金偿还抵押债券本息。

（3）转付债券。该债券兼有过手证券和抵押债券的特点，是两者的结合。转付债券是发行人的负债，这与抵押债券相同；发行人用于偿还转付债券的资金来源于相应的抵押贷款所产的现金流量，这又与过手证券相同，发行转付债券，抵押贷款的所有权并不转移给投资者。若按过手证券运作，则在目前银行贷款资产质量普遍不高的情况下，银行将优质资产转让，无疑让利给投资者。按抵押债券运作、转付债券运作会提高银行的资金成本，也会减少银行利益。

课外阅读1　倒按揭

倒按揭，也称"反向住房抵押贷款"，是指房屋产权拥有者，把自有产权的房子抵押给银行、保险公司等金融机构，后者在综合评估借款人年龄、生命期望值、房产现在价值以及预计房主去世时房产的价值等因素后，每月给房主一笔固定的钱。房主继续获得居住权，一直延续到房主去世。当房主去世后，其房产出售，所得用来偿还贷款本息，其升值部分归抵押权人所有。倒按揭出现在20世纪80年代中期，最早是由美国新泽西州劳瑞山的一家银行创立的。目前在发达国家已有20年的历史了。

目前，美国的倒按揭贷款放贷对象主要是62岁以上的老年人，一般是老人把属于自己的房子抵押给银行，银行估价之后，每月或者整笔地付给抵押人钱款；最后，房子归银行所有，或者再由子女买回。这种贷款方式最大的特点是分期放贷，一次偿还，贷款本金随着分期放贷而上升，负债也相应增加，自有资产则逐步减少。由于这种贷款方式与传统的按揭贷款相反，故被称为"倒按揭"。

北京市民政局网站2011年10月下旬发布的"北京市'十二五'时期老龄事业发展规划"，也提出"鼓励商业保险企业、商业银行或住房公积金管理部门建立公益性中介机构，开展'以房养老'（住房反向抵押贷款）试点业务"。

对于实行反按揭的作用，郝演苏跟记者举了个例子："以现有的'计划生育'的基本国策和晚婚晚育的趋势，假设以后一对30岁的年轻夫妻，他们要赡养的人口，最多可能包括父母和祖父母两代共6对夫妻。一个家庭需要承担的责任巨大！如果能真正实行'以房养老'，就能减轻年轻一代的负担。"

郝演苏进一步解释，过去的单位分房，质量可能并不好，年轻人可能也不会住。这时候祖父母的房子就可以首先用来养老，父母的房子也可以跟着做倒按揭。这对于面临长寿风险的中国社会，是一个很好的解决养老问题的办法。

事实上，中国面临的人口老龄化压力，可以从国家统计数据中得到证明。根据第六次全国人口普查数据，全国60岁及以上老年人口17765万人，占总人口的13.26%，其中65岁及以上人口11883万人，占总人口的8.9%。

郝演苏认为，社保、企业年金、养老保险等和"以房养老"应该互相结合，养老的资金来源应该是多元的。

课外资料2 二手房交易税费

（1）契税：符合住宅小区建筑容积率在1.0（含）以上、单套建筑面积在140（含）平方米以下（在120平方米基础上上浮16.7%）、实际成交价低于同级别土地上住房平均交易价格1.2倍以下三个条件的，视为普通住宅，征收房屋成交价的1.5%的契税；反之则按3%。

（2）印花税：买卖双方各缴纳房价款的0.05%。

（3）营业税：普通住宅购买时间在两年内的缴纳的营业税为（转让收入－房产原值－合理费用）×5.5%，两年后不征收营业税；高档住宅未满两年转让的按转让收入×5.5%征收营业税，购买超过两年（含两年）转让按（转让收入－上手发票价）×5.5%征收。

（4）城建税：营业税的7%；教育费附加税：营业税的3%。

（5）个人所得税：住宅两年之内出售的个人所得税＝［售房收入－购房总额－（营业税＋城建税＋教育费附加税＋印花税）］×20%；两年以上（含）五年以下的普通住宅的个人所得税＝（售房收入－购房总额－印花税）×20%。如不能提供上手购房发票，按核定征收转让收入×5%×20%。

（6）土地增值税。对于非普通住房，还要征收土地增值税。能够提供上手购房发票的，按［转让收入－上手发票价（每年加计5%）－有关税金］×适用税率计算；不能提供上手购房发票的，按（转让收入－转让收入×90%）×30%计算。

（7）评估费：0.3%（15万元×0.3%＝450元）；交易手续费：6元/平方米（这要看你的面积）。

提示：个人买卖住房时应持经房地产管理部门审核后的《房屋买卖合同》到房屋所在区域的地税局交纳各税。纳税时，住房买卖双方必须提供购房合同、发票、购房人户籍证明等。

贷款涉及的费用有保险费（贷款额×贷款年限×0.06%）、担保费、律师费、公证费、评估费（期房就不需要交了）、抵押登记费等，使用公积金贷款可以不交其中的律师费，商业贷款可以不交评估费。

课外阅读3　提前还贷反而多付利息

2014年，江小姐用房产抵押向银行借了一笔50万元的一年期个人消费贷款，利率为7.254%（在一年期基准利率5.58%的基础上上浮了30%），贷款于2015年4月29日到期。为了节约利息支出，她于2015年4月28日提前归还了50万元的贷款。

还款后，江小姐回家仔细一算，发现有问题，似乎银行多收了利息。就算到期还款，利息也才36270元，可提前一天还款少占用银行资金一天，却还要多支付利息？后来江小姐电话询问银行，才知道自己提前还贷还吃了亏。

原来银行有规定：一年期的贷款，实行"一次性还清贷款本息"的还贷做法，贷款到期还款，利息按"贷款本金×年利率"计算；贷款提前还款，按"贷款本金×贷款日利率×贷款实际天数"计算利息。银行对于日利率的计算公式为年利率÷360天。

根据银行的规定，江小姐若4月29日贷款到期时归还贷款，则银行就按到期还款计算利息，计算公式如下：

贷款本金500000元×年利率7.254%×1年＝36270元

而江小姐4月28日还款，银行则按实际贷款天数364天计算利息，计算公式如下：

贷款本金500000元×（年利率7.254%÷360）×实际贷款天数364×1年＝36673元

其中，日利率＝年利率7.254%÷360。

如此一计算，江小姐提前还款显然还要多支付利息403元（36673元－36270元），真是吃大亏了。

江小姐的吃亏经历给我们一个教训：对于一年期的贷款，提前还贷并不一定就节约利息支出。提前还贷能不能节约利息支出，还得看是提前几天。因为银行的年利率是按360天计算的，而一年却有365天，这之间差了5天的时间，借款的实际天数360天，就是提前还贷与到期还贷利息支出相同的平衡点。因此，你若提前还贷，使贷款的实际天数少了360天，你就能节约利息支出；相反地，若提前还贷，使贷款的实际天数大于360天，你就会很冤枉地多支付利息了。

因此，看似很简单的贷款归还问题，其实隐藏着很大的学问，小觑不得，也想当然不得。弄清还贷的"真谛"，会让你节约一大笔开支，使你的银行借款成本最低化。

课后习题

一、单项选择题

1. 房地产价格的基本要素不包括（　　）。

A. 土地价格或使用费　　　　　　　B. 房屋建筑成本

C. 税金和利润　　　　　　　　　　D. 房屋广告与宣传费用

2. 房地产的投资方式不包括（　　）。

A. 房地产购买　　　　　　　　　　B. 房地产租赁

C. 房地产信托　　　　　　　　　　D. 申请房地产抵押贷款

3. 租房的优点不包括（　　）。

A. 灵活性　　　　　　　　　　　　B. 保值增值性

C. 对房屋的责任小　　　　　　　　D. 更低的初始费用

4. 等额本金还款法更加适合哪类人群？（　　）

A. 现在收入较低的人　　　　　　　B. 不想提前还款的人

C. 想提前还款的人　　　　　　　　D. 预计未来收入提高较快的人

5. 房地产金融投资的主要投资品种有（　　）。

A. 房地产股票　　　　　　　　　　B. 商铺

C. 写字楼　　　　　　　　　　　　D. 车库

二、多项选择题

1. 适宜租房的人群包括（　　）。

A. 刚刚踏入社会的年轻人　　　　　B. 工作地点与生活范围不固定者

C. 储蓄不多的家庭　　　　　　　　D. 不急需买房且辨不清房价走势者

2. 个人住房公积金贷款的特点包括（　　）。

A. 贷款期限短

B. 住房公积金贷款利率比商业银行住房贷款利率低

C. 对贷款人年龄的限制不如商业银行个人住房贷款那么严格，但是有年龄上的限制

D. 要求贷款人是当地公积金系统公积金缴存人

3. 个人住房贷款的还款方式包括（　　　）。

A. 分期还款法   B. 等差还款法

C. 等额本金还款法   D. 等额本息还款法

4. 等额本息还款法的缺点是（　　　）。

A. 需要多付利息   B. 适合提前还款

C. 提前还款并不能减少还款额的数量   D. 前期还款额度高，压力大

5. 房地产投资价值的评估方法有（　　　）。

A. 收益还原法   B. 成本估价法

C. 市场比较法   D. 专家评价法

三、辨析题

1. 商品房是由政府扶持的具有经济性和适用性特点的社会保障商品住房。

2. 购房者的使用成本主要是房租与房屋贷款利息。

3. 客户可申请个人住房公积金贷款最高额度以按照房屋价格计算的贷款额度为准。

4. 房地产一级市场，是国家作为土地所有者根据国家整体利益，将土地使用权投放流通领域的市场。

5. 个人住房商业贷款要求借款人必须有稳定的经济收入，有合法有效的购房合同或协议，自筹20%以上的房款，且能向银行提供有效的抵押、质押或保证担保。

四、计算题

某客户想买一套房屋，对方要求首付款比例为40%，房屋总价为150万元，贷款期限20年，请回答下列问题（年利率12%，计算结果都保留为整数，单位为元）：

1. 如果采用等额本息还款法，每月还款多少？利息总额是多少？

2. 如果采用等额本金还款法，每月还款多少（列出通用计算式)？利息总额是多少？

（F/P，1%，240）＝10.89（F/P，12%，20）＝9.65

第八章　退休养老理财

退休之后，没有了工资收入，仅依靠养老金是难以过上有尊严的养老生活的，因此需要在退休之前就要好好筹划，预留一些资金进行储蓄，待到退休之后使用。本章主要介绍了养老规划的内容、原则、步骤以及如何制定退休养老规划。

学习目标：

（1）了解养老规划的内容、原则、步骤。

（2）掌握退休之后养老费用的预测。

（3）掌握养老资金缺口的弥补方法和途径。

第一节　养老规划概述

人的一生绝大多数的现金流入取决于他所从事的职业，不同的职业，决定了人们不同的财富地位。作为理财规划师，不仅要帮助客户管理财富，还要帮助他们找到合适的并且能最大限度地增加财富的职业渠道。

职业规划是涉及人一生的过程，包括职业定位、寻找工作、职业成长、更换工作和最终的退休，目的是帮助人们找到最佳的职业发展方向，在精神上和物质上获得最大的满足。为客户提供有关养老建议，都是建立在对未来职业和现金流的预期上。客户在职业发展上的任何变动，都会直接影响规划书的准确性。帮助客户在职业上实现更好的发展，从而形成财务上的优势，是理财规划师的工作内容之一。

为了保证退休养老规划的准确性和有效性，应结合客户的职业规划分析客户的退休养老需求。

一、养老规划的主要内容与步骤

理财师为客户进行退休专项规划的核心包括两大块：一是计算要达到其期望中的退休生活所需的退休费用；二是设计能达到退休所需的组合投资计划。

理财师计算退休所需费用，一般分以下九步来做：第一步，计算目前的生活开支；第二步，计算按目前物价水平预期退休时所需生活开支；第三步，计算退休之初保持同样生活水准的开支；第四步，计算退休后的总计生活开支费用；第五步，计算社会保障和单位职业退休计划所能承担的部分开支；第六步，计算自买商业养老保险所能承担的部分开支；第七步，计算现有投资资产的累积终值；第八步，计算养老费用缺口，即需靠退休储备来解决的部分；第九步，设计符合客户投资偏好的投资组合及定期定额投资计划，通过投资帮助客户积蓄退休所需的储备基金。

二、建立退休养老规划的原则

1. 及早安排原则

要使退休后的生活过得丰富有意义，就要未雨绸缪，提早规划和安排，就像一个人爬山，越早越好。

2. 弹性化原则

退休养老规划的制定，应当具有弹性或缓冲性，应当视个人的身心需求及实践能力、环境的变化而定，若发现拟定的目标高远，就要适当调整一下。

3. 退休基金使用的收益化原则

比较传统的方法是储蓄，但一定要注意收益性，投资者总是在稳健性和收益性之间寻求一个折中方案，在保持稳健性的前提下，寻求收益的最大化。

4. 谨慎性原则

应当多估计支出，少估计收入，使退休后的生活有更多的财务资源。

三、养老保障体系的五重结构

每个人老来的最大愿望，就是活得有尊严、活得有自由、活得有质量。但是，目前中国老年人70%依赖子女养老，只有20%能独立生活，10%能自由生活。而传统的养儿防老做法并不可靠，因为要想养儿防老须同时具备三个条件：一是子女事业有成，有足够的经济能力赡养老人；二是子女道德素质较高，有孝心愿意赡养父母；三是子女的配偶能接纳父母并与公婆和谐相处。现实中，能同时满足以上三个条件的家庭并不多。因此，许多老人虽然能与子女共同生活，但是活得没有尊严、自由与质量，许多父母的老年生活不过是子女和孙子女的高级保姆，只管吃住，毫无生活品质可言。而现在的中国中年人一代是典型的夹心一代，既要养上一代，又要养下一代，还得为自己的退休做准备。

长期以来，国人的退休养老主要靠儿女，再不就是靠单位退休金，或者靠自己的长年积蓄。现在国家开始普遍实行社会强制保险，为参保人提供一定程度的社会养老保障，再加上一些公司自行实施的企业年金制度，以及保险公司推出的商业养老保险，使个人建立退休养老保障的渠道和形式趋于多元化。因此，退休后的收入主要有五重防线：一是国家的社会保险制度，二是企业年金收入，三是商业性养老保险收入，四是个人储备的退休养老基金，五是房产变现收入以及子女赡养费的给付。

四、养老规划常犯的错误

（1）起步太晚——最少要提早 20 年准备养老费用才比较轻松；

（2）存得太少——至少应将年收入的 10%~20% 拨入退休投资基金；

（3）投资回报太低——至少要实现年均回报 6%；

（4）被干扰太多——往往为了子女教育或大额开支而推迟退休储备或削减退休储备；

（5）风险太高——退休投资绝对不能亏损，投资回报率至少要能应对通货膨胀。

第二节　制定退休养老方案

一、从退休后的支出角度预测资金需求

第一步，确定退休目标。这指的是人们所追求的退休之后的一种生活状态，可以分解为两个因素：

（1）退休年龄。退休年龄决定了客户的剩余工作时间，从而为结合退休目标进而确定储蓄率奠定了基础。国家法定的退休年龄为男 60 岁，女 50 岁，女干部 55 岁。随着我国社会的老龄化，总体上存在着推迟退休年龄的趋势。经济的景

气状况以及自身的精神和身体状况也会对客户的退休年龄产生影响。

（2）退休后的生活质量要求。其包含以下几个方面：①要特别警惕客户为了短期利益而损害退休生活的行为，而且退休年龄和退休后的生活质量之间是密切联系的；②退休后还可以活多久不是个人所能控制的，退休后的预期余寿并不是简单地用平均死亡年龄减去退休年龄，每个人可以根据自己的健康状况或家庭是否长寿的遗传因素估计自己的终老年龄；③退休后面临的主要风险不是死得太早，而是活得太久以至于生活费用不够用，因此，越保守的人应该假设自己活得越长，甚至假设自己可以活到90岁，以此来预测退休总需求；④选择不同的生活状态必然对应着不同的资金需求。

第二步，预测资金需求。简单方法是以当前的支出水平和结构为依据，将通货膨胀率等因素考虑进来之后分析退休后的支出水平和结构，按差额调整后，大体得到退休后的资金需求。应该有家庭记录收支的习惯，根据目前支出细目来调整确定退休后的支出预算。调整时应遵循下列原则：①按照目前家庭人口数和退休后人口数的差异调整；②去除退休前可支付完毕的负债；③减去因工作而必须额外支出的费用；④加上退休后根据规划而增加的休闲费用及因年老而增加的医疗费用。调整完后的费用就是根据目前的价格水平所计算出来的退休时要花费的费用，然后再参考过去年度的物价变化，设定通货膨胀率，最后就可测算出退休后第一年的费用。

不考虑这笔钱的投资收益率和每年的通胀率，或假设二者相互抵消，则退休时需准备的养老金应该等于第一年的生活费用乘以退休后的余寿。

案例 8-1： 假设李先生从事特殊行业，国家规定可在 55 岁退休，妻子为银行职员，55 岁退休，两人同岁，距离退休还有 20 年，为了对退休后的生活费用进行估算，根据预测后的支出按照价格水平进行调整，如表 8-1 所示。

表 8-1　退休后的生活费用估算

项目	目前支出（万元）	退休调整（万元）	通胀率（%）	退休时终值（元）
饮食	1	1		
衣物	0.5	0.3		
交通	0.5	0.3	3	72244
休闲	0.5	0.7		
医疗	0.5	0.7		
保费、房贷	2	0		

续表

项目	目前支出（万元）	退休调整（万元）	通胀率（%）	退休时终值（元）
子女教育	1	0		
其他	1	1	3	72244
合计	7	4		

假设通胀率为 3%，则调整后的 4 万元支出水平的购买力在退休后第一年与 72244 元的购买力等价。假设李先生夫妇退休后的余寿为 25 年，则退休后所需退休基金计算如下：假设投资收益率和通胀率相等，则总额为 72244 × 25 = 1806100 元。

二、预测退休收入

客户在向理财规划师求助前已经有了一个初步的退休养老规划，理财规划师应对当前的方案进行全面的评估，并且根据具体的资产分配状况和预期的未来经济环境，对客户的退休收入进行大体的预测。

在预测退休后收入的时候，不仅需要将退休收入在不同时点的额度预测出来，还需要将退休后的收入额度折现至退休后的时刻，折现率是退休基金的投资收益率。

案例 8-2：张某夫妇打算 20 年后退休，根据自身的健康情况，退休后能活 25 年，每年大概能得到 40000 元的退休金，假如将这笔资金折现至刚刚退休的时刻，张某夫妇能够得到多少退休金的现值？

三、制定详细的退休养老规划

通常客户的资金需求（折现值）和客户退休收入（折现值）的预测之间会有差距，表现为退休收入达不到退休后的需求，这个差额就是养老退休基金的缺口（大缺口）。

由于客户往往目前已经积累了一部分退休养老基金，也在不断升值，将已经积累的养老基金求终值到退休的时刻，然后用大缺口值减去已经积累的养老基金退休时刻的终值，就得到退休养老基金的小缺口，这个就是客户应当从现在开始积累退休养老基金所要达到的目标。客户可以采用定期定投的方式或其他方式达到目标。

再进一步而言，应当建议客户以一定的方式保存退休养老基金，主要形式有银行存款、债券和基金，也可以在股票市场行情好的时候购置少量的股票。

案例 8-3：王先生夫妇今年刚过 35 岁，打算 55 岁退休，估计退休后第一年的生活费用为 9 万元，考虑通货膨胀，每年的费用以 3% 的速度增长，根据自身的健康情况，退休后能活到 80 岁，并且现在拿出 10 万元作为退休基金的启动资金，每年年末投资一笔固定的资金进行积累，假定年回报率为 6%，退休后的回报率为 3%，如果采取定期定投的方式，每年年末应该投资多少钱？

退休养老基金 = 25 × 9 = 225 万元

10 万元的退休基金到 55 岁退休时的终值 = 320714 元

缺口为 1929286 元，如果采取定期定投的方式，每年年末投资 52447 元。

第三节　方案的调整

随着客户的退休目标、资金需求和预期收入的变化，养老规划也要不断进行调整。一般可以利用提高储蓄比例、延长工作期限并推迟退休、进行具有更高收益率的投资、减少退休后的消费支出和参加额外的商业保险计划来实现对方案的调整。

一、方案调整案例分析

案例 8-4：在案例 3 中，王先生夫妇每年年末要投资 52447 元，但感觉压力比较大。根据当前情况，二人没有收入更高的工作机会，也不想降低退休前后的生活水平，而且提高收益的可能性也不大。因此，理财规划师建议二人推迟退休、延长工作时间。

假定推迟五年退休，则退休后第一年生活费用为 104335 元，总费用为 104335 × 20 = 2086700 元，35 岁初投资的 10 万元到 60 岁的终值为 429187 元，缺口为 1657513 元，如果采取定期定投的方式，则每年年末应投资 30211 元。

案例 8-5：老李今年刚过 40 岁，打算 60 岁退休，考虑通货膨胀，估计退休后每年生活费用为 10 万元，根据自身的健康情况，退休后能活到 85 岁，并且现在拿出 10 万元作为退休基金的启动资金，每年年末投资一笔固定的资金进行积累，假定年回报率为 9%，退休后的回报率为 6%，如果采取定期定投的方式，每年年末应该投资多少钱？

60 岁退休时退休基金规模 = 1355036 元

10 万元启动资金到退休时终值 = 560411 元

缺口为 794595 元，每年年末定投 15532 元。

如果启动资金 10 万元有其他用途，则每年年末定投 26486 元。

二、社区养老与社区养老服务

社区养老是以家庭养老为主、社区机构养老为辅，在为居家老人照料服务方面又以上门服务为主、托老所服务为辅的整合社会各方力量的养老模式。老人住在家庭里，在继续得到家人照顾的同时，由社区承担养老工作或托老服务，向居家老人提供生活照料、医疗保健、精神慰藉、文化娱乐等为主要内容的服务。如社区办老年饭桌、送餐上门、家庭病床、料理家务和"急救铃"等。这些社区养老服务就是通过政府扶持、社会参与、市场运作，逐步建立以家庭养老为核心、社区服务为依托、专业化服务为依靠，向居家老人提供生活照料、医疗保健、精神慰藉、文化娱乐等为主要内容的服务。社区养老服务系统由智能平台软件和老人用通信终端设备组成，智能平台软件具有信息交换和记录功能，通信终端具有呼叫功能。

最流行三大社区养老 O2O 服务模式：

（1）以智能可穿戴设备为基础的智慧养老 O2O 服务平台。通过将可穿戴智能设备的一端连接老年人，另一端连接政府组织社区服务人员、老年人亲属、社会公共组织以及居家养老服务供应商，可为居家老年人提供定位跟踪、紧急呼叫、日常生活照料等服务。智慧养老 O2O 服务平台整合了线下的医疗健康机构、文化娱乐机构、生活服务机构等，为社区居家老年人提供全方位的生活周边配套服务。

（2）以老年消费品为基础的电商 O2O 线上线下服务模式。此类养老 O2O 服务模式更多从老年人生活消费为出发点，是针对老年人对于日常用品的消费粘性，线上销售，线下到店自提的电商 O2O 模式。另外，通过前期已布局的社区门店建立起会员制社区老年人社交服务中心，为社区周边居家老年人提供休闲娱乐、疗养健身等线下互动平台。

（3）以物业转型为核心的个性化地产养老 O2O 服务。随着房地产最后 15 年的黄金时期即将逝去，以万科、保利地产、碧桂园、花样年为代表的房地产商、房产物业公司，都已围绕社区 O2O 开始布局，而养老 O2O 是其中一个重要转型部分。房地产商不仅要建设适合老年人居住的个性化房地产项目，还必须建设具备医疗保健功能的服务设施、养老保险等相关配套产品。社区周边的老年人设施的配置、内部养老专业设备的配置都有很高的要求。以地产为基础的养老文化产业，将会围绕老年人的各种服务业展开，房产商、物业公司长期收益主要来源于运营的地产养老O2O服务项目。

第四节 理财案例

一、案例背景简介

邓先生是一位年届四十的工程师，随着女儿即将进入大学，邓先生觉得该考虑自己的退休生活了。但是，他并不知道自己想过幸福的退休生活需要准备多少钱，现在应如何准备。

邓先生今年40岁，太太35岁，他们有一个14岁女儿刚上高中。邓先生在深圳一家物流企业做技术工程师，年收入8万元，以现在的职位及公司的发展前景看，邓先生觉得在退休前的时间里基本上应该可以保持这个收入水平，不会有什么增长也不会下降。邓太太则在一家私营房地产公司做会计，年收入约5万元。

邓先生夫妇在五年前购买了一套100平方米的住房，购买时每平方米8000元，当时向银行申请了一笔八成20年期贷款。买这套新房时付首期款和装修基本上花光了前些年的全部积蓄。这几年积蓄的约20万元又全部留给了女儿用作将来大学期间的费用。

邓先生觉得现在女儿的大学教育基本上安排妥当了，自己的全部积蓄都留给女儿用作大学的教育开支，除了一套房子外已经没有钱了，而且这套房产两口子还打算离世后作为遗产送给女儿。

最近，邓先生的一些同事纷纷退休，邓先生与太太合计，现在也40岁了，转眼再过十几年就该退休了，现在女儿长大了，自己的主要任务完成了，也该为自己的退休养老生活做打算了，毕竟以后指望女儿养老不太现实：现在的小孩都是独生子女，一般小两口连自己都难养活，在激烈的社会竞争中立足都很艰难，还要培养下一代，哪有能力赡养双方的四位老人呢？因此，邓先生觉得还得靠自己早做准备，将来老两口退休后靠自己的积蓄过一个还算说得过去的晚年。再说了，现在都 40 岁了，奋斗了十几年，攒的钱基本上就用在日常生活、女儿教育和这套房子上了，没有一分钱的积蓄，现在不再打算积累点养老费用，转眼到退休时仍然两手空空，那时候再着急可就没办法了。

因此，邓先生向理财师表达了自己的忧虑，并希望理财师能为他们夫妇设计一套切实可行的退休养老方案。

理财师通过与邓先生夫妇的交流沟通，了解到以下一些情况：

（1）邓先生夫妇两人现在双方各有一位老人，但都没有与他们共同生活，因为夫妻俩都有几位兄弟姐妹，老人住在他们的兄长家里，邓先生夫妇每年只需各寄 3000 元赡养费即可，没有太大的赡养老人负担。

（2）邓先生夫妇将女儿送到大学后基本上是两人世界，家庭的生活开支大大减少，大致是每个月的物业管理费 300 元、水电费 550 元、通信费 500 元（两人各自的手机费及家庭的固定电话费、上网费等合计）、食品费 780 元、交通费 560 元、人情馈赠 300 元、衣物卫生用品 400 元、理发美容化妆保健 200 元、买图书影碟等文化生活开支 200 元、运动保健支出 300 元、日常药品支出 400 元，合计每个月基本生活开支为 4490 元。

（3）邓先生夫妇几年前用全部积蓄为女儿购买了一份教育分红保险，保证女儿在大学和研究生期间每年都能得到约 4 万元的费用用于学杂费、生活费及其他相关开支，因此，邓先生今后无须为女儿的教育生活支出费用。

（4）邓先生目前所在单位在深圳市未出台统一社保规定前，自行为员工缴纳了部分社保金，直到 1999 年底邓先生单位按标准统一缴纳社保时，邓先生的社保养老金账户余额累计约有 12000 元，其后单位按规定缴纳社保，基本工资定在 4400 元，只要邓先生不离职，今后将缴存到邓先生 55 岁退休时为止；而邓太太所在的私营房地产公司从三年前才开始给她购买社保，也是按她月基本工资 3000 元的标准缴付社保。

（5）邓先生希望能于 20 年后共同退休开始养老生活，届时邓先生 60 岁，邓太太 55 岁，由于邓先生与太太的身体状况良好，他们预计可以活到 80 岁。

（6）邓先生夫妇没买过什么商业保险，只是按国家规定缴纳了各种社会保险费。

（7）邓先生与太太希望退休后过与现在相同品质的生活，他们觉得现在的生活算不上太好，也算不上太差，也就是普通市民的一般生活吧。只是邓先生与太太酷爱旅游，这些年太忙一直没有实现自己到全国各地走走看看的理想，所以非常希望退休后的前 10 年每年能有 2 万元费用出去旅游，70 岁以后就不再出去了。

（8）邓先生对钱看得比较淡漠，也不懂什么理财知识，因此投资比较保守，从来没有炒过股票，一般有钱就存银行，只是买过几次国债和人民币结构性产品，没有什么投资经验。

（9）邓先生夫妇都是比较豁达的人，他们对女儿没有太高的要求，只希望女儿以后能有好的工作、好的家庭，能照顾好自己，不再需要老两口操心就好了，也不想给女儿压力，因此邓先生想靠自己的积蓄和社保养老，就不用女儿赡养了。当然，如果将来女儿有能力可以资助一些，邓先生就此可以改善一下生活，至于退休的全部费用则完全立足于自己准备。

（10）邓先生夫妇的身体状况一般，谈不上很好，也谈不上差，好在邓先生还没得过什么大病，在单位每年也体检一次，基本上没什么大毛病，邓先生计划退休后多运动，不能一天到晚像一些老年人那样打麻将，既花钱又对身体不好，得了病还得花大钱，不如平常多锻炼少生病，省却上医院的很多钱。

二、理财规划师的建议

（一）退休规划的阶段划分

在整个退休规划期间，分三个阶段进行财务安排：

1. 退休准备阶段（2005~2020 年）

邓先生从今年 40 岁时开始退休准备，到 2020 年邓先生退休时正好 55 岁，这一阶段共 15 年。

2. 积极型退休阶段（2020~2030 年）

邓先生 55 岁刚退休到 65 岁完全退休，这一阶段有 10 年时间。这个时期有以下几个特点：

（1）邓先生身体状况较好，在医疗方面的开支不会太大；

（2）邓先生仍有一定的劳动能力，可以采用半退休半劳动的方式，退休后从事一定的顾问、技术、服务获得少量的收入，弥补退休费用的不足；

（3）邓先生可以利用这段时间身体状况较好、精力不错、时间充裕，实现自己周游全国的人生梦想，每年去两三个地方，10 年基本上可以走遍全国；

（4）这一阶段邓先生还可以进行有适当风险的基金投资。

3. 被动型养老阶段（2030~2045 年）

这个阶段是邓先生夫妇 65 岁到 80 岁终老的 15 年，这个时期以完全退休、享受平稳安康的晚年生活为主要特点，不会再外出旅游，生活支出大幅降低，但保健医疗支出会大幅增加，其他支出则十分稳定，基本上没有什么收入来源。

（二）退休规划的假设条件

（1）通货膨胀率：假设在未来通胀率年均为3%。

（2）年利率：假设未来一年期储蓄存款年利率税后为1.8%。

（3）社保投资回报率：假设年均1.5%。

（4）货币型开放式基金的年均回报率：假设为3%。

（5）债券型开放式基金的年均回报率：假设为4%。

（6）指数型开放式基金的年均回报率：假设为6%。

（7）股票型开放式基金的年均回报率：假设为8%。

（三）退休储备的投资方式

根据邓先生的退休计划，要想在退休后的25年间过自己想过的生活，就必须用退休前15年的时间储备一笔钱，这笔钱以2020年为限。在计算邓先生退休前15年储备投资计划时，以2020年为终值，在计算退休开支计划时，以2020年为现值，2045年为终值。

假设邓先生退休初期储备了一笔钱用于退休养老，这笔钱以货币型开放式基金的方式存入，而不是以银行定期储蓄的方式，也不是股票债券基金方式存入，这是因为货币型开放式基金相比银行存款而言，有以下几个明显的优点：

（1）收益率高：年均2%~3%，高于一年期银行定期存款税后收益，远高于活期储蓄存款。

（2）取用灵活：只需T+1提前一天通知银行和基金公司，第二天就可以取回钱，非常灵活方便，不会影响紧急用钱调度。

（3）免利息税：货币型基金的分红所得免收所得税。

（4）安全无忧：货币型开放式基金主要投资于国债、金融债等极为安全的债券品种，不会用于投资股票、房地产等高风险品种，而且货币型开放式基金的运作全部由银行监管，不会有挪用的风险，非常安全，不会有本金的损失。

（5）在国外，货币型开放式基金等同于现金，是最适合于老年人退休资金的投资品种之一。

（6）由于货币型开放式基金的收益率基本上与通胀率相当，因此可以对抗通货膨胀，而存银行活期则只会导致资产缩水，无法对抗通货膨胀。

三、邓先生夫妇的社会养老保险计算

(一) 社会养老保险的基本规定

与以往老百姓靠子女赡养和自己积蓄养老不同，随着我国社会保障体系的建立和完善，只要城镇职工有正常工作，并按时足额缴纳社会保险费满15年，当男性年满60岁、女性年满55岁退休时，就可以从社会保障机构领取养老金，成为个人养老费用的重要来源。

根据深圳市和国家关于社会保险的管理办法，计算养老金分以下几个阶段：

第一阶段：在深圳市于1999年制订社保养老金强制性和统一缴纳标准前，职工所在单位自行为职工缴纳的社保养老金，由于之前国家没有统一规定，因此各单位缴纳的金额与标准不一，一般没法计算，只能到社保局查询自己社保养老账户的累积余额，许多单位更是从1999年才开始为员工缴纳社保金。

第二阶段：1999~2005年期间，根据深圳市规定，职工所在单位每月须为员工缴纳员工基本工资的8%作为社保养老金，同时从员工工资中代扣员工基本工资额的5%作为社保养老金，这13%的社保金中，11%计入个人社保账户，其余计入国家社保统筹基金。

第三阶段：2006年1月1日后，根据国家劳动与社会保障部的规定，调高个人缴纳社保金的标准，即单位每个月须按个人基本工资额的8%从员工工资中代扣代缴，而且也只有这8%进入到个人社保账户余额。

职工可以领取社保金的基本条件是：①至少连续缴纳社保费15年；②男性在60岁退休后开始领取，女性在55岁退休后领取。

职工领取社保养老金的标准是：①领取时间的长短是从法定退休年龄开始，直到去世为止，如果退休后不到10年就去世，可以领取个人社保账户余额部分款项；②领取的养老金标准由两部分组成，一部分是个人社保养老金账户余额的1/120，另一部分是领取社保金前一年当地城镇职工平均收入的20%。如果职工在新的社保养老条例出台前就已参加工作并满一定年数，还可获得过渡性补充养老金和基本调节金（2006年8月，全国各地关于养老金领取的规定又发生了一些变化）。

(二) 邓先生的社会养老保险计算

1. 邓先生到2005年底的个人社保养老金账户余额计算

（1）1999年底，邓先生的社保养老金账户已有资金12000元；

（2）2000~2005年期间，邓先生单位每月为其缴纳社保养老金 4400×8%=

352 元；

（3）在此期间，邓先生每月个人从工资中扣缴社保养老金 4400 × 5% = 220 元；

（4）在此期间，计入邓先生个人社保养老金账户的金额为 4400 × 11% = 484 元。

假设这五年社保账户资金收益为 0.8%，到 2005 年底，邓先生个人的社保养老金账户余额为 42108 元（SET：END N = 5 × 12，I% = 0.8，PV = 12000，PMT = 484，FV = ?，P/Y = 12，C/Y = 12）。

2. 邓先生到 2026 年退休时的社保余额

邓先生现年 40 岁，计划再工作 15 年，到 55 岁时提前退休，这样邓先生还要缴 15 年的社保金。但是根据国家政策的变化，个人缴纳比例提高到 8%，而进入个人账户的款项则由 11% 降到 8%，假设未来 15 年邓先生的工资年均增长 2%，而未来由于利率的上升，以及社保基金投资渠道的扩大，估计未来 15 年期间社保资金的投资回报率从现在的 0.8% 提高到 1.5% 应该没有什么问题，即使不提高投资回报率，考虑到目前我国处于低利率时代，未来的利率提升也是可以期待的，因此假设未来社保收益率为 1.5%，到 2021 年邓先生 55 岁时个人社保养老金账户余额为 83775 元（SET：END N = 15 × 12，I% = $[(1 + 1.5\%) \times (1 + 2\%) - 1] \times 100 = 3.53$，PV = 0，PMT = 4400 × 8% = −352，FV = ?，P/Y = 12，C/Y = 12），这笔资金到 2026 年邓先生 60 岁开始领取社保养老金时进一步增值为 $83375 \times (1 + 1.5\%)^5 = 89819$ 元。

3. 现有余额到退休时的累积额

2005 年底时邓先生的社保养老金账户余额已有 42108 元，这笔钱在社保账户余额中仍能产生投资收益，假设这笔款项在未来 20 年的投资收益率为 1.5%，则届时这笔钱变成 $42108 \times (1 + 1.5\%)^{20} = 56713$ 元。

两项相加，当邓先生于 2026 年 60 岁退休时其个人社保账户的养老金余额为 89819 + 56713 = 146532 元。

4. 邓先生 60 岁开始每个月可领养老金

根据社保规定，可领取社保养老金由两部分组成：一部分是个人账户余额的 1/120，即 146532/120 = 1221 元；另一部分为城镇职工平均收入的 20%。以 2004 年深圳职工平均月收入 2551 元计，假设未来 20 年收入年均增长 2.57%，则到 2026 年邓先生 60 岁开始领取社保养老金时深圳城镇职工平均月收入为 4458 元（SET：END N = 22，I% = 2.57，PV = 3000，PMT = 0，FV = ?，P/Y = 1，C/Y = 1）。因此，邓先生 2026 年开始每个月可领社保养老金为 146532/120 + 4458 ×

20% = 1221 + 891 = 2112 元。

由于邓先生 1992 年前即已参加工作，如果他当时是在国有单位工作，则退休后除了可领这 2385 元的基础性养老金与个人账户养老金外，还可领取过渡性养老金与基本调节金，由于邓先生一直在民营企业打工，故理财师不考虑他可能获得的这两块社保退休收入。

5. 邓先生在整个退休期间可领取的社保养老金

在 20 年退休期间，邓先生可领取的社保金分两部分：一部分是固定的，即个人账户中支出部分，每个月固定领取 1221 元，则在 20 年退休期间累计领取 1221 × 12 × 20 = 293040 元；另一部分国家支出部分则随着工资的增长而增加，假设年均增长率为 2%，则在整个退休期间国家支出的部分款项为 262664 元（SET：END N = 20 × 12，I% = 2，PV = 0，PMT = 891，FV = ?，P/Y = 12，C/Y = 12）。两项相加，邓先生累计可从社保获得养老金 262664 + 293040 = 555704 元。

（三）邓太太的社会养老保险计算

邓太太于三年前开始缴纳社保，同理也分四步来计算邓太太的退休社保金：

1. 到 2005 年底邓太太个人社保账户余额

邓太太所在单位三年前开始缴社保，根据邓太太月基本工资 3000 元的标准，单位每个月为她缴社保金 3000 × 8% = 240 元，个人缴纳 3000 × 5% = 150 元，而进入个人账户的余额为 3000 × 11% = 330 元。故到 2005 年底的社保账户余额为 12020 元（SET：END N = 3 × 12，I% = 0.8，PV = 0，PMT = 330，FV = ?，P/Y = 12，C/Y = 12）。

2. 到 2026 年邓太太的社保账户余额

假设邓太太在未来 20 年年均收入增长 2%，社保投资收益率为 1.5%，而 2006 年开始计入个人账户余额的款项为 3000×8%=240 元，则到 2026 年时邓太太的社保余额为 83526 元（SET：END N = 20 × 12，I% = [（1 + 1.5%）×（1+2%）− 1]× 100 = 3.53，PV = 0，PMT = 240，FV = ?，P/Y = 12，C/Y = 12）。此外，邓太太在 2005 年底个人社保账户中的 12020 元也可享受投资收益，20 年后这笔钱增值为 12020 ×（1 + 1.5%）× 20 = 16189 元。两项相加，邓太太 55 岁退休时（2026 年）的社保账户余额为 83526 + 16189 = 99715 元。

3. 邓太太退休时每个月可领取的社保养老金

由于邓太太与邓先生同时退休，同时领取社保金，故届时城镇职工平均收入标准相同，则邓太太退休时可领取的社保退休金为 99715/120 + 891 = 1722 元。

4. 邓太太退休期间累计可领取社保养老金折算到 2026 年时的现值

由于邓太太开始领取社保金时年龄为 55 岁，假设邓太太与邓先生同时去世，则邓太太可领取的固定部分社保金为 831 × 12 × 20 = 199440 元。而国家支出部分累积额为 262664 元（SET：END N = 20 × 12，I% = 2，PV = 0，PMT = 891，FV = ?，P/Y = 12，C/Y = 12）。两项相加，邓太太在退休期间累计可领取的社保养老金为 199440 + 262664 = 462104 元。

四、邓先生夫妇的退休需求计算

（一）退休期间的基本生活费用需求计算

1. 邓先生夫妇退休生活品质设计

目前邓先生夫妇每月开支 4490 元，包括物业管理费 300 元、水电费 550 元、通信费 500 元、食品费 780 元、交通费（两人合计）560 元、人情馈赠 300 元、衣物卫生用品 400 元、理发美容化妆保健 200 元、买书碟电影等文化开支 200元、运动保健支出 300 元、药品保健支出 400 元，此外买房子的贷款月供到退休时已基本上还完，在此不用考虑。

假设邓先生夫妇始终保持目前的生活水平不变，退休后由于生活内容变化，通信费用可望减少 150 元、交通费减少 160 元、衣物开支减少 150 元，美容化妆费用减少，但是要增加健身运动费用，以及增加医疗营养费用每个月各 100 元，综合调整后得出，按目前的生活水准邓先生夫妇每个月的基本开支为 4130 元。根据年均 3% 的通胀率，邓先生夫妇要保持目前的生活水准，那么当他们退休时（也就是到 2026 年），他们每个月所需基本生活开支为 7459 元（SET：END N = 20，I% = 3，PV = 4130，PMT = 0，FV = ?，C/Y = 1，P/Y = 1）。

由于退休期间邓先生每个月可领取的社保金为 2112 元，邓太太可领取的社保金为 1722 元，合计 3834 元，相比两夫妇刚退休时所需生活支出 7459 元，缺口为 3625 元。但这是静态的缺额，因为退休生活开支的增长速度将远高于可领取社保金的增长速度，从而导致缺口越来越大，所以就需要在刚退休之初储备更多的退休金以应对通胀的威胁。

2. 邓先生夫妇基本退休生活需要计算

考虑到通胀率，如果邓先生夫妇要在退休期间一直保持同样的生活品质，则他们在整个退休期间所需费用为 2448805 元（SET：END N = 20 × 12，I% = 3，PV = 0。PMT = 7459，FV = ?，P/Y = 12，C/Y = 12），扣除他们可从社保获得的养老金，两人的退休生活费用的缺额为 2448805 – 462104 – 555704 = 1430997 元。

由于这笔钱是以 2045 年的终值计算的，如该退休基金在退休期间始终投资于一个年均回报 2% 的货币基金，则他们在 2026 年开始退休时需准备的退休储备基金为 963020 元（SET：END N = 20，I% = 2，PV = ?，PMT = 0，FV = 1430997，P/Y = 1，C/Y = 1）。

也就是说，邓先生夫妇需要现在开始准备一笔退休基金，当这笔基金经过投资到 2026 年时增值到 963020 元，就可以满足他们的退休生活所需了。如果邓先生夫妇现在开始每个月从工资中投资一笔钱用于准备这笔退休生活储备金，并定期定额投资于一个年均回报为 8% 的指数型开放式基金，则他们每个月须投资 1635 元（SET：END N = 20 × 12，I% = 8，PV = 0，PMT = ?，FV = 963020，P/Y = 12，C/Y = 12）。

这里需要说明的是，由于所处年龄不同，邓先生在现在中年时期（退休准备阶段）的投资可以稳健偏进取些，因此可以选择年均回报 8% 的指数型基金，以减轻月投的压力。如果邓先生非常保守，只愿意投资于年均回报 4% 的债券型基金，则每个月须定期定额投资于退休基金的款项为 2626 元（SET：END N = 20 × 12，I% = 4，PV = 0，PMT = ?，FV = 963020，P/Y = 12，C/Y = 12），这样每个月邓先生夫妇就要多投资 991 元。

但是当邓先生进入退休生活阶段后，邓先生的这笔退休资金就不能再选择回报高但同时风险也高的指数基金，而应投资于安全性、流动性更好的债券基金或货币基金。

（二）邓先生夫妇退休期间的医疗保障费用需求

1. 邓先生夫妇退休期间的医疗费用需要

邓先生夫妇的医疗保障费用原则上主要靠社会保险与商业保险尤其是商业保险来解决，按目前中等水平测算退休期间综合治疗费用大约是：小病每年 3000 元，中病退休期间患三次每次 3 万元，大病一次约 20 万元计。目前每位老人在 25 年养老期要准备的医疗保险额度要 365000 元才能满足需要，考虑到通胀率，15 年后邓先生退休时这笔医疗保障额要达到 568658 元才够（SET：END N = 15，I% = 3，PV = 365000，PMT = 0，FV = ?，C/Y = 1，P/Y = 1）。

可见，邓先生夫妇要在退休时每人储备 568658 元医疗费用，两人合计 1137316 元才能满足医疗需要，而且这笔开支在退休期间还要随着通胀率上升。

2. 邓先生夫妇退休期间小病支出需要

在安排邓先生夫妇退休时要准备的退休费用时，这里只考虑为邓先生夫妇准备一笔小病日常医疗开支费用，按现在每人每年 3000 元标准计算。此外，由于医疗费用的上涨速度要高于通胀率，以医疗费用年均上涨率 5% 计算增长到 12474 元（SET：END N = 15，I% = 5，PV = 3000 × 2，PMT = 0，FV = ?，C/Y = 1，P/Y = 1）。

因此，邓先生在退休时每年要准备 12474 元用于日常小病医疗，如果储备的这笔资金全部用于投资年均回报 4% 的债券型基金，那么邓先生退休时要准备的退休期间医疗费用储备额为 354004 元（SET：END N = 25，I% = [（1 + 4%）÷（1 + 5%）– 1] × 100 = –0.9524，PV = ?，PMT = –12474，FV = 0，C/Y = 1，P/Y = 1）。

3. 邓先生到退休时社保医疗金账户余额

根据深圳市社会保险管理办法中关于医疗保险费计缴的规定，企业按员工每月基本工资的 6% 扣缴医疗保险社保金，同时按员工每月基本工资的 2% 代扣医疗保险社保金。而住院医疗保险费、地方补充医疗保险费与生育医疗保险费则均由用人单位分别按职工工资的 0.8%、0.7% 和 0.5% 缴交，无须个人支付，这笔保费进入国家医保统筹基金，不计入个人社会医保账户。假设邓先生与太太的社保中的医保金缴付都是从五年前开始，缴付的标准与现在一致，而且以后也不会有太大的变化。

此外，根据深圳社保条例规定，社会医疗保险金分社会医保统筹基金与个人社保医疗账户，其中个人缴纳的社会医保费以及部分单位缴纳的医保费（35 岁以下的参保人单位所缴医保费的 30% 计入个人账户，35~45 岁的 40% 计入个人账户，45 岁以上的 50%）计入个人账户，单位所缴医保费的其余部分及补充医保费、住院医保费、生育医保费等则计入社会医保统筹基金。

目前邓先生单位每月缴付医保费为 4400 × 6% = 264 元，单位扣缴邓先生工资中的医保费为 4400 × 2% = 88 元，而计入个人社会医保账户的金额为 88 + 264 × 40% = 193.6 元，如果工资水平保持不变，则邓先生 45 岁后每月计入个人账户的金额为 88 + 264 × 50% = 220 元。这笔资金可享受活期利息收益，用于邓先生日常门诊治疗。如果邓先生一直不动用社保医疗卡中的钱，则当他 55 岁退休时该账户余额可达 53243 元。

4. 邓太太到退休时社保医疗金账户余额

目前单位每月为邓太太缴付的社保医疗金为 3000 × 6% = 180 元，单位每月为邓太太从工资中扣缴的社保医疗金额为 3000 × 2% = 60 元，而计入邓太太个人社保医疗账户的金额为 60 + 180 × 40% = 132 元，当她 45 岁后增加到 150 元，同样可用于日常医疗门诊费用支付。

需要特别说明的是，如果邓先生与太太希望这笔社保医疗金额能为自己退休后的日常医疗保健服务，那么这笔医保金在退休前就不要动用，如果在退休前需要开支医疗费，最好是购买团体门诊保险来解决，成本低，效果好。但实际上只有较少的单位才能为保险公司接纳办理团体门诊险业务。

5. 邓太太现在需要补充购买的大病商业保险额

根据社保规定，医保账户中的余额可以用于日常门诊治疗，由于邓先生在退休前也需要支出日常门诊医疗费用，所以这笔社保医疗费用就不可能用于退休后的日常医疗。

另外，参加社保医疗保险的职工，如果发生规定的重大疾病，一般可获得15万~20万元的住院治疗及手术费用，由于社保医疗额每年重新计算，假设两人在退休期间累计可从社保获得医疗保障60万元，因此两人可获保障为60万元，但相比1137316元的大病保障需求来说，两人还有约537316元的大病保障缺额。

这两部分缺额都可以通过邓先生与邓太太现在开始购买补充商业重疾保险来充实，而且邓先生现在已40岁，由于一般保险有20年的缴款期，而且年龄越大保费越高，现在买商业健康险正是时候，再晚就不好买了。

其一，建议邓先生与邓太太通过所在公司购买团体门诊险，以补充日常治疗费用的不足，只要单次门诊费用不超过500元，都可到保险公司获得报销，如无法参加团体门诊保险，就需由邓先生夫妇自己在日常生活中支出该项费用。

其二，建议邓先生与邓太太各购买一份保额为10万元的康宁终身重疾险，一旦被保险人发生规定的数十种重大疾病，该保险能给予被保险人20万元的赔付；如果被保险人意外去世，还可获得30万元赔付，作为两夫妇另一方的补充退休费用，而且该保险还有一定的现金价值，退休后可以用来补充养老金。

但是，根据社保医疗条例规定，虽然社保能提供一定程度的医疗费用，但对不同的病种、药品、医疗次目都有不同比例的自负额，通常为医疗费用的5%~20%，假设在全部医疗费用中自负10%，则邓先生夫妇必须在社保与商业医保的基础上，再准备一笔（1137316 + 354004）× 10% = 149132 元的医疗现金储备金。

（三）邓先生夫妇终老身后的相关费用

按照目前的水平，要安排邓先生夫妇在百年之后有一个普通的身后安排，相关的寿服、火化、送别、丧葬、骨灰盒、陵园墓位等费用，大约需要每人5000元，两人合计10000元，这笔钱按通胀率到他们终老时的价格为32620元（SET: END N = 80 – 40, I% = 3, PV = 10000, PMT = 0, FV = ?, C/Y = 1, P/Y = 1）。

这笔终老费用建议邓先生不要进行投资，而是存在银行定期储蓄，那么，邓先生夫妇在退休时要准备的两人终老身后费用为17595元（SET: END N =（80 –

55），I% = 2.5，PV = ?，PMT = 0，FV = 32620，C/Y = 1，P/Y = 1）。

（四）邓先生夫妇退休期间的旅游费用计划

邓先生计划在退休后的前 10 年内每年安排 2 万元与太太周游全国以至世界，由于这 2 万元是按现在的物价水平设计的，那么当邓先生退休时，他每年需要的旅游费用为 36122 元（SET：END N = 20，I% = 3，PV = 20000，PMT = 0，FV = ?，C/Y = 1，P/Y = 1）。

同样由于这笔资金每年取用两次，对流动性要求不是很高，为了对抗通胀，建议邓先生将这笔旅游专项资金购买债券型开放式基金，这样在退休时为未来 10 年准备的旅游费总额为 377419 元（SET：END N = 10，I% = [（1 + 4%）÷（1 + 3%）- 1] × 100 = 0.971，PV = ?，PMT = -36122，FV = 0，C/Y = 1，P/Y = 1）。

五、邓先生夫妇的退休理财规划建议

（一）邓先生夫妇在退休时要准备的退休准备金总额

第一项，退休基本生活费用缺口 963020 元；第二项，终老身后准备费用 17595 元；第三项，日常医疗保障准备费用 354004 元；第四项，旅游专项准备费用 377419 元；第五项，退休期间医疗费用的自负额 149132 元。五项合计为 1861170 元。

也就是说，邓先生要从 40 岁开始，采取积蓄、定期定额投资等方式，实现 20 年后退休时拥有一笔总额为 1861170 元的退休储备资金，才能确保夫妇俩能过一个幸福的晚年。

那么，邓先生夫妇要想在 60 岁退休时拥有该笔退休补充养老专项基金，对于到目前还是没有什么积蓄的夫妇俩来说，就要靠退休前的 20 年从工资中节余出来。

（二）方案

1. 方案一：每月强制储蓄方案

假设邓先生夫妇每个月在月末发放工资后，从工资中节省一笔钱，存银行定期，那么要想在退休时拥有 186 万元，他们每个月的强制储蓄额为 6448 元（SET：END N = 240，I% = 1.80，PV = 0，PMT = ?，FV = 1861170，C/Y = 12，P/Y = 12），差不多是两人目前每月基本工资的一半多，相当于将邓太太的全部收入用来储备两人的退休基金，而邓先生的收入用于应付日常生活，对夫妇俩的日常生活没有太严重的影响。

但是，邓先生夫妇每年收入扣减基本生活开支和养老定期储蓄后的余额是

（4400 × 12 + 4 × 10000 + 10000）– 6448 × 12 = 25424 元，再扣除每年每人缴纳 1 万元购买补充医疗保险和年付房贷本息后，就没有任何结余资金了。

2. 方案二：定期定额投资债券型开放式基金方案

对于大多数中国家庭来说，都习惯通过强制储蓄的方式筹集养老费用，但是由于储蓄的收益率太低，连通胀都无法对抗，更谈不上有较高的收益减轻储蓄的压力了。

由于邓先生现在正处中年，女儿已经长大，家庭也没有什么负担了，工作生活都很稳定，可以承受一定的风险，因此建议邓先生采取定期定额的投资方式，每个月从工资中取一部分钱购买一只年均回报为 4% 的债券型开放式基金，那么，要在退休时拥有 186 万元的退休补充储备金，每个月投入的资金为 5074 元（SET：END N = 240，I% = 4.0，PV = 0，PMT = ?，FV = 1861170，C/Y = 12，P/Y = 12）。

这样，邓先生夫妇的家庭月收入余额为：月均收入余额为 12733 元，每月定期定额投资基金 5074 元，每月扣缴社保费 4400 ×（2% + 8%）+ 3000 ×（2% + 8%）= 720 元，每个月基本生活开支为 4490 元，每人月均购买大病与意外保险支出 800 元（两人合计 1600 元），正好将资金用完。

3. 方案三：组合投资方案

养老储备投资不能激进，要以稳健为主，如果邓先生有较强的风险承受能力，可以考虑购买年均回报 6% 的指数型基金，或者购买一个年均回报 5% 的组合基金（10% 货币型基金、30% 指数基金、40% 债券型基金、20% 股票型基金），则月均投资额为 4528 元（SET：END N = 20 × 12，I% = 5，PV = 0，PMT = ?，FV = 1861170，C/Y = 12，P/Y = 12）。这样，由于有较高的投资回报，邓先生要储备同样的退休基金，每个月定期定额的投资额就更低了，负担就更轻了，邓先生完全可以在准备足够的退休保障的基础上进一步提高现在的生活品质。

（三）其他新型养老金融手段

（1）银行退休养老信托：退休前以储蓄方式定期定额累积存入，由银行设立投资信托进行运作和管理，退休后再向银行定期定额赎回。

（2）保险公司变额万能投资型保单：退休前向保险公司定期定额投入，退休后定期定额赎回，并提供综合性的医疗和意外保障。

（3）银行反向赎房：退休前为供房而工作，退休时完成供房，退休反向将该房抵押给银行，每月定额获得一笔资金，去世后房款用完，房屋由银行收回。

课外阅读1　国务院关于《机关事业单位工作人员养老保险制度改革的决定》

本《决定》适用于按照公务员法管理的单位、参照公务员法管理的机关（单位）、事业单位及其编制内的工作人员。

基本养老保险费由单位和个人共同负担。单位缴纳基本养老保险费（以下简称单位缴费）的比例为本单位工资总额的20%，个人缴纳基本养老保险费（以下简称个人缴费）的比例为本人缴费工资的8%，由单位代扣。按本人缴费工资8%的数额建立基本养老保险个人账户，全部由个人缴费形成。个人工资超过当地上年度在岗职工平均工资300%以上的部分，不计入个人缴费工资基数；低于当地上年度在岗职工平均工资60%的，按当地在岗职工平均工资的60%计算个人缴费工资基数。

个人账户储存额只用于工作人员养老，不得提前支取，每年按照国家统一公布的记账利率计算利息，免征利息税。参保人员死亡的，个人账户余额可以依法继承。

本《决定》实施后参加工作、个人缴费年限累计满15年的人员，退休后按月发给基本养老金。基本养老金由基础养老金和个人账户养老金组成。退休时的基础养老金月标准以当地上年度在岗职工月平均工资和本人指数化月平均缴费工资的平均值为基数，缴费每满一年发给1%。个人账户养老金月标准为个人账户储存额除以计发月数，计发月数根据本人退休时城镇人口平均预期寿命、本人退休年龄、利息等因素确定。

本《决定》实施前参加工作、实施后退休且缴费年限（含视同缴费年限，下同）累计满15年的人员，按照合理衔接、平稳过渡的原则，在发给基础养老金和个人账户养老金的基础上，再依据视同缴费年限长短发给过渡性养老金。

本《决定》实施后达到退休年龄但个人缴费年限累计不满15年的人员，其基本养老保险关系处理和基本养老金计发比照《实施〈中华人民共和国社会保险法〉若干规定》（人力资源和社会保障部令第13号）执行。

本《决定》实施前已经退休的人员，继续按照国家规定的原待遇标准发放基本养老金，同时执行基本养老金调整办法。机关事业单位离休人员仍按照国家统一规定发给离休费，并调整相关待遇。

根据职工工资增长和物价变动等情况，统筹安排机关事业单位和企业退休人员的基本养老金调整，逐步建立兼顾各类人员的养老保险待遇正常调整机制，分享经济社会发展成果，保障退休人员基本生活。

建立健全基本养老保险基金省级统筹，暂不具备条件的，可先实行省级基金调剂制度，明确各级人民政府征收、管理和支付的责任。机关事业单位基本养老保险基金单独建账，与企业职工基本养老保险基金分别管理使用。基金实行严格的预算管理，纳入社会保障基金财政专户，实行收支两条线管理，专款专用。依法加强基金监管，确保基金安全。

参保人员在同一统筹范围内的机关事业单位之间流动，只转移养老保险关系，不转移基金。参保人员跨统筹范围流动或在机关事业单位与企业之间流动，在转移养老保险关系的同时，基本养老保险个人账户储存额随同转移，并以本人改革后各年度实际缴费工资为基数，按12%的总和转移基金，参保缴费不足一年的，按实际缴费月数计算转移基金。转移后基本养老保险缴费年限（含视同缴费年限）、个人账户储存额累计计算。

机关事业单位在参加基本养老保险的基础上，应当为其工作人员建立职业年金。单位按本单位工资总额的8%缴费，个人按本人缴费工资的4%缴费。工作人员退休后，按月领取职业年金待遇。职业年金的具体办法由人力资源和社会保障部、财政部制定。

课外阅读2　以房养老的发展

中国有60岁以上老年人1.78亿，养老的经济模式主要是子女赡养、退休金、社保金。如今，逐渐兴起了年轻时贷款买房，老年时将房屋抵押给银行或保险公司，由上述机构支付养老费用，晚年衣食无忧的以房养老。

2003年，时任中国房地产开发集团公司总裁孟晓苏曾提议设立反向抵押贷款保险，让拥有私人房产并愿意投保的老年居民，享受抵押房产、领取年金的寿险服务。

2004年底，中国保监会计划在广州、北京、上海等全国几大重点城市，试点推出主要面向老年群体的住房递向抵押贷款的寿险品种。

2006年、2007年的全国两会，也有政协委员提出类似建议。

2011年9月28日，全国政协举办"大力发展我国养老事业"提案办理会，"以房养老"的提案再次引发外界关注，却又因无相应法律保障而陷入难解困局。

2013年国务院对外发布了《关于加快发展养老服务业的若干意见》。国家发展和改革委员会、民政部联合召开新闻通气会，介绍了加快养老服务业发展的有关政策和情况。会上透露，作为金融养老、以房养老的方式之一，中国将逐步试点开展老年人住房反向抵押养老保险，具体政策会在2014年和第一季度由保监会牵头出台。

2014年6月23日，中国保监会发布了《中国保监会关于开展老年人住房反向抵押养老保险试点的指导意见》，自2014年7月1日起至2016年6月30日止在北京、上海、广州、武汉试点实施老年人住房反向抵押养老保险。

截至2016年6月30日，北京、上海、广州、武汉四大试点城市到期，只有60户投保，并且仅有幸福人寿一家保险公司推出了相关产品。

课后习题

一、多项选择题

1. 下列关于退休规划的说法中错误的是（　　）。

A. 我国有养老保险和医疗保险，可以保证退休后生活无忧，因此无须进行退休规划

B. 退休规划是指在临近退休时对老年生活合理安排的计划

C. 如果出现养老金赤字，可以选择延迟退休、减少当期消费、增加养老资产配置等方式进行弥补

D. 随着医疗和生活水平的提高，人类的平均寿命延长，这对于退休规划而言是有利的，因为这意味着有更多的时间进行退休规划

2. 下列关于我国企业职工基本养老保险制度，正确的是（　　）。

A. 只要到了退休年龄，就能够领取养老金

B. 企业职工基本养老保险的基金管理实行的是省级统筹

C. 企业职工基本养老保险是强制参加的

D. 个人缴费与企业缴费全部进入统筹账户，统一管理

3. 下列哪种方式适合保存退休养老基金（　　）。

A. 银行存款　　　　　　　　　B. 基金

C. 期货　　　　　　　　　　　D. 股票

E. 保险

4. 确定退休目标主要考虑的因素有（　　）。

A. 家庭收入

B. 退休后的生活质量要求

C. 退休年龄

D. 家庭人口数量

E. 家庭资产状况

5. 建立退休养老规划的原则包括（　　）。

A. 及早安排原则

B. 退休基金使用的收益化原则

C. 量入为出原则

D. 弹性化原则

E. 谨慎性原则

二、判断题

1. 制定退休养老规划的谨慎性原则是指应当多估计收入，少估计支出，使退休后的生活有更多的财务资源。

2. 针对退休养老规划选择的投资产品中不应当包含股票、期货等高风险产品。

3. 对于退休后的生存年限应尽量少估计以节省资金，有利于退休养老目标的达成。

4. 通常客户的资金需求（折现值）和客户退休收入（折现值）的预测之间会有差距，表现为退休收入达不到退休后的需求，这个差额就是养老退休基金的缺口。

5. 每个人都应当且必须参加国家养老保险。

第九章　投资理财工具

很多理财目标都是要靠资金来实现的，而资金一方面来源于结余，另一方面来自于投资收益。投资是指投资者运用自己持有的资本，购买实际资产或者金融资产，或者取得这些资产的权利，目的是在一定时期内预期获得资产增值和一定收入（固定的或非固定的）。

根据这个概念，投资可分为实物投资和金融投资。实物投资一般包括对有形资产，例如土地、机器、厂房等的投资，有时也称为直接投资；金融投资包括对各种金融合约，例如股票、债券、金融信托和基金产品、金融衍生产品等的投资，有时也称为间接投资。实物资产和金融资产是有区别的，包括的范围不一样，而且实物资产代表一个经济的生产能力，代表一个社会的财富，金融资产不代表一个社会的财富，但对生产能力具有间接作用，两者是一种互补关系，而不是替代关系，金融资产的价值来源并依赖于实物资产的价值，金融资产是投资者拥有实物资产的方式。

各种投资工具的交易门槛、风险属性、收益率各不相同，选择适合的投资工具尤为关键。本章主要介绍了各种常见的金融工具如股票、基金、银行理财产品、债券等的基本内容以及交易的相关规定、投资策略，为投资者运用这些工具奠定了基本知识。

学习目标：

（1）掌握股票的交易规定及其交易策略。

（2）掌握基金的交易规定及其交易策略。

（3）理解银行理财产品的内涵，并熟悉银行的相关产品。

（4）理解各种金融工具间的差别。

（5）掌握各种金融工具投资收益率的估算。

第一节　股票

一、股票的含义

股票是一种有价证券，是股份公司发行的、用以证明投资者股东身份和权益，并据以获得股息和红利的凭证。股票一经发行，购买股票的投资者即成为公司的股东，其实质上代表了股东对股份公司的所有权。股东凭借股票可参加股东大会、参与投票表决、参与公司的重大决策、收取股息和红利等。同一类别的每一份股票所代表的公司所有权是相等的。每个股东所拥有的公司所有份额的大小，取决于其持有的股票数量占公司总股本的比重。股票一般可以通过买卖方式有偿转让，股东能通过股票转让回收其投资，但不能要求公司返还其出资。在享有权利的同时，股东以其出资额为限对公司负有限责任，承担风险。

二、股票的特征

（1）收益性。股票收益来自于股份公司的经营收入和股票流通过程中的差价收入。

（2）风险性。股票可能产生经济利益损失，虽然可以获得收益，但不确定，同时还必须承担一定风险。

（3）流通性。股票可以自由地进行交易。持有人可以按自己的需要和市场情况，灵活地转让股票，既可以通过股票交易所，也可以通过场外市场。

（4）不可偿还性。股票是一种无偿还期的有价证券，投资者认购了股票后，就不能再要求退股，只能到二级市场卖给第三者。这时，公司股本没有发生变化，股东变化了。

（5）参与性。股票持有人有权参与公司重大决策。持有人作为公司股东，有权出席股东大会、选举公司董事会、参与公司重大决策，权力的大小取决于股份的比重。

三、股票的分类

1. 普通股和优先股

普通股，是指在公司的经营管理和盈利及财产的分配上享有普通权利的股份，代表满足所有债权偿付要求及优先股东的收益权与求偿权之后，对公司盈利和剩余财产的索取权。它构成公司资本的基础，是股票的一种基本形式，也是发行量最大、最为重要的股票。其权利包括：①公司决策参与权。普通股股东对公司的重大决策具有投票权，通过股东大会间接地参与公司的经营管理。②利润分配权。公司发放的股息和红利是不固定的，普通股股东在优先股股东取得固定股息之后有权享受股息分配权。③优先认股权。当公司需要扩张而增发普通股时，现有普通股股东有权按其持有比例，以低于市价的某一特定价格优先购买一定数量的新发行股票。④剩余资产分配权。当公司破产或者清算时，若公司的资产在偿还欠债后还有剩余，其剩余部分按先优先股股东、后普通股股东的顺序进行分配。

优先股，是指在股东权益方面具有某些优先权的股票，主要体现在两个方面：一是优先获得股息，二是优先获得财产清偿。其特征包括：①面值。其意味着最初发行中公司获得的资本数量，也代表同等数量剩余财产的要求权。②投票权。一般没有投票权，无权参与公司的经营管理。③股息。股息通常是固定的，不和企业盈利挂钩，股息率通常比公司债券利率高，但比普通股的红利率要低。

2. 国有股、法人股和社会公众股

国有股，是指有权代表国家投资的部门或机构以国有资产向公司投资所形成的股份，包括以公司现有的国有资产折算成的股份。由于我国大部分股份制企业都是由原国有大中型企业改制而来的，因此国有股在公司股权中占有较大的比重。

法人股，是指公司法人或具有法人资格的事业单位和社会团体以其依法可经营的资产向公司非上市流通股权部分投资所形成的股份。

社会公众股，是指我国境内个人或机构，以其合法财产向公司可上市流通股权部分投资所形成的股份。

3. A 股、B 股、N 股、S 股、H 股

A 股的正式名称是人民币普通股票。它是由我国境内的公司发行的，供境内机构组织或个人（不含港、澳、台地区的投资者）以人民币认购和交易的普通股票。

B 股的正式名称是人民币特种股票。它是以人民币标明面值，以外币认购和买卖，在境内（上海、深圳）证券交易所上市交易的特种股票。它的投资者原来限于外国的自然人、法人和其他组织，中国香港、中国澳门、中国台湾地区的自然人、法人和其他组织，定居在国外的中国公民。目前，符合规定的国内投资者可以投资 B 股。

N 股、S 股、H 股，分别是在内地注册，在纽约、新加坡、中国香港上市的外资股。

四、股票的价值和价格

1. 股票的价值

（1）票面价值，即在股票票面上标明的金额，仅在初次发行时具有一定意义，如果按面值发行，则股票面值的总和即为公司的资本金总额。目前股票的票面价值基本都以元为单位。

（2）账面价值，又称股票净值或每股净资产，是指每股股票所代表的实际资产的价值，用公司净资产除以普通股票的股数。

（3）清算价值，即公司在清算时每一股份所代表的价值。当清算时的资产实际出售额与财务报表上所反映的账面价值一致时，每一股的清算价值才会和账面价值一致。但在清算时，资产往往只能压低价格出售，再加上必要的清算成本，所以每股清算价值往往小于账面价值。

（4）内在价值，即理论价值，是股票未来收益的现值，取决于股息收入和市场收益率。内在价值决定着市场价格，而市场价格又不完全等于其内在价值，其还受供求关系等其他因素的影响，但总围绕着内在价值波动。

股票的价值就是未来股息收入的现值和。假设：①将来的股息收入为 D_1，D_2，…，D_n；②折现率为 r，且在未来 n 年内保持不变；③n 为投资者持有股票的期限；④P_n 为第 n 期的股票价格。股票价值是未来股息收入的现值之和，因而有 $P = \sum_{i=1}^{n} \frac{D_i}{(1+r)^i} + \frac{P_n}{(1+r)^n}$。

假定投资者无限期持有股票，即 $n \to \infty$，有 $\frac{P_n}{(1+r)^n} \to 0$，则股票价值为 $P = \sum_{i=1}^{\infty} \frac{D_i}{(1+r)^i}$。

再假定将来的股息收入不变，恒为常数 D，而 $\sum_{i=1}^{n} \frac{1}{(1+r)^i}$ 当 $n \to \infty$ 时收

敛于 1/r，所以 $P = \dfrac{D}{r}$。

2. 股票的价格

（1）理论价格，是根据现值理论而来的。现值理论认为，人们之所以愿意购买股票和其他有价证券，是因为它能够为其持有人带来预期收益，因此它的价值取决于未来收益的大小。理论价格就是以一定的市场利率计算出来的未来收入的现值。

（2）市场价格，指在证券市场上买卖的价格，经常波动。

五、股票市场运行

（1）股票发行市场，是指通过发行股票进行筹资活动的市场，一方面为资金的需求者提供筹集资金的渠道，另一方面为资本的供应者提供投资场所。发行活动是股市一切活动的出发点，又称为一级市场。

（2）股票交易市场，是指已发行股票进行转让的场所，又称为流通市场或者二级市场。该市场一方面为股票持有者提供随时变现的机会，另一方面又为新的投资者提供投资机会。

根据组织形式的不同，股票交易市场可分为场内交易市场和场外交易市场。场内交易市场是股票集中交易的市场，即股票交易所。场外交易市场是在股票交易所以外的各证券交易机构柜台上进行交易的股票交易市场。

六、股票交易价格的形成机制

（1）股票交易竞价原则。股票交易竞价一般采用电脑集合竞价和连续竞价两种方式。集合竞价是指对一段时间内接受的买卖申报一次集中撮合的竞价方式；连续竞价是指对买卖申报逐笔连续撮合的竞价方式。目前上海、深圳两个交易所上午 9：15 到 9：25 是集合竞价时间，并产生当天第一笔成交价格，即成交价，从 9：30 开始进入连续竞价方式。

（2）交易原则。成交顺序遵守价格优先、时间优先原则。

七、股票的收益

股票的收益由股息收入、资本利得组成。

（1）股息收入，来源是公司的税后净利润。公司从营业收入中扣除各项成本和费用、应偿还的债务、缴纳税金后，余下的即为税后净利润，再按以下顺序进行分配：从税后净利润中提取法定公积金、公益金，剩余的部分先按固定股息分配给优先股股东，在提取任意盈余公积金后，按普通股股数分配给普通股股东。股息包括以下两种形式：

1）现金股息，以货币形式支付的股息和红利，是最普通、最基本的股息形式。

2）股票股息，是以股票的方式派发的股息，但送股的资金不是来自于当年的可分配利润，而是公司提取的公积金，因此，又可称为公积金转增股本。公司提取的公积金有法定公积金和任意公积金。我国《公司法》规定，公司法定公积金累计额为公司注册资本的50%以上时，可以不再提取。转增时，按股东原有股份比例派送红股，但法定公积金转为股本时，所留的该项公积金不得少于注册资本的25%。

（2）资本利得，持有者在二级市场上进行交易，卖出价和买入价之间的差额就是资本利得。资本利得可正可负。

八、我国的股票交易制度

（一）交易流程

（1）到证券公司开户（也可以网上开户），办理上证或深证股东账户卡、资金账户、网上交易业务、电话交易业务等有关手续。然后，下载证券公司指定的网上交易软件。

（2）到银行开活期账户，并开通银证转账业务，把钱存入银行。

（3）通过网上交易系统或电话交易系统把钱从银行转入证券公司资金账户。

（4）在网上交易系统或电话交易系统里可以买卖股票。

（二）交易数量

"手"是股票交易的计量单位，市场交易使用100股来计算。

买入必须是"手"的整数倍，卖出股票可以是任意股，即101股、1084股、12222股、零股、1股；但是股票不能拆零卖，如果你有1010股，卖出不能一次卖509股，再一次卖501股，零股必须最后一次卖出，可以一手一手地卖出，也可以一次卖出，不能分拆。

（三）交易时间

每日上午9：15可以开始参与交易；上午9：15~9：25为集合竞价时间；9：30~11：30为连续竞价时间；11：30~13：00为中午休息时间；下午13：00~15：00为连续竞价时间。深沪证交所市场交易时间为每周一至周五，周六、周日和上证所公告的休市日不交易（一般为五一、十一、春节、元旦、清明、端午、中秋等国家法定节假日）。

（四）T+0 与 T+1 制度

T 指股票成交的当天日期。凡在股票成交当天办理好股票和价款清算交割手续的交易制度，称为 T+0 交易，当天买入的股票在当天就可以卖出。自 1995 年 1 月 1 日起，股市改为实行 T+1 交易制度，当日买进的股票，要到下一个交易日才能卖出。同时，对资金仍然实行 T+0，即当日回笼的资金马上可以使用。

（五）涨跌停板

证券市场中为了防止交易价格的暴涨暴跌，抑制过度投机现象，对每只证券当天价格的涨跌幅度予以适当限制，即规定交易价格在一个交易日中的最大波动幅度为前一交易日收盘价上下百分之几，超过后停止交易。

涨跌停板制度于 1996 年 12 月 26 日开始实施，除上市首日之外，股票（含 A 股、B 股）、基金类证券在一个交易日内的交易价格相对上一交易日收市价格的涨跌幅度不得超过 10%，ST 股涨跌幅度不得超过 5%，超过涨跌限价的委托为无效委托。

（六）股票交易费用

股票交易费用如表 9-1 所示。

表 9-1　股票交易费用

收费项目	深圳 A 股	上海 A 股
印花税	1‰（卖方交）	1‰（卖方交）
佣金	小于或等于 3‰ 起点：5 元	小于或等于 3‰ 起点：5 元
过户费	按股数计算，起点 1 元，1000 股为 1 元，不足 1000 股的部分按 1 元收	按股数计算，起点 1 元，1000 股为 1 元，不足 1000 股的部分按 1 元收
委托费	无	5 元（按每笔收费，暂免征收）

九、股票交易的策略

（一）分段买入法

此法又称平均买入法。在不能确定股市行情走势时，如果一次性投入所有的资金购入一种股票风险会很大。如果此时股价在低价区，该只股票又是经过潜心研究被认为极具投资价值，最好的办法就是随着行情的上涨逐步买入钟情的股票，直到升势确认全部投入为止。这样做一方面可避免踩空的危险，另一方面也可以在行情不升反跌、转势不能确认时抽身引退，减少损失。使用此法必须注意，如果股价已进入高价区，即便升势还未转为跌势也不宜跟进，以免套牢。

（二）分批卖出法

与上述分段买入法相反，当股价攀升到一定高度后投资者应保持清醒的头脑将手中的股票逐步出脱，此法虽然不能保证卖到最高价，但能在跌势来临前溜之大吉。此法对优柔寡断、头脑容易发热的投资者较为适用，安全性较大，在暴涨暴跌的股市上有其优点，但在成熟的股市和对理性的投资者而言却非最好的办法。最好的办法是当股价在天价圈内震荡无法继续攀高以后卖出股票。

（三）试盘买卖法

该操作方法即投入少量资金下单委托，以测试行情走势和买卖双方力量的强弱，有时也可有意填高或填低几个价位进行买卖。如果低价位一买就进说明市气低弱，下方无支撑；如果高价位一卖就成交说明人气高昂，市道上升。这个办法能减少买卖的盲目性和失误率，为后面的大单买卖作依据，一些主力大户常用此法做测试，然后再决定作战策略。这种方法在实行 T+0 交易后也大有用武之地，可被小户广泛使用，同时做相反操作。

（四）以逸待劳法

当牛市来临时股价东蹦西跳，出现轮涨行情，此法主张投资者不去追逐那些已涨升得较高的股票，而是选择涨幅较小，甚至价格不动的股票，静心等待价格高时顺利脱手；或者采取不买卖的策略，坚持持有原来的股票，因为轮涨行情不会在一两天内结束，只要持有的是良好有潜质的股票，总会大量购进，从而价格上涨。当然这种策略需要投资者做周到的基本分析，并有极好的心理素质。

（五）板块涨跌法

随着市场的扩容，深、沪股市规模越来越大，各种股票越来越多，同类型股票往往形成"板块结构"，如"浦东概念股"、"收购概念股"、"商业股"、"地产股"、"家电产品股"等，同时在操作中可以根据板块结构进行灵活操作，如某种新股上市涨升，那么同类新股也可能随之升涨，可及时买进刚上市的此类新股。在相同行业的股票中，如甲种股上升，乙种股的升势也即至，可以跟进，遇到跌势，不会在股市上"顾此失彼"。

（六）排列组合法

这个办法要求投资者科学地将股票的价位与类别进行全方位的组合，据此进行理性的买卖。一般来讲股票可分为四种类别：①潜质好，价位高；②潜质好、价位低；③潜质差、价位高；④潜质差、价位低。这里所讲的潜质，包括公司的盈利能力、行业类别、前景展望等。第一类及第四类的股票因为潜质与股价挂钩不会有太大的波动，第二类及第三类的股票因为倒挂，将有调整出现。由于资金总是流向投资回报率高的地方，所以此时最好卖出第三类潜质差、价位高的股票，购进第二类潜质好、价位低的股票。这种投资组合的调整，会带来意想不到的收获。

（七）静待时机法

这个方法又称冷门股投资法，是投资者买入长期无人理睬的冷门股耐心持有，等待股价大幅上扬后再卖出的投资方法。冷门股大部分是因为公司业绩差，或者多种问题无法解决导致无人炒作，价位低迷。这种股票如果已见解决问题希望，或董事会进入有力的新领导改变经营策略，一旦公司业绩改善，股价也会大幅上扬，这时抛出盈利可观。当然炒作这类股票要非常小心，首先不要倾其全部财产买冷门股，只能把它作为投资组合的一部分；其次要经常注意该公司的业绩债务情况，如果资不抵债，这类股票就很难翻身，不应持有；最后还要有耐心等待的习惯。这种方法一般为股市高明的猎手所为，小股民在有把握的前提下不妨一试。

（八）箱型买卖法

此法的基础来源于股票理论。这个理论认为，股价的运动就像箱子里的皮球上下跳动，当球落到箱底时遇到支撑就会反弹起来，当然升到箱子顶部时遇到箱盖的阻力又会下落。在一定的时间里，球会在箱子里维持这种运动，股价也一样。

（九）进三退一法

这种办法是投资人在买卖股票时设立的一个获利点和停损点，当股价上涨三成时就获利了结，下跌一成便认亏卖出。这个方法操作简便，纪律严明，对于有丰富经验的投资人来讲也许并不适用，但对股市新手来讲却很实在，既能保住已获取的利润，又能在行情反转向下时避免大的损失。这个方法对于热衷短线操作的股民也很合适。

（十）顺势投资法

顺势投资法提倡投资者顺着股市的大趋势进行买卖，当在大市向上时，以做多或一路持有为宜；当大市向下时，则卖出股票落袋为安；当大市不明朗时，可持一半现金、一半股票等待观望。大凡顺势而为者，往往是股市上的赢家。采取这种办法必须重申：必须在大趋势确认的前提下顺势买卖，如果无法及早确认则不必盲从，而且这种趋势应是一种中长期趋势，而非短期趋势。这种办法特别适合小额投资人采用，因为资本小无法操纵行情，大多宜随大流、跟大势。现在此法推而广之，也已成为大、中、小投资人共同的原则。

第二节　债券

一、定义与特征

（一）定义

债券，是指社会各类经济主体为筹措资金面向投资者出具的、承诺按一定利率定期支付利息，并到期偿还本金的有价证券，是表明投资者与筹资者之间债权债务关系的书面凭证。

（二）特征

（1）权证性。债券是一种证明债权的证券，持有债券就是债权人，享有债权人的一切权利，包括利息求偿权、偿还本金请求权、财产索取权等。

（2）偿还性。必须规定债权的偿还期，债务人必须如期向债权人支付利息，偿还本金。

（3）收益性。一是投资者根据固定利率，可以得到稳定的一般高于银行存款利率的利息收入；二是在证券市场上低价买进、高价卖出，获得差价收入。

（4）流动性。即变现力，指的是在偿还期满前，能在市场上转让货币，以满足投资者对货币的需求，或到银行等金融机构进行抵押，以取得相应数额的抵押贷款。

（5）安全性。与股票相比，债券投资风险小。

二、债券的构成要素

（1）面值，包括币种和票面金额，即以何种货币作为债券价值的计量单位。票面金额的不同，对于债券的发行成本、发行数额和持有者的分布，具有不同的影响。票面金额小，有利于小额投资者购买，从而有利于债券发行，有可能增加发行费用，加大发行工作量。

（2）价格，包括发行价格和流通价格。一般来说，发行价格和面值是一致的，即平价发行，但在实践中，也有溢价发行和折价发行。一旦进入流通市场，流通价格与票面价值是不一致的。当票面利率高于市场利率时，溢价发行；当票面利率低于市场利率时，折价发行。

（3）利率，即债券持有人每年获取的利息与债券面值的比率。

（4）偿还期限，即从债券发行日起到本息清偿日止的时间。

三、债券的种类

1. 按发行主体划分

（1）政府债券，指中央政府或地方政府筹集资金时发给购买人的一种格式化的债权债务凭证，目的是满足财政先支后收而产生的临时性需要，或是为了弥补财政赤字和重要建设项目资金的不足。

（2）金融债券，指银行或其他金融机构为筹集信贷资金而向投资者发行的一种债权债务凭证，利率水平高于政府债券，风险也比较大。

（3）公司债券，指由股份公司发行并承诺在一定期间内还本付息的债权债务凭证。其在风险和收益上都要大于前两种债券。

2. 按期限长短划分

（1）短期债券，期限在 1 年以下的债券。

（2）中期债券，期限在 1 年以上 10 年以下的债券。

（3）长期债券，期限在 10 年以上的债券。

（4）永久债券，也称无期债券，指不规定期限，债权人也不能要求清偿但可按期取得利息的一种债券。

3. 按利息支付方式划分

（1）附息债券，指的是债券券面上附有各种息票的债券，息票上标明利息额、支付利息的期限和债券号码等内容。

（2）贴现债券，指的是票面上不附息票，发行时按规定折扣率，以低于券面价值的价格发行，到期时按券面价值偿还本金的债券。

（3）一次性附息债券，指的是在债务期间不支付利息，只有到债务期满后按规定的利率一次性向持有人支付利息并还本的债券。

四、债券收益率的计算

一般来讲，债券收益率有多种形式，以下仅简要介绍债券的内部到期收益率的计算。

内部到期收益率在投资学中被定义为把未来的投资收益折算成现值使之成为

购买价格或初始投资额的贴现率。对于一年付息一次的债券来说，可用下列公式得出到期收益率：

$$P = \frac{C}{1+Y} + \frac{C}{(1+Y)^2} + \cdots + \frac{C}{(1+Y)^n} + \frac{F}{(1+Y)^n}$$

其中，P 为债券价格；C 为每年利息收益；F 为到期价值；n 为时期数（年数）；Y 为到期收益率。已知 P、C、F 和 n 的值并代入上式，在计算机上用试错法便可算出 Y 的数值。

五、定价公式

1. 一次还本付息债券的定价公式

债券的价格即等于来自债券的预期货币收入按某个利率贴现的现值。在确定债券价格时，需要估计预期货币收入和投资者要求的适当收益率（称必要收益率）。

对于一次还本付息的债券来说，其预期货币收入是期末一次性支付的利息和本金，必要收益率可参照可比债券得出。

如果一次还本付息债券按单利计息、按复利贴现，其价格决定公式为：

$$P = \frac{M(1+i \times n)}{(1+r)^n}$$

如果一次还本付息债券按复利计息、按复利贴现，其价格决定公式为：

$$P = \frac{M(1+i)^n}{(1+r)^n}$$

其中，P 为债券的价格；M 为票面价值；i 为每期利率；n 为剩余时期数；r 为必要收益率。

贴现债券也是一次还本付息债券，只不过利息支付是以债券贴现发行并到期按面值偿还的方式，于债券发行时发生。所以，可把面值视为贴现债券到期的本息和。参照上述一次还本付息债券的估价公式可计算出贴现债券的价格。

2. 附息债券的定价公式

对于按期付息的债券来说，其预期货币收入有两个来源：到期日前定期支付的息票利息和票面额。其必要收益率也可参照可比债券确定。

对于一年付息一次的债券来说，按复利贴现的价格决定公式为：

$$P = \frac{C}{1+r} + \frac{C}{(1+r)^2} + \cdots + \frac{C}{(1+r)^n} + \frac{M}{(1+r)^n}$$

其中，P 为债券的价格；C 为每年支付的利息；M 为票面值；n 为所余年数；

r 为必要收益率。

六、债券投资的策略与技巧

从总体上看，债券投资策略可以分为消极型投资策略和积极型投资策略两种，投资者可以根据资金来源与用途来选择适合的投资策略。一般而言，投资者应在投资之前认清自己是积极型投资者还是消极型投资者，积极型投资者一般愿意花费时间和精力管理投资，而消极型投资者一般只愿花费很少的时间和精力管理投资，大多数投资者都是消极型投资者，因为他们都缺少时间和必要的投资知识。

（一）消极型投资策略

这是一种不依赖于市场变化而保持固定收益的投资方法，其目的在于获得稳定的债券利息收入和到期安全收回本金。因此，也被称为保守型投资策略。

1. 购买持有

在对债券市场上所有的债券进行分析之后，根据自己的偏好和需要，买进能够满足自己要求的债券，并一直持有至到期兑付之日。在持有期间，并不进行任何买卖活动。

这种投资策略收益固定，交易成本低，但也有不足之处，通货膨胀风险较大，使得实际投资收益较低，还有就是持有期间市场利率的上升会导致收益率相对降低。

在实行这种策略时，应注意两个方面：一是根据投资者资金的使用状况来选择适当期限的债券；二是投资债券的金额也必须由可投资资金的数量来确定，不应该利用借入资金，也不应该保留剩余资金。

2. 梯形投资法

该方法又称等期投资法，就是每隔一段时间，在国债发行市场认购一批相同期限的债券，每段时间都如此，接连不断，这样，投资者在以后的每段时间都可以稳定地获得一笔本息收入。

其优点在于，投资者能够在每年中得到本金和利息，不至于产生很大的流动性问题，同时，市场利率发生变化时，此方法下的投资组合市场价值不会发生很大的变化，因此国债组合的投资收益率也不会发生很大的变化。此外，这种投资方法每年只进行一次交易，因而交易成本很低。

3. 三角投资法

利用国债投资期限不同所获本息和也就不同的原理，使在连续时段内进行的投资具有相同的到期时间，从而保证在到期时收到预定的本息和。这个本息和可能已被投资者计划用于某种特定的消费。和梯形投资法不同，虽然投资者都是在连续时期（年份）内投资，但是，这些在不同时期投资的债券的到期期限是相同的，而不是债券的到期期限。

其特点是在不同时期进行的国债投资的期限是递减的，优点在于既能够获得较固定的收益，又能保证到期得到预期的资金用于特定的目的。

4. 指数化投资法

该方法目标是使得债券投资组合达到与某个特定指数相同的收益，它以市场充分有效的假设为基础，这种方法虽然可以达到预期的绩效，但往往放弃了获得更高收益的机会或不能满足投资者对现金流的需求。

（二）积极型投资策略

其目的是获取市场波动所引起价格波动带来的收益。这类投资者对债券和市场有较深的认识，属于比较专业的投资者，对市场和个券有较强的预测能力，其投资方法是在对市场和个券做出判断和预测后，采用低买高卖的手法进行债券买卖。这种投资方法收益较高，但也面临着较高的风险。

1. 利率预测法

利率预测法，是指投资者通过主动预测市场利率的变化，采取抛售一种国债并购买另一种国债的方式来获取差价收益的投资方法。其关键在于能够准确预测市场利率的变化方向和幅度，从而能准确预测出债券价格的变化方向和幅度，并充分利用市场价格变化来取得收益。

2. 债券互换

债券互换，即同时买入和卖出具有相近特性的两个以上债券品种，从而获取收益级差的行为。不同债券品种在利息、违约风险、期限、流动性、税收特性等方面的差别，决定了债券互换的可行性和潜在获利可能。例如，当投资者观察AAA级和A级的债券收益时，如果发现两者的利差从大约75个基点的历史平均值扩大到100个基点，而投资者判断这种对平均值的偏离是暂时的，那么投资者就应买入A级债券，卖出AAA级债券，直到两者的利差返回到75个基点的历史平均值为止。一般而言，只有存在较高的收益级差和较短的过渡期时，债券投资者才会进行互换操作。

（三）其他投资策略

1. 等级投资计划法

等级投资计划法是指投资者事先按照一个固定的计算方法和公式计算出买入

和卖出国债的价位，根据计算结果进行操作，其要领是低进高出，只要国债价格处于不断波动中，投资者就必须严格按照事先拟定好的计划来进行国债购买，而是否买卖国债取决于国债市场的价格水平。具体地，当投资者选定一种国债作为投资对象后，就要确定国债变动的一定幅度作为等级，这个幅度可以是一个确定的百分比，也可以是一个确定的常数，每当国债价格下降一个等级时，就买入一定数量的国债，每当国债价格上升一个等级时，就卖出一定数量的国债。

2. 逐次等额买进摊平法

如果投资者对某种国债投资时，该国债价格具有较大的流动性，并且无法准确地预测其波动的各个转折点，投资者就可以采用此方法。即在确定投资于某种国债后，选择一个合适的投资时期，在这一段时期定量定期购买国债，不论这一时期该国债价格如何波动都持有进行购买，这样可以使投资者的每百元平均成本低于平均价格。运用这种方法每次投资时，要严格控制所投入资金的数量，保持投资计划逐次等额进行。

3. 金字塔式操作法

金字塔式操作法实际上是一种倍数买进摊平法，当投资者第一次买进国债后，发现价格下跌时可以加倍买进，以后在国债价格下跌过程中，每一次购买数量比前一次增加一定比例，这样就成倍地加大了低价购入的国债占国债总数的比重，降低了平均成本。

国债的卖出也可以采用金字塔式操作法，在国债价格上涨后，每次加倍抛出手中的国债，随着国债价格的上升，卖出的国债数量增多，以保证高价卖出的国债在卖出国债总额中占较大比重而获得较大盈利。

第三节　证券投资基金

一、概念

投资基金是一种利益共享、风险共担的集合投资工具，是通过发行基金份额，募集社会公众投资者的资金，以资产组合方式进行证券投资活动，获得的收益按基金证券份额平均分配给投资者的一种证券投资工具，美国称为"共同基金"或者"互助基金"。

二、证券投资基金的特征

（1）经营成本低，投资基金将小额资金汇集起来，具有规模优势，可以降低交易成本。

（2）降低投资风险，投资基金将资金分散到多种证券或者资产上，通过有效组合最大限度降低非系统性风险。

（3）专家管理增加投资收益机会，专业化知识的人员管理。

（4）服务专业化，发行、收益分配、交易、赎回都有专门的机构负责。

（5）投资者按投资比例享受投资收益。

三、证券投资基金的类型

1. 根据设立基金的法律基础及组织形态的不同

（1）公司型投资基金，是依据《公司法》组成的、以盈利为目的、投资于有价证券的股份制投资公司。

（2）契约型投资基金，是指根据一定的信托原则，由委托者、受托者和受益者三方订立信托投资契约而组建的基金形态。

2. 根据基金运作方式的不同

（1）开放型投资基金，是指基金份额总额不固定，基金份额可以在基金合同约定的时间和场所申购或者赎回的基金。

（2）封闭型基金，是指经核准的基金份额总额在基金合同期限内固定不变，基金份额可以在依法设立的证券交易所交易，但基金持有人不得申请赎回的基金。

3. 根据投资目标的不同

（1）成长基金，是基金中最常见的一种，它追求的是基金资产的长期增值。

（2）收入基金，主要投资于可带来现金收入的有价证券，如政府公债、公司债券等，以获取当期的最大收入为目的。

（3）平衡基金，投资目标是既要获得当期收入，又要追求长期增值，所以一般会把资金分散投资于股票和债券。

4. 根据投资对象的不同

（1）股票型基金，是指60%以上的基金资产投资于股票的基金。

（2）债券型基金，是指80%以上的基金资产投资于债券的基金。

（3）货币市场基金，是指仅投资于货币市场工具的基金。

（4）混合型基金，是指投资于股票、债券和货币市场工具，并且股票投资和债券投资的比例不符合债券、股票基金规定的基金。

5. 根据资本来源和用途的不同

（1）在岸基金，是指在本国募集资金并投资于本国证券市场的证券投资基金。

（2）离岸基金，是指一国的证券投资基金组织在他国发售证券投资基金份额，并将募集的资金投资于本国或第三国证券市场的证券投资基金，比如 QFII。

（3）国际基金，是指资本来源于国内，并投资于国外市场的投资基金，比如 QDII。

（4）区域基金，是指投资于某个特定地区的投资基金。

6. 根据投资理念的不同

（1）主动型基金，是一类力图取得超越基准组合表现的基金。

（2）被动性基金，其与主动型不同，其并不主动寻求取得超越市场的表现，而是试图复制指数的表现。被动型基金一般选取特定的指数作为跟踪对象，因此通常又被称为指数基金。

7. 其他种类

（1）基金中的基金（FOF），是指基金的投资标的就是基金，组合基金。基金公司集合客户资金后，再投资自己旗下或别家基金公司目前最有增值潜力的基金，搭配成一个投资组合。

（2）伞型基金（系列基金），是指基金下有一群投资于不同标的的子基金，且各子基金的管理工作均进行。只要投资在任何一家子基金，即可任意转换到另一个子基金，无须额外负担费用。

（3）保本基金，是指通过采用投资组合保险技术，保证投资者在投资到期时至少能够获得投资本金或一定回报的证券投资基金。保本基金的投资目标是在锁定下跌风险的同时力争有机会获得潜在的高回报。

（4）QDII，即合格的境内机构投资者，就是通过募集投资者的资金，投资到海外资本市场的证券经营机构。

四、开放式基金和封闭式基金的不同

（1）基金规模不同。封闭式基金发行上市后，在存续期内，如果未经法定程序认可，不能扩大基金的规模。开放式基金的规模是不固定的，一般在基金设立三个月后，投资者随时可以申购新的基金单位，也可以随时向基金管理公司赎回基金单位。业绩好的基金，规模会越滚越大。相反，业绩差的基金，会遭到投资者的抛弃，规模逐渐萎缩，直到规模小于某一标准时，基金则会被清盘。

（2）期限不同。封闭式基金通常有固定的存续期，目前我国封闭式基金的存续期为 10 年或 15 年。当期满时，要进行基金清盘，除非在基金持有人大会通过并经监管机关同意的情况下，可以延长存续期。而开放式基金没有固定的存续期，只要基金的运作得到基金持有人的认可，基金的规模也没有低于规定的最低标准，基金就可以一直存续下去。

（3）交易价格的决定方式不同。封闭型基金在证券交易所二级市场上挂牌买卖，其价格随行就市，直接受到基金供求关系、其他基金价格，以及股市、债市行情等的共同影响，一般总是偏离基金的资产净值，产生基金价格和基金资产净值之间的"折价"或"溢价"现象。开放式基金申购赎回的价格，以每日计算出的该基金资产净值为基础，加上必需的申购赎回费用，这个价格不受基金市场及相关市场（股票市场、债券市场）供求关系变化的影响。

（4）交易方式不同。封闭式基金在交易所挂牌上市交易，可以将持有的基金单位转让出售给其他投资者，变现投资。开放式基金一般不上市，如果想要买卖开放式基金，是通过向基金管理公司或其代销机构提出申购赎回申请，确认有效后进行基金的买卖。

（5）信息披露要求不同。封闭型基金不必按日公布资产净值，现在我国规定，只需要每周公布一次单位资产净值。开放式基金要求基金管理公司每个开放日公布基金单位资产净值，并按基金单位资产净值为基础确定交易价格，受理基金的申购与赎回业务。

（6）投资策略有区别。从理论上说，封闭式基金设立后，由于在整个封闭期的相当长时期内，资本规模固定，基金管理人可以进行长线投资。而开放式基金随时要应付投资者的申购和赎回，特别是为了防备投资者的赎回，基金资产必须留存部分现金及流动性强的资产。万一出现大规模赎回（巨额赎回），基金资产要能迅速变现。所以开放式基金的资产不能全部进行长线投资。

五、ETF 和 LOF

ETF（交易所交易基金），是一种特殊的开放式基金，既吸收了封闭式基金可以当日实时交易的优点，投资者可以像买卖封闭式基金或股票一样，在二级市场买卖 ETF 份额；同时，ETF 也具备了开基可自由申购赎回的优点，投资者可以像买卖开基一样，通过代销机构（银行或证券公司）向基金管理公司申购或赎回 ETF 份额。

LOF（上市型开放式基金），是一种既可以在场外市场进行基金份额申购赎回，又可以在交易所进行基金份额买卖、申购或赎回的开放式基金。

ETF 与 LOF 的区别有以下几个方面：

（1）ETF 本质上是指数型的开放式基金，是被动管理型基金，而 LOF 则是普通的开放式基金增加了交易所的交易方式，它可能是指数型基金，也可能是主动管理型基金。

（2）在申购和赎回时，ETF 与投资者交换的是基金份额和"一篮子"股票，而 LOF 则是与投资者交换现金。

（3）在一级市场上，即申购赎回时，ETF 的投资者一般是较大型的投资者，如机构投资者和规模较大的个人投资者，而 LOF 则没有限定。

（4）在二级市场的净值报价上，ETF 每 15 秒钟提供一个基金净值报价，而 LOF 则是一天提供一个基金净值报价。

六、价值分析

基金单位资产净值是基金经营业绩的指示器，也是基金在发行期满后基金单位买卖价格的计算依据。基金的单位资产净值可用下面的公式来表示：

$$单位资产净值 = \frac{基金资产总值 - 各种费用}{基金单位数量}$$

基金资产总值，是指一个基金所拥有的资产（包括现金、股票、债券和其他有价证券及其他资产）于每个营业日收市后，根据收盘价格计算出来的总资产价值。

应该注意的是，基金的单位资产净值是经常发生变化的，从总体上看，其与基金单位价格的变动趋势是一致的，即呈正比例关系。

1. 封闭式基金的价值分析

封闭式基金的价格和股票价格一样，可以分为发行价格和交易价格。封闭式基金的发行价格由两部分组成：一部分是基金的面值；另一部分是基金的发行费用，包括律师费、会计师费等。封闭式基金发行期满后一般都申请上市交易，因此，它的交易价格和股票价格的表现形式一样，可以分为开盘价、收盘价、最高价、最低价、成交价等。封闭式基金的交易价格主要受到六个方面的影响，即基金资产净值（指基金全部资产扣除按照国家有关规定可以在基金资产中扣除的费用后的价值，这些费用包括管理人的管理费等）、市场供求关系、宏观经济状况、证券市场状况、基金管理人的管理水平以及政府有关基金的政策。其中，确定基金价格最根本的依据是每基金单位资产净值（基金资产净值除以基金单位总数后的价值）及其变动情况。

2. 开放式基金的价值分析

开放式基金由于经常不断地按客户要求购回或者卖出基金单位，因此，开放式基金的价格分为两种，即申购价格和赎回价格。

（1）申购价格：开放式基金一般不进入证券交易所流通买卖，而主要在场外进行交易。投资者在购入开放式基金单位时，除了支付资产净值之外，还要支付一定的销售附加费用。也就是说，开放式基金单位的申购价格包括资产净值和一定的附加费用。

（2）赎回价格：开放式基金承诺可以在任一赎回日根据投资者的个人意愿赎回其所持基金单位。对于赎回时不收取任何费用的开放式基金来说，赎回价格就等于基金资产净值。

有些开放式基金赎回时是收取费用的，费用的收取是按照基金投资年数不同而设立不同的赎回费率。持有该基金单位时间越长，费率越低。当然也有一些基金收取的是统一费率。可见，开放式基金的价格是与资产净值密切相关的。

七、基金定投策略

基金定投，全称为基金定时定额投资，其关键在于需要间隔一个周期投资一次定额资金。以固定金额投资，低价位就会购入更多份额，高价位就自然购入较少份额，以此降低平均持仓成本，等到价格回归到中高位时将其卖出赚取利润。

案例 9-1： 如图 9-1 所示，投资者在 1 月到 4 月开始定投，每个月固定投资 600 元基金，1 月单价为 30 元，2 月涨到 60 元，3 月又跌回 30 元，4 月继续下跌跌到 15 元，5 月涨回 30 元再将份额全部卖出。

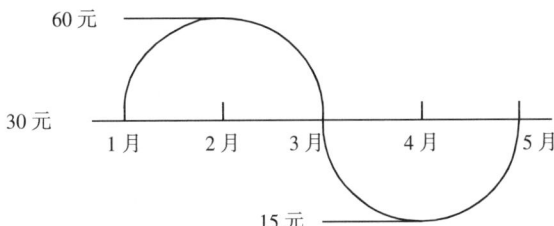

图 9-1 基金定投

根据金额/单价＝份额计算，每次投资 600 元，那么 1 月买入 20 份份额，2 月买入 10 份份额，3 月又买入 20 份份额，4 月买入 40 份份额，总共即买入 90

份份额，平均单位价格为 2400 ÷ 90 = 26.7 元，在 5 月以 30 元卖出，共获得 2700 元资金，相比总投资额 2400 元要多出 300 元，收益率共 12.5%。

股市虽然经历了一轮波峰和波谷后回到了原价，但投资者却获得了盈利，核心原理就是利用高价买入份额少，低价买入份额多，在经历市场波动后通过摊低单位成本，再在市场回暖时以中高价位售出从而获利。

案例 9-2:

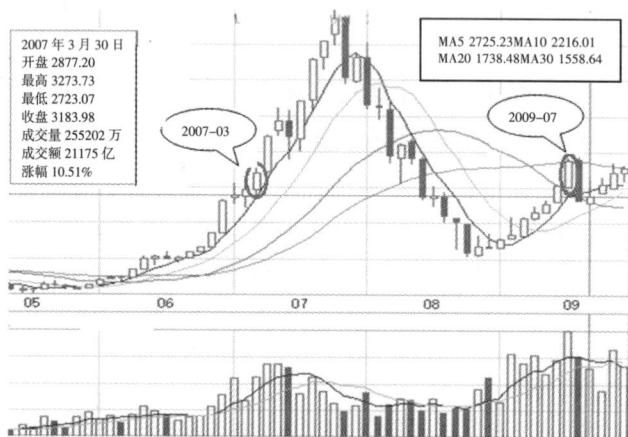

图 9-2 沪深 300 指数 K 线图

如图 9-2 所示，截取 2007 年 3 月到 2009 年 7 月共 28 个月的沪深 300 指数的数据（每个长方形代表一个月的 K 线），中途经历了一个波峰和波谷，且波峰持续时间长达 14 个月，波谷持续时间亦为 14 个月。

假设沪深 300 指数点位即为基金单价，按月每次定额投资 40 万元（为便于计算，多少并不影响结果），从 2007 年 3 月的 3183 点开始定投沪深 300 指数基金，再在 2009 年 7 月 3412 点卖出，期间共 28 个月的累计收益率是 17%，年化收益率是 7.0%（详算如表 9-2 所示）。这里就是利用了定额投资高价位低份额、低价位高份额的买入原理。

表 9-2 沪深 300 指数 28 个月的点位、份额、累计收益率

点位（单价）	3183	3841	4109	3820	4471	5218	5552
份额	126	104	91	105	90	77	72
点位（单价）	5954	4871	5261	4383	4348	3472	3693
份额	67	82	7	91	92	115	108
点位（单价）	3433	2736	2775	2397	2293	1728	1871

续表

份额	117	146	144	167	174	231	214
点位（单价）	1820	1990	2082	2373	2477	2632	2959
份额	220	201	192	169	161	152	135
累计份额	3842						
累计收益率	成交价/均价−1 = 3412/2915 − 1 = 17%						

接下来再来看一下中国近 10 年股市的走势，图 9-3 所示为 2006~2016 年的沪深 300 指数走势。

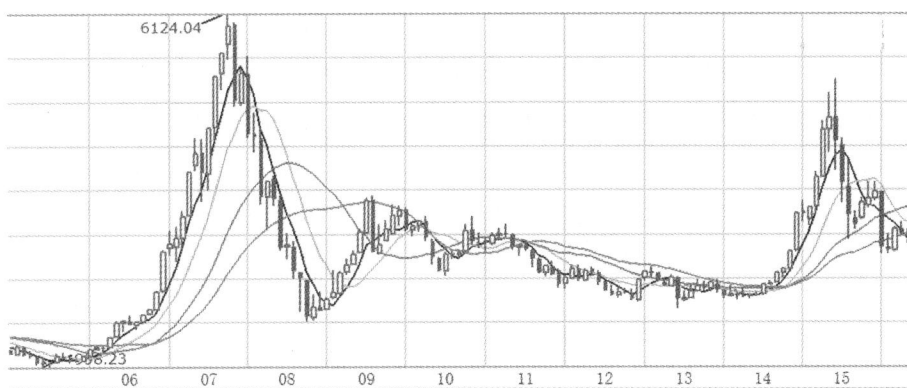

图 9-3　2006~2016 年沪深 300 指数走势

假设投资者在 2007 年的 6124 点时开始按月进行定投，穿越了近八年的熊市后在 2015 年牛市 5000 点时卖出，平均持仓成本仅为 2517 点，收益率达到两倍，折合年化收益率 9.64%，如果算上货币的时间价值的话，年化收益率达到了惊人的 17.1%，最重要的是长时间的熊市让投资者的持仓成本降到了惊人的 2517 点，即使是以现在跌得不行的 2763 点时的点位卖出，投资者也能保证盈利。

基金定投最大的优点包括以下几个方面：

（1）弱化了入市时机选择的重要性。通过以上分析知道，当股市价格在短期内趋于下降到低谷时，最终回升为高位的情况的收益率会更高于中间涵盖波峰波谷或者其他情况的收益率，但无论何时选择入市时点，在长期的定投下通过降低单位持仓成本，只要股市最终回归正常价值点或者更高位，之前定投厚积的份额就能为投资者带来丰厚的回报。

（2）减少投资者狂热风险。现在很多股市投资者看好哪只股票直接就提起刀来，全仓杀入，基本都是半仓以上，这对于缺乏投资经验的小白来说是相当危险的，即使对于股市老手也是一样。基金定投，由于其分批入市且定额投资的特性，注定其不会出现长期高额持仓成本的现象，从而大大减少了被深套的风险。

（3）风险波动越大收益反而越高。案例1中1个月从30元涨到60元，2个月后又跌到了15元，之后才涨回30元，这一跌一涨，短短4个月就实现了12.5%，即年化42.4%的收益，而实际数据中股市的波动更小，实际数据中2007~2009年定投的年化收益率为5.38%，2007~2014年年化收益率9.6%（这里的收益率均不包含货币时间价值）。

（4）工薪族以拿月薪为主，适合基金定投。由于工薪阶层每个月拿固定工资，所以能抽出一定比例每月固定去投资，充分地利用了货币时间价值的优势。

（5）快速调整投资组合。定投由于其分批资金进入的原理，所以基本不会出现全仓操作，如果发现了更好的投资标的，可以根据盈亏情况选择继续定投或者退出改投新标，抑或投资人在多年定投中收入增加了，直接增加一项投资标的亦可。

（6）强制储蓄，开源节流。由于每个月自动扣款，能强制让大部分的月光族们留下一笔钱来做理财，正好基金定投最适合的就是用作养老金、子女教育金等长远支出金。

（7）避开人性的弱点。炒股的小白们都喜欢追涨杀跌，随波逐流，非常容易对一些股市消息产生过度反应，通常连续几个跌停板就坐不住要抛售了，但如果选择了基金定投的投资方式，那么无论是价格上涨还是下跌都挺开心的，上涨了更好，下跌了就会买入更多的份额，主动买套，只要成本不断被拉低，等市场回暖后就可以再赚一笔。

任何投资方式都有其缺陷所在，基金定投的弊端有：

（1）短线投资存在亏损风险。定投虽能降低风险，但不能杜绝风险，比如定投指数基金，开始一直涨，但没过多久又跌回了原价，那么这时把它卖掉，即使高价时定额投资减少了买入份额，但平均价格还是在原价之上，亏损是必然的，所以基金定投适合长线投资，最宜出入时点是相距两个牛市顶峰时买入和卖出，如果做不到神准的判断力，就一直坚持定投吧。

（2）牛市时收益不如一次性投资。定投最爱熊长牛短，如果牛市来时还是把攒着的钱分批入市，那些把钱全部砸进去买股票基金的投资者收入肯定高。

基金定投要注意以下两点：

（1）止盈不止损。基金定投通过摊低单位成本、增加份额的方式，等最终价格回到合理估值或高位时将其卖出来获利，如果刚开始投资每天一看账目上是浮亏的，且价格一直在低位涨不上去就把它亏本卖掉了，是享受不到定投好处的。

（2）坚持定期投资。假如手动投资，投了这个月忘了下个月，过两个月想起来了又继续，这样三天打鱼两天晒网的话是很难保证定投效果的，只有把时间连贯起来，才能完整地通过定投平滑整个股市巨幅波动的风险。

第四节　黄金

黄金作为一种全球性资产，能够较好地抵御通货膨胀和政治经济动荡的影响，是一种具有较强保值能力的理财产品。

一、黄金及其成色简介

黄金按性质可分为生金和熟金两大类。生金又叫原金、天然金、荒金，是人们从矿山或河边开采出来，未经提炼的黄金。凡经过提炼的黄金称为熟金。熟金中加入了其他元素而使黄金在色泽上出现变化，人们通常把加入了金属银而没有其他金属的熟金称为清色金，而把被掺入了银和其他金属的黄金称为混色金。

黄金是一种稀有金属元素，纯度可以用试金石鉴定，所谓"七青、八黄、九紫、十赤"，意思是条痕呈青色，金含量为 70%，呈黄色为 80%，呈紫色为90%，呈红色，则为纯金。

混色金含金量的多少被称为成色。K 金是混色金成色的一种表示方式，每 K（英文 Carat、德文 Karat 的缩写，常写作"K"）含金量为 4.166666%，所以国家标准 GB11887-89 规定 22K = 100/24 × 22 = 91.666666%（916‰），在理论上把含量100%的金称为24K；在现实中不可能有 100%的黄金，所以我国规定含量达到99.6%以上（含 99.6%）的黄金称为 24K 金，国家规定低于 9K 的黄金首饰不能称之为黄金首饰。

黄金成色还可以直接用含量百分比表示，通常是将黄金重量分成 1000 份的表示法，如金件上标注 9999 的为 99.99%，标注为 586 的为 58.6%。

市场上的黄金制品成色的标识有两种：一种是百分比，如 G999，含金量不小于 990‰的被称为足金，而大于 G999 的称为千足金；另一种是 K 金，如G22K。我国对黄金制品的印记和标识有规定，一般要求有生产企业代号、材料名称、含量印记等，无印记为不合格产品，国际上也是如此，但对于一些特别细小的制品也允许不打印记。

二、黄金理财品种

（一）现货实物黄金

日常工作忙碌，没有足够时间经常关注世界黄金的价格波动，不愿意也没有精力追求短期价差的利润，而且又有充足的闲置资金的投资者，可以进行现货实物黄金投资，投资品种主要有金饰品、纪念性金条（币）和投资性金条（币）。

1. 金饰品

国内居民平常所能看到的黄金制品主要是黄金饰品，而黄金饰品更多的是为发挥其美学价值而存在的，并不是一个非常好的理财品种。除了购买黄金饰品本身所支付的附加费用非常高，购买价格与黄金原料的内在价值差异较大外，金银首饰在日常使用中也会受到不同程度的磨损，如果将旧金银首饰变现，其价格比原分量打折扣。

2. 金币

金币可以分为投资性金币和纪念性金币。两者的主要区别在于：投资性金币一般无明确的主题，每年的图案可以不换，发行量不限，质量为普制，价格是金价加较低的升水；纪念性金币则是限量发行并具有明确纪念主题和精美图案的精制金币，具有较高的艺术品特征，其职能已经大大超越流通职能，多为投资增值和收藏、鉴赏之用。

投资性金币是世界黄金非货币化后专门用于黄金投资的法定货币，一般采用固定图案，每年只更换年号，售价只是在金价的基础上加较低的升水。金币经销机构在销售的同时也依据当时的金价收取较低的手续费进行挂牌后购，方便收藏者和投资者变现。其又称为"普制金币"，价格主要受国际市场上黄金价格涨跌的影响。

纪念性金币的价格主要由三方面因素决定：一是数量越少，价格越高；二是铸造年代越久远，价值越高；三是目前的品相越完整，价值越高。

（二）金条

金条可以分为纪念性金条和投资性金条。市场中常见的纪念金条、贺岁金条等都属于纪念性金条，其性质和特点与纪念性金币类似。投资性金条加工费低廉，各种附加支出不高，标准化金条全球 24 小时连续报价，在全世界范围内都可以方便地买卖。对一般投资者而言，投资性金条是最适合的实物黄金理财品种。

目前，我国面向个人的投资性金条主要有上海黄金交易所的实物金和一些金融机构推出的品牌金。

1. 上海黄金交易所的实物金

目前，上海黄金交易所面向个人的黄金投资品种有两个：Au99.99 和 Au100g。投资者必须在上海黄金交易所认定的金融类会员中开设个人黄金账户，其后可以根据上海黄金交易所实时行情进行撮合交易，并且可以自由选择是否提取实物黄金。交易时间和交易价格完全与上海黄金交易所同步，交易所对个人业务收取万分之六的交易手续费，会员向个人投资者收取的代理交易手续费则由会员自行制定，最高不得超过 15‰。金条运保费由买卖双方共同承担，双方按 0.08 元/克向交易所分别支付。

Au99.99 和 Au100g 的最小交易单位为一手，对应的黄金单位均为 100g，实物最小提货单位为 1kg 和 100g。相应地，参与个人黄金交易的投资者，可以分为提取成色不低于 99.99%、标准重量为 1kg 和成色不低于 99.99%、标准重量为 100g 的 Au100g 金条。金锭和金条的提取都在交易所指定的标准金仓库。

2. 品牌金

目前市场上一直活跃的品牌金主要有建设银行的"龙鼎金"和成都高赛尔的"高赛尔金条"。

龙鼎金由建设银行自行设计，金条成色为 Au99.99，重量为 50g、100g、200g 和 500g 四种，报价单位为人民币元/克，最小价格变动单位为人民币 0.01 元，交易时间为工作日的 9：30~15：00。

高赛尔金条由招商银行、农业银行代理，其规格包含 2 盎司、5 盎司、10 盎司，含金量大于 99.99%，报价单位为人民币元/盎司，采用伦敦金价格体系报价，售出手续费收取 109 元/盎司。回购金条时，按高于当时高赛尔标准金挂牌买价每盎司人民币 62 元的价格予以回购。

（三）纸黄金

纸黄金，又称"记账黄金"，是一种账面虚拟的黄金，一般由资金实力雄厚、资信程度良好的商业银行、黄金公司或大型黄金零售商发行，投资者只在账务上从事黄金买卖，不做黄金实物的提取交割或存放。纸黄金可以节省实物黄金交易中必不可少的保管费、储存费、保险费、鉴定费和运输费用的支出，加快黄金的流通，提高黄金市场交易的速度。但是，由于纸黄金不能提取实物黄金，没有保值功能，因此并不能抵御通胀风险。

纸黄金的盈利模式即通过低买高卖，获取差价利润。纸黄金实际上是通过投机交易获利，而不是对黄金实物投资，也称实物金存折，以 1∶1 形式，可买涨也可买跌。此种投资方式进入门槛相对低，收益高风险也高。

2005 年 2 月 28 日，建设银行在"龙鼎金"个人黄金买卖业务中正式推出个人账户金业务。"龙鼎金"账户金是投资人在建设银行开立黄金账户，并进行买卖的一种金融投资产品。投资人的黄金份额在账户中记录，而不是提取实物黄金。

交易品种——本币金。

交易计量——本币金：元/克（1 盎司 = 31.1035 克）。

交易起点——克，买入起点为 10 克，交易委托为 1 克的整数倍。

交易点差——本币金双边点差为 1 元。

交易时间——周一到周五，10∶00~15∶30。

交易方式——凭龙卡证券卡和储蓄卡存折，持身份证件和证券卡到网店办理账户金交易，也可签约电子银行，通过电子渠道办理交易。

（四）黄金期货

黄金期货，是指以国际黄金市场未来某时点的黄金价格为交易标的的期货合约，投资人买卖黄金期货的盈亏是由进场到出场两个时间的金价价差来衡量，契约到期后则是实物交割，主要包括保证金、合同单位、交割月份、期货交割、佣金、日交易量、委托指令等要素。

纽约商业交易所（The New York Mercantile Exchange, Inc.）由 NYMEX 和 COMEX 于 1994 年合并组成，是全球最早的黄金期货市场。根据纽约商业交易所的界定，它的期货交易分为 NYMEX 及 COMEX 两大分部，NYMEX 负责能源、铂金及钯金交易，其余的金属由 COMEX 负责。COMEX 目前是世界上最大的黄金期货交易中心，对黄金现货市场的金价影响很大。2007 年 9 月 11 日，中国证监会批注上海期货交易所组织黄金期货交易，2008 年 1 月 9 日，黄金期货合约上市。

（五）黄金期权

黄金期权是规定按事先约定的价位、期限买卖数量标准化黄金的权利产品，是最近 20 多年来出现的一种黄金理财产品。

同其他期权一样，黄金期权分为黄金看涨期权和看跌期权，期权的买方要向卖方支付一定数量的期权费。如果价格走势对期权购买者有利，则行使权利而获利；如果对其不利，则放弃购买权利，损失只是购买时的费用。由于黄金期权买卖战术比较多而且复杂，不易掌握，目前世界上黄金期权市场并不多。黄金期权也是 COMEX 重要的黄金衍生产品，而且 COMEX 是世界上最大的黄金期权市场。

第五节　外汇投资

一、外汇和汇率

（一）外汇的定义

外汇是以外币表示的用于国际结算的支付凭证。国际货币基金组织对外汇的解释为：外汇是货币行政当局（中央银行、货币机构、外汇平准基金和财政部）以银行存款、财政部库券、长短期政府证券等形式所保有的在国际收支逆差时可以使用的债权。其包括：外国货币、外币存款、外币有价证券（政府公债、国库券、公司债券、股票等）、外币支付凭证（票据、银行存款凭证、邮政储蓄凭证等）。

一种货币要成为外汇必须具备两个条件：①自由兑换性和普遍接受性，即能自由兑换成其他经济往来国家的货币，必须能够被其他国家所接受；②外汇的实体在国外，即具有可偿付性。

（二）汇率及标价法

汇率是一国货币同另一国货币兑换的比率。如果把外国货币作为商品的话，那么汇率就是买卖外汇的价格，是以一种货币表示另一种货币的价格，因此也称为汇价。

要确定两种不同货币之间的比价，先要确定用哪个国家的货币作为标准。由于确定的标准不同，于是便产生了三种不同的外汇汇率标价方法。

（1）直接标价法，又叫应付标价法，是以一定单位（1、100、1000、10000）的外国货币为标准来计算应付出多少单位本国货币。因其相当于计算购买一定单位外币所应付多少本币，所以就叫应付标价法。在国际外汇市场上，包括中国在内的世界上绝大多数国家目前都采用直接标价法。如日元兑美元汇率为 119.05，即 1 美元兑 119.05 日元。

在直接标价法下，若一定单位的外币折合的本币数额多于前期，则说明外币币值上升或本币币值下跌，叫作外汇汇率上升；反之，如果用比原来较少的本币即能兑换到同一数额的外币,则说明外币币值下跌或本币币值上升,叫作外汇汇率下跌,即外币的价值与汇率的涨跌成正比。

(2)间接标价法,又称应收标价法。它是以一定单位(如1个单位)的本国货币为标准,来计算应收若干单位的外汇货币。在国际外汇市场上,欧元、英镑、澳元等均为间接标价法。如欧元兑美元汇率为0.9705,即1欧元兑0.9705美元。在间接标价法中,本国货币的数额保持不变,外国货币的数额随着本国货币币值的变化而变化。如果一定数额的本币能兑换的外币数额比前期少,这表明外币币值上升,本币币值下降,即外汇汇率下跌;反之,如果一定数额的本币能兑换的外币数额比前期多,则说明外币币值下降、本币币值上升,即外汇汇率上升,即外汇的价值和汇率的升跌成反比。因此,间接标价法与直接标价法相反。

(3)美元标价法,又称纽约标价法,是指在纽约国际金融市场上,除对英镑用直接标价法外,对其他外国货币用间接标价法的标价方法。美元标价法由美国在1978年9月1日制定并执行,目前是国际金融市场上通行的标价法。

在外汇买卖中,通常用"点"来表示买卖差价和汇率上升、下降的变化幅度。汇率通常由5位或6位数组成,所谓的"点"(Basis Point, BP),是汇率最后一位数的单位,最后一位数的1个单位为1个基本点,通常为0.0001。

二、汇率的分类

(一)按银行买卖外汇的角度划分

(1)买入汇率,也称买入价,即银行向同业或客户买入外汇时所使用的汇率。

(2)卖出汇率,也称卖出价,即银行向同业或客户卖出外汇时所使用的汇率。

买入卖出之间有一个差价,这个差价是银行买卖外汇的收益,一般为1%~5%。银行同业之间买卖外汇时使用的买入汇率和卖出汇率也称同业买卖汇率,实际上就是外汇市场买卖价。

(3)中间汇率,是买入价与卖出价的平均数。西方明刊报道汇率消息时常用中间汇率,套算汇率也用有关货币的中间汇率套算得出。

(4)现钞汇率。一般国家都规定,不允许外国货币在本国流通,只有将外币兑换成本国货币,才能够购买本国的商品和劳务,因此产生了买卖外汇现钞的兑换率,即现钞汇率。按理现钞汇率应与外汇汇率相同,但因需要把外币现钞运到各发行国去,由于运送外币现钞要花费一定的运费和保险费,因此,银行在收兑外币现钞时的汇率通常要低于外汇买入汇率;而银行卖出外币现钞时使用的汇率则高于其他外汇卖出汇率。

(二) 按外汇交易交割期限划分

（1）即期汇率，也叫现汇汇率，是指买卖外汇双方成交当天或两天以内进行交割的汇率。

（2）远期汇率，是在未来一定时期进行交割，而事先由买卖双方签订合同、达成协议的汇率，到了交割日期，由协议双方按预订的汇率、金额进行钱汇两清。远期外汇买卖是一种预约性交易，是由于外汇购买者对外汇资金需要的时间不同，以及为了避免外汇汇率变动风险而引起的。远期外汇的汇率与即期汇率相比是有差额的。这种差额叫远期差价，有升水、贴水、平价三种情况，升水表示远期汇率比即期汇率贵，贴水则表示远期汇率比即期汇率便宜，平价表示两者相等。

三、外汇理财方式

(一) 外汇存款

目前银行存款币种一般有美元、港元、日元、欧元、新加坡元、加拿大元、瑞士法郎、澳大利亚元、英镑等可自由兑换的货币，分为定期、活期、通知及外币协议存款四大类外币储蓄存款业务。

（1）外币活期存款，指不确定存期，可以随时支取且金额不限的储蓄方式，在存入期间内均按结息日挂牌公告的相应币种活期储蓄存款利率计付利息，每年结算一次，并入本金起息。

（2）外币定期存款，是一种由存款人预先约定期限、到期支取的存款，一次存入本金，整笔支取本息和利息的储蓄，期限档次分为1个月、3个月、6个月、1年、2年五个档次。

（3）外币通知存款，是指在存款时不约定存期，支取时需提前通知银行，约定支取存款日期和金额的存款方式，有最低起存金额和最低支取金额的限制。其兼顾了流动性和收益性，年利率高于活期存款，使短期内无投资方向的闲置资金获取了较大收益。

（4）外币协议存款，是银行与存款人以协议的方式约定存款额度、期限、利率等内容，由银行按协议约定计付存款利息的储蓄方式，利率一般要比定期存款利率高。

(二) 外汇买卖

外汇买卖主要可分为实盘交易、保证金交易、外汇期货交易等。

1. 实盘交易

外汇实盘交易又称外汇现货交易。在中国，个人外汇交易又称外汇宝，是指个人委托银行，参照国际外汇市场实时汇率，把一种外币买卖成另一种外币的交易行为。由于投资者必须持有足额的要卖出外币才能进行交易，较国际上流行的外汇保证金交易缺少保证金交易的卖空机制和融资杆机制，因此也被称为实盘交易。自从 1993 年 12 月上海工商银行开始代理个人外汇买卖业务以来，随着中国居民个人外汇存款的大幅增长、新交易方式的引进和投资环境的变化，个人外汇买卖业务迅速发展，目前已成为中国除股票以外最大的投资市场。

截至目前，工、农、中、建、交、招、光大等多家银行都开展了个人外汇买卖业务，国内的投资者，凭手中的外汇，到上述任何一家银行办理开户手续，存入资金，即可通过互联网、电话或柜台方式进行外汇买卖。

2. 保证金交易

外汇保证金交易又称虚盘交易、合约现货外汇交易，是投资者和专业从事外汇买卖的金融公司用自有资金作为担保，签订委托买卖外汇的合同，缴付一定比例的交易保证金，从银行或经纪商处提供的融资放大来进行外汇交易。这种合约形式的买卖只是对某种外汇的某个价格做出书面或口头的承诺，等待价格出现上升或者下跌时，再做买卖的结算。融资比例的大小，一般由银行或者经纪商决定，融资的比例越大，客户需要付出的资金相对就越少。

采用保证金形式买卖外汇要特别注意的是，保证金的金额虽小，但实际撬动的资金却十分庞大，而且外汇汇价每日的波幅又很大，如果投资者在判断外汇走势方面出现失误，就很容易造成保证金的全军覆没。虽然高收益伴随着高风险，但如果投资者方法得当，风险是可以控制和管理的。

在合约现货外汇交易中，投资者还可能获得客观的利息收入，计算方法不是以投资者实际的投资金额，而是以合约的金额计算的。如果买的是高息货币，利息收入就有可能很可观；而如果卖高息货币，不仅没有利息收入，还必须支付利息。

3. 外汇期货交易

外汇期货交易是指买卖双方成交后，按规定在合同约定的到期日内按约定的汇率进行交割的外汇交割方式，买卖双方在期货交易所以公开喊价方式成交后，承诺在将来某一特定日期，以当前所约定的价格交付某种特定标准数量的外币，即买卖双方以约定的数量、价格和交割日签订的一种合约。

与外汇存款相比，外汇买卖的投资报酬率比较可观，但风险也比较高，因为收益与汇率波动密切相关，特别是保证金交易和期货交易，杠杆比率比较高，稍有不慎，会血本无归。因此，外汇投资一般适合于风险承受能力较高、具有一定专业知识和一定精力投入的外汇投资者。

（三）B 股投资

2001 年 2 月 19 日发布的《关于境内居民个人投资境内上市外资股若干问题的通知》决定，境内居民个人可以按照本通知从事 B 股投资。目前国内投资者只要有美元或港元就可以开户。

B 股投资一般回报率较高，获利机会多，但其风险要大于外汇储蓄和外汇交易，尤其是政策风险。另外，同外汇交易相比，B 股的市场容量小，资金流动性差，交易时间有限。因此，B 股投资适合于风险承受能力较高的投资者，要求投资者要有丰富的证券投资知识和技巧，平时要密切关注国内经济政策与国际金融市场的变化。

（四）外汇理财产品

外汇理财产品是金融机构根据客户所愿承担的风险程度，将固定收益产品和利率期权、汇率期权等相结合，设计出的一系列风险、收益程度不同的复合型外币产品。

作为一种较好的外汇理财方式，首先，其收益率远远高于固定存款，兼顾了风险和收益；其次，其具有特有的风险机制及合约交易双方风险收益的非对称性。其不足之处是：第一，对投资初始金额有一定的要求；第二，对投资者的知识和能力有较高要求。因此，外汇结构性存款产品比较适合于风险偏好程度适中，对利率或汇率等走势的预测有一定把握，但又没有大量的时间和精力来跟踪汇市的投资者。

第六节　银行理财产品

银行理财产品是由商业银行自行设计并发行，将募集到的资金根据产品合同约定投入相关金融市场及购买相关金融产品，获取投资收益后，根据合同约定分配给投资人的一类理财产品。

银行理财产品最常用的两种基本分类，即按标价货币分类和按收益类型分类。

一、按标价货币分类

银行理财产品的标价货币，即允许用于购买相应银行理财产品或支付收益的货币类型。如外币理财产品只能用美元、港币等外币购买，人民币理财产品只能用人民币购买，而双币理财产品则同时涉及人民币和外币。

（一）外币理财产品

外币理财产品主要针对手中持有一定外币，既想获得比银行存款更高的收益，又不愿承担过高风险的储蓄客户。外币理财产品的投资领域主要是国际外汇买卖及衍生品市场。

外币理财产品的出现早于人民币理财产品，外资银行凭借自身强大的海外投资能力，在这一领域表现极其活跃。

（二）人民币理财产品

人民币理财产品主要的投资方向是国内的债券市场和票据市场。从投资方向分，最常见有债券型、信托型、新股申购型、QDII 型、挂钩型和认购金融股权型。

（1）债券型，主要投资于国债、央行票据、政策性金融债等低风险产品，是风险最低的银行理财产品之一。比起购买单期国债来说，这类理财产品通过各种债券搭配来提高收益率，投资期限短，因此更具投资价值（央行票据与企业短期融资券个人无法直接投资，这类人民币理财产品实际上为客户提供了分享货币市场投资收益的机会）。

（2）信托型，投资于商业银行或其他信用等级较高的金融机构担保、回购的信托产品或商业银行优良信贷资产收益权信托产品。

（3）新股申购型，集合投资者资金，通过机构投资者参与网下申购，提高中签率。

（4）QDII 型，取得代客境外理财业务资格的商业银行接受投资者的委托，将人民币兑成外币，投资于海外资本市场，到期后将本金及收益结汇后返还给投资者。

（5）挂钩型，投资港股、境外的股票或者国内的 A 股，根据绑定股票的期初价格和期末价格，分出一个固定的时间作为观察周期，用观察周期期初价格和期末价格的差异算出平均值，用平均值乘以客户的参与率，最后给客户提供收益。一般情况下保证本金，但是收益为浮动型。

（6）认购金融股权型，银行与投资企业有协议，分红后享有优先认购权。例如招商银行推出的"锦泰一号股权投资信托理财计划"就是该类型，投资方向是平安信托投资有限公司的资金信托计划，收益时招商银行享有优先收益权。

（三）双币理财产品

根据货币升值预期，将人民币理财产品和外币理财产品进行组合创新，即双币理财产品。其投资模式包括以下几种：

（1）投资本金由本外币两种货币组成，以人民币理财产品和外币理财产品的模式运作，到期后分别以原币种支付本金及收益。

（2）以人民币作为投资本金，将此本金产生的利息兑成外币以外币理财模式运作，以外币返还本外币理财的整体收益。

（3）其他交叉投资模式。

二、按收益类型分类

（一）保证收益类

保证收益类理财产品是比较传统的产品类型，按照收益的保证形式，可细分为以下两类：

（1）收益率固定，即银行按照约定条件，承诺支付固定收益，银行承担由此产生的投资风险。若客户提前终止和约，则无投资收益；若银行提前终止和约，收益率按照约定的固定收益计算，但投资者将面临一定的再投资风险。

（2）收益率递增，即银行按照约定条件，承诺支付最低收益并承担相关风险，其他投资收益由银行和客户共同承担。若银行提前终止和约，客户只能获得较低收益，且面临高于固定收益类产品的再投资风险。

比如，一个一年期的产品，银行有权半年后提前终止，收益率为6%，而目前市场上普通一年期产品收益率为5%。如果半年后银行行使提前终止权，而当客户将提前收回的本金重新投资于半年期的产品时，市场上的半年期产品收益率可能只是3.8%了，用单利计算，客户一年下来投资的收益为6%/2 + 3.8%/2 = 4.9%而已，反而低于投资于一个普通一年期产品5%的回报。

（二）非保证收益类

非保证收益类理财产品又分保本浮动收益类和非保本浮动收益类两种。

1. 保本浮动收益

保本浮动收益在产品指商业银行根据约定条件向客户保证本金支付，依据实际投资收益情况确定客户实际收益，本金以外的投资风险由投资者承担的理财产品。

此类产品将固定收益证券的特征与衍生交易的特征有机结合，是常说的结构型理财产品，在保证本金的基础上争取更高的浮动收益。

商业银行通常通过购买零息票据或期权等保本工具来实现保本，再将剩余的钱去购买挂钩标的。这种策略以小博大，如果投资者认同挂钩产品的走势，最多也只是输掉投资期利息，以一笔门槛不高的投资，便可以参与诸如商品市场、海外资本市场等平日没有途径进入的领域，有较强的吸引力。

2008年3月，东亚银行推出一款名为"聚圆宝8"的理财产品。该产品提供到期日100%投资本金保证，并根据1.5年后结算日牛奶及小麦两者中的最逊色商品的表现（即收市价相对其开始价格而言），来厘定到期投资收益。该产品风险揭示中明确表示，"若结算日挂钩篮子商品内最逊色商品的表现下跌（相对其开始价格），投资者于到期日只可取回原本的投资金额，但投资收益将不获派发"，说明投资者可能面临零收益的投资风险，但是确定有到期日100%投资本金保证，由此可知该产品属于典型的保本浮动收益产品。

需要特别说明的是，保本浮动收益从收益计算方式划分，主要可以分为区间累积型、挂钩型、触发型三种。

（1）区间累积型，即预先确定最高、最低的年收益率并设置利率参考区间，根据利率、汇率、指数等标的物在参考区间内运行的情况确定收益率。

（2）挂钩型，即产品实际收益情况与存续期内每一天的利率等标的物成正比（反比），挂钩标的物越高（低），产品收益率越高（低）。

（3）触发型，即为挂钩标的物设定一个触发点，在产品观察期内，触碰或突破触发点，可获得约定的投资收益。

投资者需要对挂钩标的物有一定了解和基本判断能力，如果产品设计对标的物走势情况判断失误，产品收益率有可能就大打折扣甚至为零。即使走势判断正确，收益计算方式的选择也极为重要。以区间累积型为例，即使产品设计者对某一挂钩市场走势判断正确，但假设参考区间设计的幅度过于狭窄，一旦投资标的物的表现在短时间内大幅上扬（下挫），直接跳开该设定区间，则会直接影响实际投资成果。

2. 非保本浮动收益

非保本浮动收益类产品指商业银行根据约定条件和实际投资情况向客户支付收益，并且不保证本金安全，投资者承担投资风险的理财产品。

招商银行2008年2月推出的"金葵花"新股申购17期理财计划，产品期限9个月，持有到期的预期年化收益率为7%~20%，收益上不封顶。产品收益主要来源于申购中签的新股在公开交易市场出售后的价差收入，产品说明书中所指的预期收益并非保证收益，新股申购中签率及其上市后的价格波动直接影响到投资收益甚至本金安全。

这款"打新股"概念的产品是典型的非保本浮动收益类理财产品。非保本浮动收益类理财产品是商业银行面向投资者推出的类似衍生金融产品的理财计划，目前还未形成完善的产品系统。现阶段常见的是一些打新股、类基金等产品，但是鉴于本质没有太大差别，更多要考虑的是此类产品的入场时间而非产品设计。

第七节　艺术品与收藏品

一、艺术品

艺术品主要包括绘画、雕像、雕刻、陶艺等。投资艺术品既可以满足投资者的审美需要，又可能由于价格增长使投资者获得丰厚回报。投资者投资艺术品需要掌握很多的知识和技巧，鉴别艺术品的真伪、优劣、好坏、高下也非朝夕之功。艺术品的投资策略主要有以下几类：

1. 利用空间差价获利

由于艺术品市场分割状态很严重，相同的艺术品在不同地域的价格可能存在很大的差别。利用艺术品的空间价差可能令投资者获得丰厚的无风险利润，这种方式在信息不发达的环境中尤为适用。

目前，国内与国外，城市与乡村，北方与南方，沿海与内地，由于地区艺术品存量的不同、审美口味的不同，艺术品的地区价差经常存在，利用地区价差投资仍然是一种常用且有效的方式。

2. 利用时间差价获得利润

国际上有一种通行的说法，艺术品是一种中长期的投资门类，一般10年增值3~6倍。以20世纪70年代到90年代末这20~25年的价格比为例，齐白石一幅画原市场价为150~250元，目前每幅价为5万~10万元，精品更是几十万元一幅。所以，投资艺术品应该是长期投资。

3. 艺术品投资的原则

准确性是艺术品收藏投资的成败关键，投资艺术品需要掌握三大原则：创派性的独特艺术风格、不可取代性的高难度技巧、具审美高度的严谨认真的作品。严格遵守上述三大原则就能极大地降低投资风险，而且回报相当丰厚。不可迷信年龄、辈分和职位，因这与艺术品的真正价值并无必然联系。

二、收藏品

收藏品种的范围大体包括邮品、钱币、磁卡、字画、瓷器、玉器、铜器、宝石、奇石、名人印章、文房四宝、明清家具、创刊号报纸和期刊、门票、烟标、火花、图书、名酒、像章、藏书票、唱片、根雕、请柬、牙雕、菜谱等，可以说是五花八门、包罗万象。

投资者投资于收藏品，除了收藏品具有很高的文化价值以外，更重要的是收藏品在未来可能由于价格大幅度上升而使投资者获得高额的回报。收藏品投资主要遵循以下原则：

（1）初涉者先从价位不太高的近现代艺术品收藏投资起步，原因是近现代艺术品在时间上与我们相对更贴近一些，其价位自然也相对较低。即便付点学费，损失也相对较少。

（2）选择收藏品要少而精，且量财力而行。收藏品种类繁多、范围广，应根据个人兴趣和爱好，选择其中的两三样作为投资的对象。这样，才能集中精力，仔细研究相关的投资知识，逐步变为行家里手。

（3）投资者还须有"只要物有所值，肯花一定代价购买上乘古玩"的心理准备。在买古玩时，不能只图便宜，希望花小钱能买到好东西，或只是拣价格低的买入。只要物有所值，就可大胆买入，否则会错失精品，丧失盈利机会。对收藏品要树立长期投资的意识。收藏品投资是一种长期投资，只有长期持有，才能获利丰厚。

（4）正确估算收藏品的投资净值。这中间，要充分考虑购买收藏品、保管收藏品和出售收藏品所付出的各种费用。另外，要注意规避风险。收藏品市场充斥着各种赝品，一旦购买赝品将遭受重大损失。因此，投资收藏品需要专业知识，也可以与信誉卓著的收藏品经营机构和个人进行交易。

（5）注意收藏品的政策风险。根据1982年颁发的《中华人民共和国文物保护法》第五章第二十五条规定："私人收藏的文物，严禁倒卖牟利，严禁私自卖给外国人。"这一条肯定了私人收藏文物是合法的，同时也否定了将文物作为一种投资途径的行为。因此，收藏品投资特别要注意选择投资对象，必须是在国家允许的范围之内。对于政府禁止在市场上买卖的古董，则不要进行投资。

课外阅读 1 学会阅读理财产品说明书

完整的理财合同由产品合约和理财产品说明书组成。一般来讲，产品合约在真正购买时才能看到，因此理财产品说明书对投资者的投资决策起着关键性的作用。

关键词 1：投资方向和风险等级

以某银行发行的一款挂钩型产品为例，该产品提供到期日 100%投资本金保证，挂钩两只商品——牛奶和小麦，表现以点对点比较计算。如果 1.5 年后牛奶及小麦表现没有下跌，可获取最低 18%的投资收益，收益率最高达 50%。

回报收益率一定都是吸引投资者做出购买决策的要素之一。但是所谓的收益率是需要一个比较基准的。如果资本市场普遍繁荣甚至出现大牛市，也许 50%的投资回报也是没有竞争性的。但遇市场萧条，10%恐怕就已经是其中翘楚了。因此，理财产品的收益情况实际上是基于投资环境和投资方向而言的，需要客观看待收益率的数字，冷静斟酌收益率的所谓高与低。

一般在同一投资期和投资环境下，可以遵循"风险与回报成正比"的常识，根据投资方向和风险等级综合选择适合自己的理财产品。比如，该产品在全球资本市场的震荡适中，选取与证券关联不大、抗通货膨胀商品的市场。产品结构设计为保本浮动收益，投资方向较稳定，风险等级为中等。

关键词 2：保证收益和预期最高收益率

由于银监会颁布的《商业银行个人理财业务暂行办法》中明文规定，保证收益理财产品或相关产品中高于同期储蓄存款利率的保证收益，应是对客户有附加条件的保证收益，不得利用个人理财业务违反国家利率管理政策变相高息揽储。因此，"保证收益"是有附加条件的"保证收益"。附加条款可能是银行具有提前终止权，或银行具有本金和利息支付的币种选择权等，且附加条件带来的风险由客户承担。因此，且不可将理财当成存款看待。

理财产品宣传中提及的收益率未尝没有浮夸之嫌。投资者需要从几个方面仔细打量这些诱人数字的含义：一是预期最高收益率不代表实际收益率，以市场上对以往所有银行理财产品的表现追踪来看，达到预期的概率并不高，一切还要视产品投资方向的相关表现及产品的设计情况而定；二是收益率是否为年化收益率，比如一款产品称 18 个月可以取得 18%的收益，折成年收益来讲仅为 12%，一个文字游戏就会使产品吸引力大幅攀升；三是应该详细阅读产品预期收益率的测算数据、测算方式和测算的主要依据，还需关注收益率预测模型中有关外生变量的相关变化；四是投资的币种引起的汇率损失，投资者有可能要承担相应的汇率损失，从而削减真正的收益。

关键词 3：认购期

通常一款产品的认购期都要有 20 天左右，投资者可以先不要急于购买。一来可以有更多时间斟酌一下产品的适合程度；二来可以进一步观察其投资方向的市场走势；更重要的是，如果金额比较大，完全可以做一个七天通知存款或购买几天货币市场基金，打一个时间差，也可以赢得一笔不错的投资收益。

关键词 4：终止条款

银行的提前终止权相当于投资者卖给银行一个期权。因为投资者放弃了根据市场状况调整资金投向的权利，因此投资者在卖出期权后，享受到比无银行提前终止权的同类产品高的收益率，高出的部分实际上就相当于期权费。羊毛出在羊身上，需要审慎考虑其中的代价。

有极少数理财产品设计了投资者的提前终止权，但是这仅相当于银行向投资者出售了一个期权，因为投资者享受这项权利需要支付这笔期权费，收益率也会相应变低。在阅读时，要留意关于这方面的规定。

关键词 5：提前赎回

比如有款产品对于提前赎回的描述是这样的："产品交收日（2008 年 3 月 20 日）后每年的 3 月、6 月、9 月或 12 月的第三个营业日，此保本投资产品将准许提早赎回，本行会收取相关费用、损失及开支（以本行行使其绝对权利所厘定为准）。"

关于理财产品的提前赎回，一般分两种情况：一是投资者与银行均无提前终止权，因此不能提前赎回；二是客户可以提前赎回，这种赎回权利还进一步细分为随时支持赎回和只可以在某一规定时间赎回。该款产品即为投资者有权提前赎回但要列支相关费用的类型。

通常来讲，提前赎回都需要支付相关的费用，同时不再享受到期保本或保证收益的条款。如果这笔费用的成本过高，甚至超出了此段投资期的投资收益，建议投资者慎重考虑。若真有财务流动需求，可以咨询该产品有无质押贷款等增值业务，这样不仅可以保障产品的稳健运行，也满足了不时之需。

关键词 6：到期日、到账日和相关费用

到期日意味着产品到期、停止运行，而银行要等在到账日才会把投资者的本金和投资所得返还给投资者账户，这中间会有稍许时滞。

　　银行在理财产品中担当的角色不同，收取的费用也就不同。投资者应该全面了解产品涉及的认购费、管理费、托管费、赎回费等的计算方法、实际收取人和收取时间，结合费用、可能收益和服务的综合情况，判断成本的高低，而不简单以某项费用衡量产品的成本。

课外阅读2　投资理财产品注意五个"不等于"

　　1. 银行理财≠储蓄存款

　　银行理财产品本质上还是金融投资产品，并不是储蓄存款。是投资就必然有风险，购买者要承担"买者自负"的风险。即使是保证收益的理财产品，也可能存在市场风险、信用风险和流动性风险，这与银行传统的储蓄业务有着本质区别。

　　2. 预期收益≠实际收益

　　理财产品说明书上的预期收益通常是在过往经验数据基础上预测得出，最高预期收益更是在理想状态下的结果。由于金融市场变幻莫测，理财期满最终实现的收益，很可能与预期收益有偏差。

　　3. 口头宣传≠合同约定

　　理财产品的责任和义务在产品购买合同中有约定。对于自己不能完全理解的理财产品，不要光听销售人员的口头宣传就草率做出购买决定，即便产品说明书及理财合同的条文很难理解，也请务必仔细阅读。对于没有把握的，请咨询相关专业人员。

　　4. 别人说好≠适合自己

　　理财产品千差万别，没有最好的，只有最适合的。高风险的产品可能带来高回报，会受到风险承受能力强的人的追捧，但对于那些抗风险能力差的人，这样的产品并不适合。不应该只看到别人的高收益，而忽视了遭受损失的严重后果。投资者应正确评估自己，选择适合自己的理财产品。

　　5. 投资理财≠投机发财

　　投资理财是一种长期的、理性的、专业化的投资行为。不要使投资过多集中于单一产品，导致风险过于集中；更不能听信"无风险"、"高收益"、"一夜暴富"的神话，落入非法金融机构的陷阱而血本无归。

课外阅读3　财富管理第一要素是流动性

做投资，先要考虑什么？有些人第一考虑风险，第二考虑收益；有些人先看收益，再考虑风险。当选择了一个好的投融资平台后，财富管理第一要素就应该是流动性了。

到底什么是"财富管理"？

完整的财富管理包含投资、融资、保险三个部分。手持货币的居民是投资者，企业是融资者。银行、券商等都是投融资的平台和渠道。而居民获得投资收益后，将部分资金用于个人和家庭的保险。银行、券商、保险这三大机构构成了财富管理的框架。

选择平台十分重要，银行、券商和保险机构分别处在银监会、证监会和保监会的监管之下，是比较安全可靠的理财平台。相对而言，处于灰色地带的第三方理财机构，其风险就要大得多。建议投资者选择有正规金融牌照的机构，因为牌照代表着国家信用，没有牌照的公司或机构从事理财业务，属非法范畴，不受法律保护。

当你选择了一个好的投融资平台后，财富管理第一要素就应该是流动性了。流动性包含了时间成本和机会成本，因为在计算投资回报时，这两者十分重要。为什么要讲流动性呢？如果将全部资金投入一个五年期的产品，由于不能随时变现，哪怕一年给予10%的年化收益，也存在一些问题，要急用钱怎么办？除此之外，五年可以让信托规模从8000亿元到12万亿元，每年是两倍的增长。2005年到2007年三年不到的时间，股市翻了六倍，你的机会成本在哪儿？对此，在做资产配置的时候，建议先考虑流动性，并进行合理配置。

换句话说，任何投资的资金占用时间都不能太长。钱如果长期困在一个投资项目里，即使表面上看来有比较高的收益率，但算上时间成本的话，仍然是不合算的。保持一定的流动性，可以让投资者能够更灵活地配置资金。而对普通居民来说，随时有可能用钱，也是必须保持资金流动性的原因之一。

按投资期限，投资可分为长期、中期、短期，我们这里主要是根据流动性来区分，并进行合理配置。如长期投资可参与股权投资，一般时间为3~6年，特点是回报高、风险大、投资时间长。股权投资有直接投资，如早几年直接投资银行股权等，也有间接投资基金，如PE基金等。选择时不可盲目，主要是看管理团队、有无过往业绩、投资思路与方向、风控等，将其作为参考指标。

中期投资可配置信托产品、银行理财产品，半年到两年不能动，特征是收益、回报、风险适中，一般收益在4%~10%。投资者应尽量选规模较大的知名信托公司的产品，他们风控做得比较好，稳定性较高。

短期流动性特别好的就是股票、上市的债券、国债逆回购等，随时可以变现，机会也不少。如国债逆回购百分之百安全，流动性特别好，往往到月末、季度末、年末利率特别高。6月27日因为申购新股，资本市场资金相对紧张，交易所一天回购年化利率飙升至30%，是非常好的投资品种。而上市的公司债券可以T+0交易，兼具灵活性和收益性，也是非常好的选择。

综合而言，提高流动性并进行合理配置，是投资者财富增值的重要手段，大家不妨根据自身情况进行选择。

课后习题

一、单项选择题

1. 下列关于债券投资的说法，错误的是（　　）。

A. 相对于现金存款，投资债券获得的收益更高

B. 相对于股票，投资债券的风险相对较小

C. 通过购买债券，投资者希望得到一种相对稳定、安全的投资收益

D. 债券的流动性较差

2. 证券投资基金可以通过有效的资产组合最大限度地（　　）。

A. 降低系统风险　　　　　　　　　B. 降低非系统风险

C. 消除系统风险　　　　　　　　　D. 降低市场风险

3. 下列最适合购买债券型理财产品的人群是（　　）。

A. 年轻人　　　　　　　　　　　　B. 富人

C. 白领　　　　　　　　　　　　　D. 老年人

4. 其他条件相同的情况下，对于投资人来说，以下哪种收益类型的理财产品的投资风险最低？（　　）

A. 保证固定收益型　　　　　　　　B. 保证最低收益型

C. 保本浮动收益型　　　　　　　　D. 非保本浮动收益型

5. 根据基金运作方式的不同，投资基金可以划分为（　　）。

A. 开放型和封闭型   B. 成长基金、收入基金和平衡基金

C. 公司型和契约型   D. 主动型和被动型

二、多项选择题

1. 下列关于股票的说法，正确的有（　　）。

A. 股票能够给持有者带来收益

B. 股票表明投资者的投资份额及其权利和义务

C. 股票是股份公司发行的有价证券

D. 股票是一种债权凭证

E. 股票的实质是公司的产权证明书

2. 按发行主体的不同，债券的种类包括（　　）。

A. 政府债券   B. 短期债券

C. 金融债券   D. 公司债券

3. 外汇汇率标价方法主要有（　　）。

A. 直接标价法   B. 间接标价法

C. 美元标价法   D. 欧元标价法

4. 关于保证固定收益理财产品，下列说法错误的是（　　）。

A. 由于理财产品到期，客户可以获得全部本金，因此该产品适合保守的投资者

B. 当理财产品到期时，客户获得的理财文件约定的固定收益利率，一般会略高于同期限的存款利率

C. 在约定的条件下，理财产品的风险由金融机构与客户一起承担

D. 若金融机构运用资金的回报低于承诺收益，则必须以自有资金弥补差额，保证客户的收益

5. 下列选项中，属于货币市场基金投资范围的是（　　）。

A. 长期企业债券   B. 商业票据

C. 大额定期存单   D. 短期国债

三、判断题

1. 基金是一种直接投资方式。

2. 实物投资一般包括对有形资产和无形资产的投资。

3. 贴现债券指的是债券券面上附有各种息票的债券，息票上标明利息额、支付利息的期限和债券号码等内容。

4. 纸黄金又称"记账黄金"，是黄金实物投资的一种。

5. T+0 与 T+1 制度中 T 是指股票成交次日。

第十章 投资方案设计

在本章中，我们将学习投资收益和风险的测定、资产组合原理与定价模型，并在相关理论的基础上结合客户风险特征分析选择资产配置方案及投资策略。

学习目标：

（1）了解投资理财的基础理论。

（2）掌握衡量投资的收益和风险的方法。

（3）掌握资产配置的程序与类别。

（4）掌握客户风险特征分析、金融工具风险特征分析及二者的匹配。

第一节 投资组合理论

一、投资的收益和风险

（一）收益和收益的度量

投资的目的在于放弃当前的消费以谋取将来更多的消费。因此，在谈论一项投资时，人们首先会关注这项投资可以带来的回报，即投资收益。在度量投资收益时，由于绝对收益的大小要受投资本金大小的影响，为了对不同的投资方案有横向的比较，通常用年化收益率来进行度量。

1. 持有期收益率（HPY）

持有期收益率，是指在投资期限内获得的收益（资本利得和投资收益）与初始投资的百分比率。

$$HPY = \frac{投资收益}{初始投资} \times 100\% = \frac{资本利得 + 红利收入}{初始投资} \times 100\%$$

案例 10-1：假定你在去年的今天以每股 5.50 元的价格购买了 1000 股中国联

通的股票，过去一年联通的红利分配方案为每 10 股派发红利 0.62 元，现在中国联通的股价为 6.50 元，试计算你过去一年的持有期收益率。

$$HPY = \frac{1 \times 1000 + 100 \times 0.62}{5.50 \times 1000} \times 100\% = 19.31\%$$

2. 算术平均收益率和几何平均收益率

在多期的投资中，计算每一期的平均投资收益率不仅可以用单利计算，也可以用复利计算，由此分别得到算术平均收益率和几何平均收益率。

案例 10-2：初始投资 1000 元，在四年中每年的投资收益率分别为 10%、15%、-5%、10%，试计算其算术平均收益率和几何平均收益率。

设算术平均收益率为 $\bar{r}_m$，$\bar{r}_m = \dfrac{r_1 + r_2 + \cdots + r_n}{n}$，

该投资的 $\bar{r}_m = \dfrac{10\% + 15\% - 5\% + 10\%}{4} = 7.5\%$

设几何平均收益率为 $\bar{r}_g$，$\bar{r}_g = \sqrt[n]{(1 + r_1)(1 + r_2) \cdots (1 + r_n)} - 1$，

该投资的 $\bar{r}_g = \sqrt[4]{(1 + 10\%)(1 + 15\%)(1 - 5\%)(1 + 10\%)} - 1 = 7.2\%$

3. 预期收益率

任何一项投资的收益都是不确定的，这就是投资的风险。为了对这种不确定性进行大致的估算，需引入每一种收益的概率来计算预期的收益率。

$$E(R_i) = \sum_{i=1}^{n} p_i R_i$$

案例 10-3：某项投资可能的投资收益率和概率如表 10-1 所示，试计算其预期收益率。

表 10-1　投资收益率和概率

经济状况	收益率	概率
良好	0.2	0.15
衰退	-0.2	0.15
正常	0.1	0.7

$$E(R_i) = \sum_{i=1}^{n} p_i R_i = 0.15 \times 0.2 + 0.15 \times (-0.2) + 0.7 \times 0.1$$

$$E(R_i) = 0.07 = 7\%$$

思考一下预期收益率是 7% 代表什么意思？是代表未来最有可能的收益率是

7%吗？其实未来最有可能的收益率是正常状态下的10%。7%只是代表未来所有可能收益率的平均数。

4. 必要收益率

必要收益率，是指投资者投资某投资对象所要求获得的最低回报率，使用必要收益率计算出的现金流贴现值即为投资者愿意出的最高价。必要收益率包括：

（1）货币的纯时间价值；

（2）预期的通货膨胀率；

（3）风险溢价。

5. 真实无风险收益率和名义无风险收益率

真实无风险收益率，是指在不存在通货膨胀和风险溢价条件下的投资收益率，也即货币时间价值。真实无风险收益率取决于消费的时间偏好和真实经济增长率。

$$真实无风险收益率 = \frac{名义无风险收益率 + 1}{预期通货膨胀率 + 1} - 1$$

也可以简化为：

真实无风险收益率 = 名义无风险收益率 − 通胀率

（二）风险和风险的度量

1. 风险

风险，是指由于不确定性因素的影响而导致的损失的可能性。不确定性客观存在，所以风险客观存在。在保险学中损失就是风险；而在金融学中收益的不确定性是风险，收入和损失都包括，而且是客观存在的。例如调低印花税，股票上涨，但也同样是风险。我们可以规避某一个业务的风险，但不可能规避所有金融风险。

2. 风险的度量

风险是指收益的不确定性，所以风险的度量是用收益偏离期望值来衡量，也就是用方差和标准差来衡量风险的大小。

$$方差 = \sigma^2 = \sum_{i=1}^{n} p_i \cdot [R_i - E(R_i)]^2$$

$$标准差 = \sigma = \sqrt{\sigma^2}$$

3. 变异系数

在比较两个收益和风险都不相同的投资方案时，通常采用变异系数（CV）指标，变异系数指的是单位预期收益率承受的风险大小。

$$CV = \frac{\text{标准差}}{\text{预期收益率}} = \frac{\sigma_i}{E(R_i)}$$

二、投资组合理论

当我们对多种资产进行投资时，需要考虑证券组合的回报率和风险，因此我们需要学习两种及两种以上风险资产投资组合的收益及风险的衡量。

（一）两种风险资产的投资组合

对于一个两种风险资产的投资组合而言，预期收益率 $R_p = w_B R_B + w_S R_S$。

两种风险资产组合的方差则为：

$$\sigma^2 = E[E_p - E(R_p)]^2$$
$$= E\{[w_B R_B + w_S R_S] - [w_B E(R_B) + w_S E(R_S)]\}^2$$
$$= E\{[w_B R_B - w_B E(R_B)] + [w_S R_S - w_S E(R_S)]\}^2$$
$$= w_B^2 \sigma_B^2 + w_S^2 \sigma_S^2 + 2w_B w_S \sigma_{BS}$$

其中，$\sigma_{BS} = E\{[R_B - E(R_B)][R_S - E(R_S)]\}$，又记为 ρ_{xy}，称为两种证券的协方差，它测量了两种证券的相关关系。协方差为正表示两种资产同向变动，协方差为负表示两种资产反向变动。

在多数情况下，我们用相关系数 ρ_{xy} 代替协方差来反映两种证券之间的相关关系。并定义：

$$\rho_{xy} = \frac{Cov(R_x, R_y)}{\sigma_x \sigma_y}$$

相关系数的大小充分反映了协同变动程度的大小。当相关系数等于 1 时，$\sigma_p = a\sigma_x + (1-a)\sigma_y$，此时投资组合的风险与单独证券的风险呈线性关系，不可能降低风险，分散投资并不会分散风险。当相关系数等于 -1 时，$\sigma_p = |a\sigma_x - (1-a)\sigma_y|$，此时投资组合的风险与单个证券的风险也呈线性关系，但有拐点，选择适当的权重可以使投资组合风险为 0，即可以通过调整 w_1 和 w_2 来使 $\sigma_p = 0$。当相关系数等于 0 时，$\sigma_p = \sqrt{a^2 \sigma_x^2 + (1-a)^2 \sigma_y^2}$。

（二）三种风险资产的投资组合

三种风险资产的投资组合，我们可以得到如下的方差—协方差矩阵：

$$\begin{bmatrix} \sigma_{1,1} & \sigma_{1,2} & \sigma_{1,3} \\ \sigma_{2,1} & \sigma_{2,2} & \sigma_{2,3} \\ \sigma_{3,1} & \sigma_{3,2} & \sigma_{3,3} \end{bmatrix}$$

其中，$\sigma_{i,j} = \sigma_{j,i}$，而当 $i = j$ 时，$\sigma_{i,j} = \sigma_i^2$。

（三）n 种风险资产的投资组合

对于 n 种风险资产的投资组合，我们有：

$$s = \sqrt{\sum_{i=1}^{n} \sum_{j=1}^{n} w_i w_j \sigma_{i,j}}$$

在这个标准差的计算公式中，有 n 个方差，却有 $\frac{n(n-1)}{2}$ 个协方差，显然，伴随着投资组合中资产数量的增加，单个资产的风险对组合资产风险的影响越来越小，而反映资产之间相互关系的协方差对投资组合风险的贡献越来越大。也就是说，当投资组合的个数超过一定数量时，非系统风险基本可以忽略，投资组合中的风险主要是协方差所测度的系统风险。N 趋近于无穷大时，δp 会趋近于系统平均协方差。

三、可行集和马科维茨有效集

对于一个由多个风险资产组成的投资组合，由于每一种资产的权重不同，因此会有无数的组合方式，而每一种组合都会有对应的收益率和风险，这些点构成了一个可行集。

可行集表示了所有可能的证券组合，它为投资者提供了一切可行的投资组合机会。考虑到投资者喜好期望收益率而厌恶风险，可以根据以下规则剔除掉可行集中的一些无效的投资组合。

规则一：不满足假设。如果两种证券组合具有相同的收益率方差和不同的收益率，那么投资者选择期望收益率高的组合。

规则二：风险厌恶假设。如果两种证券组合具有相同的收益率和不同的收益率方差，那么投资者选择方差较小的组合。

剔除掉无效组合后剩余的组合被称为马科维茨有效集（Markowitz Efficient set），由于这样的组合位于可行集的左上边缘，因此又被称为马科维茨边界（Markowitz Frontier）。

对于可行集内部及下边缘的任意可行组合，均可以在马科维茨边界上找到一个比它好的有效组合。但对于马科维茨边界上的不同组合，则不能再区分优劣。如图 10-1 所示。

四、无差异曲线和最优投资组合

以投资者厌恶风险为假设，我们可以得到有正斜率并且是凸的无差异曲线。

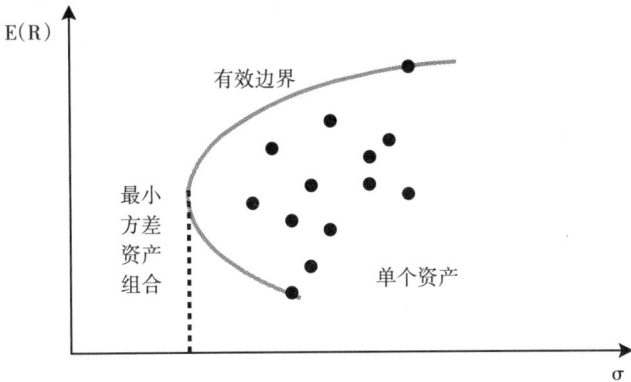

图 10-1　可行集

无差异曲线具有如下特点：①同一条无差异曲线上的组合具有相同的效用，而不同的无差异曲线上的组合效用不同，也即无差异曲线不会相交；②无差异曲线位置越高，效用越高，对特定的投资者而言，他的无差异曲线构成一个曲线族；③无差异曲线条数无限且布满整个平面；④无差异曲线互不相交且向右下方倾斜。一般情况下曲线越陡，表明风险越大，要求的边际收益率补偿越高。

最优投资组合是指一个投资者选择一个有效的投资组合并且具有最大效用，其在图形上处于有效边界和具有最大可能效用的无差异曲线的切点上。

五、资本资产定价模型

(一) 风险资产与无风险资产之间的资本配置

假定投资者已经决定了最优风险资产组合的构成，并且所有适用的风险资产的投资比例已知。引入无风险资产后，如何确定投资与风险资产的比例呢？

令风险资产 P 的期望收益率为 $E(r_p)$，标准差为 σ_p，无风险资产收益率为 r_f，投资风险资产比例为 y，则可得到新组合资产的收益率和标准差：

$$E(r_c) = yE(r_p) + (1 - y)r_f = r_f + y[E(r_p) - r_f]$$

$$\sigma_c = y\sigma_p$$

则：

$$E(r_c) = r_f + \sigma_c[E(r_p) - r_f]/\sigma_p$$

其中，r_f 为无风险资产收益率，也是图形的截距项；$E(r_p) - r_f$ 为风险资产的风险溢价；$[E(r_p) - r_f]/\sigma_p$ 为图形斜率，也称为报酬与波动性比率。

由此，我们可以得到风险资产与无风险资产组合的资本配置线（Capital Allocation Line，CAL），如图 10-2 所示，它的截距为无风险收益率，斜率为选择的资产组合每增加一单位标准差所增加的期望收益，即报酬与波动性比率。

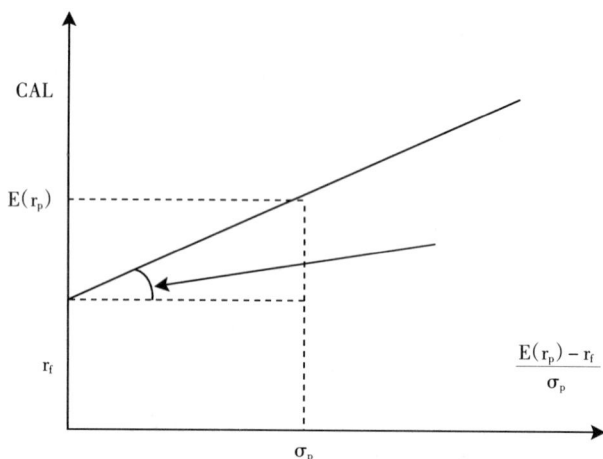

图 10-2　风险资产与无风险资产组合的资本配置线

引入无风险资产后，一个资产组合将在风险资产和无风险资产之间等分。考虑到马科维茨边界，则投资者的可行证券组合位于两条直线所围成的区域内，而有效证券组合则变成了一条通过无风险资产收益率点并与马科维茨有效边界相切的直线，即最陡峭的资本配置线，也称为资本市场线（CML）。

每一个投资者都会在资本配置线上选择一点作为自己的投资组合。所有投资者都有相同的风险资产组合和资本市场线，投资者在这一条资本市场线上根据自己的无差异曲线选择风险资产和无风险资产的组合。在不存在卖空的情况下，投资者将在无风险资产和市场组合 M 之间选择适合自己的资产组合；在存在卖空，且借入资金利率等于无风险资产收益率时，激进的投资者将在 r_f – M 右方延长线上选择适合的资产组合；

在存在卖空，但借入资金利率高于无风险资产收益率时，资本市场线将在风险资产组合 M 点处出现拐点，在右方，激进的投资者将在 r_f^B – M 右方延长线上选择适当的资产组合（见图 10-3）。

（二）分离理论

由上述分析可以得出，风险资产组合 M 对于所有的投资者是相同的，也就是说个人投资者的效用偏好与风险资产组成的投资组合无关。投资者的风险偏好是通过他们在资本市场线上的选择来体现的。因此，投资者在进行投资时要进行两个分离的决策：①确定最优风险组合，这仅取决于各种可能的风险投资组合的

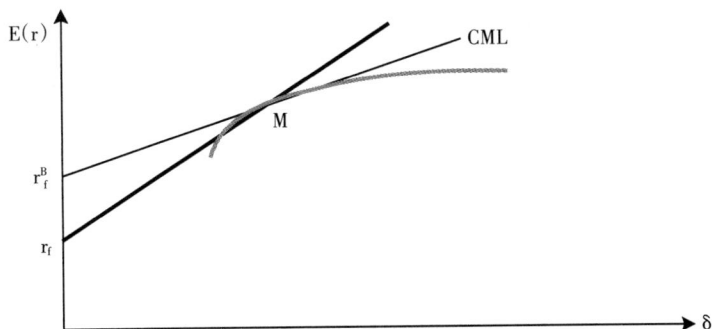

图 10–3　投资组合的选择

预期回报和标准差（投资决策，Investment Decision）；②在资本市场线上选择自己需要的点（融资决策，Financial Decision）。投资决策独立于融资决策，这就是分离定理表述的内容。

（三）资本资产定价模型

1. 市场模型

一个完全分散的投资组合只受到系统风险的影响。将单个资产的收益率与市场投资组合的收益率进行线性回归，可以对该资产相对于市场投资组合的敏感度进行分析，进而得出该资产对市场组合系统风险的贡献度。回归方程可写为：

$$R_i = \alpha_i + \beta_i R_M + e_i$$

可得该资产与市场投资组合的协方差为：

$$
\begin{aligned}
Cov(R_i, R_M) &= E\{[R_i - E(R_i)][R_M - E(R_M)]\} \\
&= E\{[\alpha_i + \beta_i R_M + e_i - \alpha_i - \beta_i E(R_M)][R_M - E(R_M)]\} \\
&= \beta_i \sigma_M^2
\end{aligned}
$$

也即：

$$\beta_i = \frac{Cov(R_i, R_M)}{\sigma_M^2}$$

也就是说，首先是一个风险的测度，其次是一个系统风险的测度（协方差），最后是一个风险的相对测度（相对于市场风险而言）。由于市场组合 M 的 β_M 为 1，因此，$\beta > 1$ 说明比市场风险高，$\beta < 1$ 说明比市场风险低，$\beta < 0$ 则表明其收益率的变化与市场收益率变化方向相反。因此，可以使用 β 比较不同资产的相对的市场风险。

2. 资本资产定价模型

如果市场上投资者都持有充分分散的投资组合，那么在均衡条件下，从每个资产获得的系统风险的风险溢价应该相等，即：

$$\frac{E(R_1) - R_f}{\beta_1} = \frac{E(R_2) - R_f}{\beta_2} = \cdots = \frac{E(R_n) - R_f}{\beta_n} = \frac{E(R_M) - R_f}{\beta_M} = E(R_M) - R_f$$

由上式可得：

$$E(R_i) = R_f + \beta_i[E(R_M) - R_f]$$

这就是资本资产定价模型。这表明，单个证券的预期收益率由无风险收益率和市场风险溢价与该证券的 β 乘积两部分组成。

β 是衡量相对系统风险大小的指标，标准差衡量所有风险。标准差是绝对数，β 是相对数，相对市场组合。市场组合的 β 等于 1，无风险资产的 β 等于 0。一个组合的 β 等于构成该组合的所有资产的 β 的加权平均。每一个人都掌握所有金融工具及相关系数和方法，则所有的人都会选最优资产组合。但在现实中不是每一个人都选用同一模型和使用相关方法，因此每一个人选择的投资组合也不同。加之每一个人的风险厌恶度不同，无风险资产和风险资产组合配置的比例也就不同，因而每一个人的风险组合并不相同。

第二节　投资规划方案的制定

一、概述

（一）投资规划的定义

投资规划，是指根据个人或家庭的投资理财目标和风险承受能力，为其设计合理的资产配置方案，构建投资组合来帮助客户实现理财目标的过程。投资组合的构建受制于投资者自身的主观和客观条件。其中，主观条件主要是指客户的风险特征；客观条件主要是指可投入的财务资源的数量。

（二）投资规划与投资的关系

（1）投资强调创造效益，投资规划强调实现目标。

（2）投资要对经济环境、行业、具体的投资产品进行分析，进而构建投资组合以分散风险、获取收益。投资规划程序性更强，要利用投资过程创造的收益来满足客户的目标，因此要对客户目标进行分析，针对不同客户及目标单独设计、量身定做。

二、准备工作

(一) 客户资料收集与整理

采取表格的形式收集整理以下信息:

(1) 客户基本信息、财务情况。

(2) 与投资规划相关的信息: 客户投资需求与目标表、客户的风险偏好与风险承受能力测试。

(3) 宏观经济信息: 关注与投资相关的信息, 查漏补缺。

(二) 客户投资相关信息分析

1. 分析宏观经济形势

宏观经济信息主要是指与理财规划服务相关的宏观经济数据。宏观经济分析是结合居民、企业、政府和对外四个部门的运行来提示一国的总产出、价格水平、就业水平和利率等宏观变量是如何变动的。宏观经济因素对于各类市场的影响是根本的、全局性和长期性的。宏观经济形势与投资规划的关系如图10-4所示。

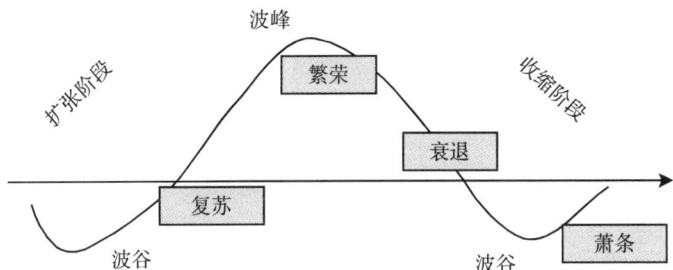

图 10-4　宏观经济形势与投资规划

2. 分析相关财务信息

表 10-2　客户现有投资组合信息

资产类别	当前价值	比重
债券		
股票和期权		
证券投资基金		
年金		

续表

资产类别	当前价值	比重
退休账户价值		
保险投资账户价值		
个人企业		
房地产		
其他投资资产		
合计		

表10-2 包含客户所有投资资产类别、各类资产的当前价值（注意，是按市价计算而不是历史成本）以及各类资产在总投资价值中所占的比重。

3. 分析客户风险偏好状况

客户对待风险的态度以及客户的风险承受能力是理财规划师为客户制订投资规划时需要时时牢记在心的一个因素。一般而言，客户风险偏好可分为五类，具体判断标准如表10-3所示。

表10-3 不同风险偏好下的投资组合

类型	资产组合	增值能力
保守型	成长性资产：30%以下 定息资产：70%以上	资产增值可能性小
轻度保守型	成长性资产：30%~50% 定息资产：50%~70%	资产有一定增值潜力
中立型	成长性资产：50%~70% 定息资产：50%~50%	资产有一定增值潜力，资产价值亦存在一定的波动
轻度进取型	成长性资产：70%~80% 定息资产：20%~30%	资产有较大的增值能力，但资产价值波动较大
进取型	成长性资产：80%~100% 定息资产：0%~20%	资产增值能力很大，但资产价值波动很大

4. 分析客户家庭预期收入情况

需要掌握的信息有以下几类：①反映客户当前收入水平的信息；②家庭日常支出与收入比；③客户结余率（结余/收入）；④客户职业工作变动情况。

（三）分析客户未来需求，初步拟定目标

客户不能明确地说出各个方面未来的需求，需要理财经理通过适当的方式，循序渐进地加以引导，根据客户所提到的未来需求来帮助客户将模糊的、混合的目标逐渐分析、细化、具体化，确定出需要投资规划来实现的目标，从而提出明确的投资规划目标。

1. 投资目标分类

（1）短期目标，指在短时间内（一般为 1 年）就可以实现的目标。

（2）中期目标，指一般需要 1~10 年才能实现的目标。

（3）长期目标，指需要 10 年以上时间才能实现的愿望。

2. 确定理财目标的原则

（1）投资目标具有现实可行性。

（2）投资目标要具体明确。

（3）投资期限要明确。

（4）目标的实现要有一定的时间弹性和金额弹性。

（5）要与客户总体规划目标相一致。

（6）与其他目标相协调。

（7）投资规划目标要兼顾不同期限和先后顺序。

处于不同年龄阶段的客户的理财目标如表 10-4 所示。

表 10-4　处于不同年龄阶段的理财目标

人生阶段	短期目标	中期目标	长期目标
单身贵族	储蓄	结婚	购车
	教育投资	购房	投资组合
二人世界	储蓄	投资组合	子女教育
	孕育孩子	购车	退休计划
	购房	子女教育	
三口之家	子女教育	子女教育	投资组合
	购房		退休计划
	购车		
	储蓄和国债		
步入中年	储蓄和国债	调整养老计划	制定退休旅游计划
	换房、换车	安排退休计划	安排遗产
	子女教育		
	修改投资组合		

三、投资规划流程

1. 确立投资目标

投资规划就是从理财目标设定开始。可以按照前述原则，确定好目标，并按照时间和重点程度进行排序。在投资前要先把至少三个月的生活费留下来当作紧急预备金，也要把未来一年的大笔支出如保费、学费、缴税、旅游等预留下来，是一个以流动性为主要考虑的保本组合，剩下的钱才拿来做投资运用，建构投资组合。目前手上的资金不一定等于可以用于投资的钱，若还有贷款缠身，可能考虑先还贷款。

2. 投资品种分析

根据前述风险承受能力的测试结果，为客户选择合适的理财产品。

3. 构建投资组合

资产配置可根据年龄、风险偏好与投资判断等不同的层次去规划。分散风险是投资学上的重要原则，应选择相关性低的投资工具来搭配才能达到效果。资产配置可以按照目标顺序做全盘规划，也可以在一笔资金确定可用年限及投资人风险偏好情况下，以风险矩阵的方式选择合适的工具。

4. 调整市场组合

以理财目标做出的资产配置，是长期最适合个人资金运用、期间与各种投资工具特性的组合，可以当作核心组合，当市价变动使得组合比例有所变动时，适合用固定投资比例法去调整。在配置完还有剩余的资金，或者是短期理财目标弹性大的情况下所做的投资，有能力承担较大的风险，可以当作外围组合，当市价变动使得组合比例有所变动时，适合用投资组合保险法去调整。

5. 评估投资组合绩效

每隔半年或者一年要评估投资组合的收益，如果没有达到预期目标，则进行调整，如果达到了，就保持不变。

四、检验目标实现的可能性

考虑货币时间价值的影响，有两种比较方式：目标基准点法与目标现值法。

（一）目标基准点法

适用于单目标的实现和规划。以理财目标实现或开始当年为目标基准点，将此前资产和储蓄积累按投资回报率求得终值，而将此后的理财目标折现，比较二者可做出判断。如果财务资源大于财务需求，目标可以实现；如果小于财务需求，则目标无法实现。如图 10-5 所示。

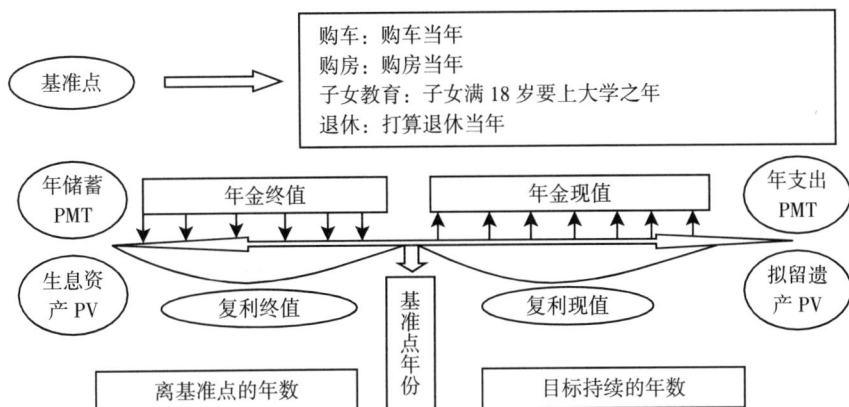

图 10-5　目标基准点法示例图

（二）目标现值法

适用于多目标的实现与规划。将目标基准点设为现在，将未来所有的财务需求折成现值，再将所有的财务资源折成现值，比较二者的大小。如果财务资源的现值大于财务需求的现值，目标可以实现；如果小于财务需求的现值，则部分目标可能无法实现。如图 10-6 所示。

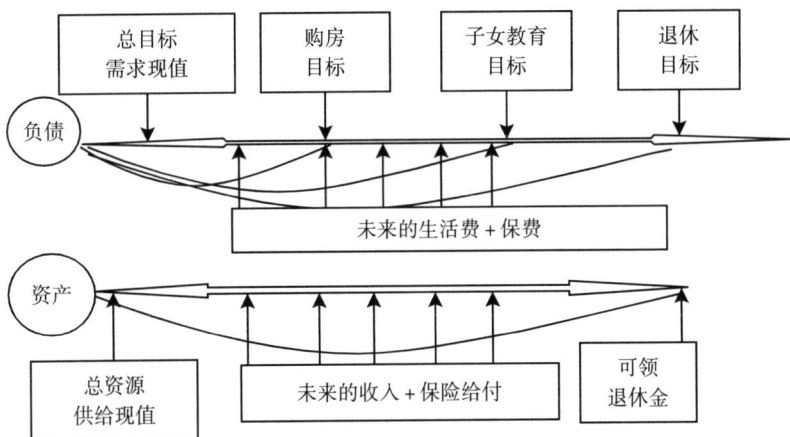

图 10-6　目标现值法示意图

案例 10-4：成家立业的理财规划——现值法

家庭理财与个人理财的最大差异，除了增加负担之外，就是要依据每个家庭成员的习性条件，考量实际开销做预算规划。偿还负债以偿债利率为贴现率，其他理财目标以投资报酬率为贴现率。

36 岁的志明和 34 岁的春娇结婚 8 年，有两个孩子，其目标与财务状况见表10-5。

表 10-5　理财目标与财务状况

理财目标	目标顺序	几年后开始	现值需求额（元）	持续年数
购车或换车	1	2	700000	1 年
年度旅游	2	0	100000	30 年
购屋或换屋	3	5	10000000	1 年
子女一高等教育金	4	12	200000	6 年
子女二高等教育金	4	14	200000	6 年
本人退休金	5	24	300000	25 年
配偶退休金	5	26	300000	25 年
家庭成员	志明	春娇	大女儿	小儿子
年龄	36	34	6	4
月工作收入	100000	80000	0	0
奖金平均月数	2 个月	1 个月	0	0
平均所得税率	10%	8%	0	0
收入成长率	3%	3%	0	0
月生活支出	25000	25000	25000	25000
房租支出	25000	—	—	—
支出成长率	2%	2%	2%	2%
投资报酬率	5%	5%		
拟退休年龄	60 岁	60 岁		
劳退劳保给付现值	1890000	1890000		
房贷利率	5%			
生息资产	1500000			
负债	0			

理财目标的现值总需求：

$$TD = YD \times \{[(1+P)/(1+R)]^n\} \times (1+R)/(P-R) \times \{[(1+P)/(1+R)]^m - 1\}$$

其中，TD = 理财目标现值需求额；YD = 以目前物价水准计算的理财目标年度需求额；P = 理财目标年需求额的费用成长率；R = 为达成理财目标所做投资的投资报酬率；n = 几年后开始实现理财目标（开始支付理财目标的年开销）；m = 理财目标年开销开始后的持续年数。

理财目标的最终排序与家庭未来现金流量如表10-6、表10-7所示。

表10-6　理财目标的最终排序

理财规划目标	目标顺序	几年后开始（年）	现值开销（元）	延续年数（年）	现值需求额（元）
工作期本人支出	1	0	300000	24	5363390
工作期配偶支出	1	0	300000	26	5558350
税捐支出	1	0	223200	24	3915962
子女二生活支出	1	0	300000	20	4619602
子女一生活支出	1	0	300000	18	4268609
子女二高等教育金	4	12	200000	6	789171
子女一高等教育金	4	14	200000	6	744719
年度旅游金	2	0	100000	30	2033121
本人退休金	5	24	300000	25	2699601
配偶退休金	5	26	300000	25	2547542
购车或换车资金	1	2	700000	1	660571
房租支出	1	0	300000	5	1416700
购房或换房支出	3	5	10000000	1	8650762
理财目标总需求					43168100

表10-7　家庭未来现金流量

未来现金流量	几年后开始（年）	现值流入（元）	延续年数（年）	现值供给额（元）
现有生息资产	0	1500000	1	1500000
工作收入——本人	0	1400000	24	27172640
工作收入——配偶	0	104000	26	21483936
本人劳退及劳保金	24	1890000	1	942590
配偶劳退及劳保金	24	1890000	1	889497
理财资源总供给				51988663

五、实现目标的方式

（一）目标顺序法

对于重要性虽然相同而实现时间不同的目标，如果前期压力较大，可以采用目标顺序法，即先实现最紧迫的理财目标，再考虑策划时间较长的其他目标。如图10-7所示。

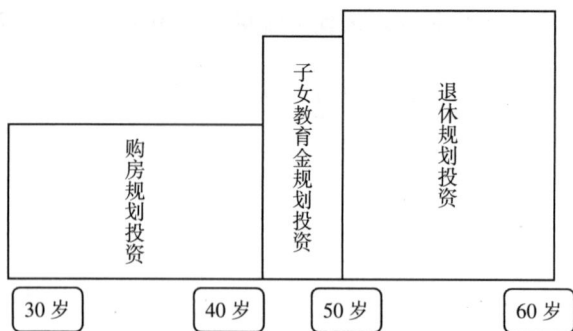

图 10-7　目标顺序法

（二）目标并进法

对于重要性和紧迫性都相同的财务目标，可以采用目标并进法，即用各目标还原现值后占目标总额的比例来分配现有投资及未来的储蓄资源。如图 10-8 所示。

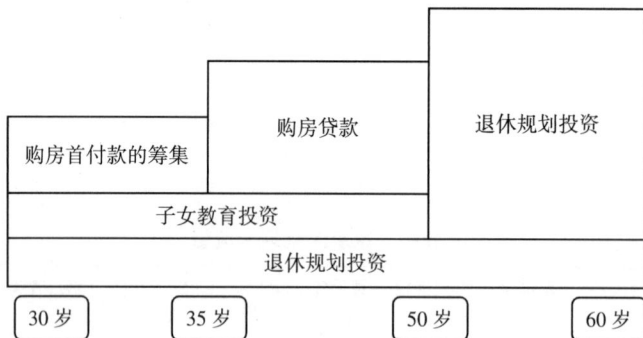

图 10-8　目标并进法

第三节　资产配置

对于广大投资者而言，资产配置不仅意味着对不同资产收益、标准差和相关性进行数学的最优化运算，而且具有更为深远的意义。Brinsonhood Beebower 在《资产组合业绩表现的决定因素》一文中，通过对 82 家大型的、拥有多元化资产的美国养老基金 1977~1987 年的投资组合样本进行分析后发现，影响投资报酬与风险最大的因素就是资产配置，影响程度高达 91.5%（见图 10-9）。

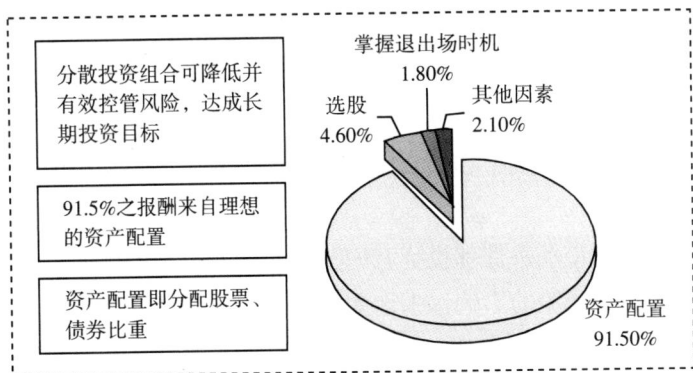

图 10-9 资产配置对投资绩效的影响

一、资产配置

资产配置就是将资金分别投资到各种不同的资产类别，经由长期持有及持续投资来降低风险，以达到预设报酬的一种投资组合策略。也即在风险理财与无风险理财之间求取平衡。资产配置以系统化分散投资来降低投资风险，并在个人可忍受的风险范围内追求最大报酬。

投资专家都会将投资标的分散在不同的金融工具上，借由不同金融工具的不一致性，也就是不会齐涨齐跌之特性，让各投资经过组合后达到预期的效果，这就是资产配置的优点。

二、资产配置的决定因素

1. 可投资的资产类别

首先，在金融管制方面，成熟的自由资本市场外资可以自由进出，因此，在进行资产配置时，可以考虑将资产配置一些到国外资本市场工具上。而我国资本市场并没有完全放开，尽管看好某个国家未来的股市，但由于资本管制的原因，就无法进行该项投资。其次，在个人财务约束方面，主要指某些类别资产的投资门槛。最后，不同的资产类别对知识的要求不同也是影响资产配置的一个原因。

2. 可接受的资产类别

资产类别需要根据客户的实际情况、投资经验以及对市场的特殊要求进行选择，同时还要考虑每大类资产和子资产的风险收益特征、哪些类型的资产和投资目标匹配度高、个人投资经验和风险承受能力、宏观经济预测、主要经济变量的预测、投资前景的预测等。

三、资产配置的程序

资产配置的程序通常需要首先考虑两个条件：资本市场的条件和投资者的目标及限制条件。一旦这些发生变化，则需要对资产配置进行相应的调整，求得最优组合。

第一步，将资本市场条件和投资者的具体目标及限制条件进行归纳。资本市场条件对投资者行为决策的影响：牛市中投资者主要是获利，投资者倾向于接受广泛的资产类别和执行策略，股票和类似股票资产、对冲策略受到青睐；熊市中主要是避免损失，金融资产价格持续下跌，主要集中于资本保值和具有防御性特征的投资品种，如短期和中期债券。

第二步：根据第一步的相关条件，选择投资者要求的最佳投资组合。其中要注重风险收益合理搭配，根据投资者的情况，确定合适的风险承受水平和预期收益目标。这就需要对风险和收益进行估算，有两种估算方法：一是历史法，假设未来与过去相似，并根据过去的历史推测未来；二是情景法，通过建立适当的经济情景，估计情境下的收益率和方差。

第三步，资产组合的评估与调整，进行资产配置再平衡。投资者通过将信息加入最优资产配置中，可以对投资组合进行调整。由于资产市场条件和投资者条件发生了变化，投资者根据对风险以及市场收益率的预计，调整其对风险资产和无风险资产的配置比例，以及不同投资工具之间的比率，使投资组合管理成为一个动态过程。

四、资产配置策略的选择

资产配置策略可根据配置导向和配置风格进行划分。

（1）根据资产配置导向，资产配置策略可分为战略性资产配置、战术性资产配置和两者结合型资产配置三种形式。

战略性资产配置试图为投资者建立最佳长期资产组合，较少关注短期市场波动，这种策略选择与不同类别资产之间长期相对投资的比重相关，其中波动率、相关系数的估算期较长。其实质是如何在不同类别资产之间进行最优的长期投资组合的问题。为了达到这一目标，投资者必须将最优权重做出调整。

资产配置方案确定后，还需要投资者根据市场形势的变化进行监控和动态的调整，称之为战术性资产配置。其预期收益率的估计期较短，一般为一年或者更短。

　　尽管预测市场变化和择机能力对战术性资产配置十分重要，但是市场时机却难以把握。当投资者认为市场快走下坡路时，总会想把资金抽离市场然后静观其变，直到他觉得股价已见底才入市。许多投资者往往将战略性和战术性资产配置结合使用。

　　（2）根据资产配置风格，资产配置策略可分为保守型、激进型和稳健型三种。

　　投资风格和金融市场环境有密切的互动和依赖关系。在相对稳定的金融市场条件下，保守型策略一般投资较低比重的股票或类似股票资产（高收益或新兴市场债券、私募股权、风险资本投资），以及相对较高比重的现金和短期投资、固定收益债券和国内投资。而激进型正好相反。

　　三种资产配置策略的资金配置比例如表10-8、表10-9、表10-10所示。

表 10-8　激进型资金配置比例

资产类别	品种类别	预期收益波动区间	预期平均收益率	资产配置比例		全部资产预期收益率区间
高风险资产	股票	−13%~48%	18%	30%~50%	50%~80%	−8%~41%，平均为17%
	基金（偏股型）	−10%~42%	17%	20%~40%		
	权证	−15%~55%	20%	0%~5%		
	转债	−10%~40%	15%			
低风险资产	基金（债券型）	4%~18%	11%	10%~40%	20%~50%	
	新股申购	6%~15%	10%			
	债券	3.5%~4.5%	4%	0%~20%		
	货币市场基金	1%~1.5%	1.25%			

资料来源：渤海证券研究所。

表 10-9　稳健型资金配置比例

资产类别	品种类别	预期收益波动区间	预期平均收益率	资产配置比例		全部资产预期收益率区间
高风险资产	股票	−13%~48%	18%	10%~35%	20%~60%	−3%~30%，平均为13.5%
	基金（偏股型）	−10%~42%	17%	10%~35%		
	权证	−15%~55%	20%	0%~5%		
	转债	−10%~40%	15%			
低风险资产	基金（债券型）	4%~18%	11%	30%~60%	40%~80%	
	新股申购	6%~15%	10%			
	债券	3.5%~4.5%	4%	10%~30%		
	货币市场基金	1%~1.5%	1.25%			

资料来源：渤海证券研究所。

表 10-10　保守型资金配置比例

资产类别	品种类别	预期收益波动区间	预期平均收益率	资产配置比例		全部资产预期收益率区间
高风险资产	股票	−13%~48%	18%	0%~15%	5%~30%	2%~18%，平均为 10%
	基金（偏股型）	−10%~42%	17%	5%~25%		
	权证	−15%~55%	20%	0%~5%		
	转债	−10%~40%	15%			
低风险资产	基金（债券型）	4%~18%	11%	50%~80%	70%~100%	
	新股申购	6%~15%	10%			
	债券	3.5%~4.5%	4%	10%~40%		
	货币市场基金	1%~1.5%	1.25%			

资料来源：渤海证券研究所。

不同生命周期阶段的资产配置策略如表 10-11 所示。

表 10-11　生命周期阶段资产配置

	第一阶段	第二阶段	第三阶段	第四阶段	第五阶段
家庭类型	单身期	家庭组建期	家庭成长期	家庭兴旺期	安享晚年期
理财目标	为组建家庭筹备，积极创造财富	子女教育经费；购房款等	子女教育费；转换高档住房的费用，开始为养老积累财富	调整投资组合，降低风险性投资比重，规划退休后的生活蓝图	养老、旅游、为子孙遗留财富
风险偏好	风险承受能力强，期望获取高收益	风险承受能力强，期望获得高收益	风险承受能力较强，期望获得稳定、较高收益	风险承受能力较强，但开始减弱，期望获取稳定、较高收益	风险承受能力差，期望获取稳定的收益
专家建议	积极型投资（股票、偏股基金）70%；稳健型投资（债券、储蓄存款、货币基金、偏债基金、现金）20%；保险10%	积极型投资60%；稳健型投资30%；保险10%	积极型投资50%；稳健型投资40%；保险10%	积极型投资20%；稳健型投资70%；保险10%	积极型投资10%；稳健型投资90%；保险投入开始获益

课外阅读　标准普尔家庭资产配置

银行进入负利率时代以后，银行理财已渐渐被大多数家庭降低投资份额。家庭理财开始将重心倾向于其他理财方式。但是对于家庭理财而言，投资风险是不得不重视的问题，科学的家庭资产配置能有效降低投资风险，且能使家庭资产稳定保值或增值。

标准普尔家庭资产配置方式，是公认的最科学、稳健的资产分配方式，但其仅作为一个标准，在运用到实际生活中时，可依照分配比例进行适量增减，通过合理分配最终实现财务自由。

10%生活的钱＋20%保命的钱＋30%生钱的钱＋40%保本的钱＝一个月的工资

标准普尔家庭资产象限图把家庭资产分成四个账户，这四个账户作用不同，所以资金的投资渠道也各不相同。只有拥有这四个账户，并且按照固定合理的比例进行分配才能保证家庭资产长期、持续、稳健的增长。

标准普尔（Standard & Poor's）为全球最具影响力的信用评级机构，专门提供有关信用评级、风险评估管理、指数编制、投资分析研究、资料处理和价值评估等重要资讯。标准普尔曾调研全球10万个资产稳健增长的家庭，分析总结出他们的家庭理财方式，从而得到标准普尔家庭资产象限图。

标准普尔家庭资产象限图解析：

No.1

第一个账户是日常开销账户，也就是要花的钱，一般占家庭资产的10%，为家庭3~6个月的生活费，一般放在活期储蓄的银行卡中。

这个账户保障家庭的短期开销，日常生活、买衣服、美容、旅游等都应该从这个账户中支出。这个账户您肯定有的，但是我们最容易出现的问题是占比过高，很多时候也正是因为这个账户花销过多，而没有钱准备其他账户。

要点：短期消费，3~6个月的生活费，一般放在银行活期存款、货币基金中。

No.2

第二个账户是杠杆账户，也就是保命的钱，一般占家庭资产的20%，为的是以小博大，专门解决突发的大额开支。

这个账户保障突发的大额开销，一定要专款专用，保障在家庭成员出现意外事故、重大疾病时，有足够的钱来保命。这个账户主要是意外伤害和重疾保险，因为只有保险才能以小博大，200元换10万元，平时不占用太多钱，用时又有大笔的钱。

这个账户平时看不到什么作用，但是到了关键时刻，只有它才能保障您不会为了急用钱而卖车卖房，股票低价套现，到处借钱。如果没有这个账户，您的家庭资产会随时面临风险，所以叫保命的钱。

要点：意外重疾保障，专款专用，解决家庭突发的大开支。

No.3

第三个账户是投资收益账户，也就是生钱的钱，一般占家庭资产的30%，为家庭创造收益，用有风险的投资创造高回报。

这个账户为家庭创造高收益，往往是通过您的智慧，用您最擅长的方式为家庭赚钱，包括您投资的股票、基金、房产、企业等。

要点：重在收益。这个账户关键在于合理的占比，也就是赚得起也要亏得起，无论盈亏对家庭不能有致命的打击，这样才能从容地抉择。

No.4

第四个账户是长期收益账户，也就是保本升值的钱，一般占家庭资产的40%，为保障家庭成员的养老金、子女教育金、留给子女的钱等。

这个账户为保本升值的钱，一定要保证本金不能有任何损失，并要抵御通货膨胀的侵蚀，收益不一定高，却是长期稳定的。

这个账户最重要的是专属：

（1）不能随意取出使用。养老金说是要存，但是经常被买车或者装修用掉了。

（2）每年或每月有固定的钱进入这个账户，才能积少成多，不然就随手花掉了。

（3）要受法律保护，要和企业资产相隔离，不用于抵债。我们常听到很多人年轻时如何风光，老了却身无分文、穷困潦倒，就是因为没有这个账户。

要点：保本升值，本金安全、收益稳定、持续成长，为债券、信托、分红险的养老金、子女教育金等。

课后习题

一、单项选择题

1. 下列理财目标中属于短期目标的是（　　）。

A. 子女教育储蓄　　　　　　　　　　B. 按揭买房

C. 退休   D. 休假

2. 李氏夫妇目前都是 50 岁左右，有一儿子在读大学，拥有各类形态的积蓄共 40 万元，夫妇俩准备 65 岁时退休。根据生命周期理论，理财客户经理给出的以下理财分析和建议不恰当的是（   ）。

A. 李氏夫妇的支出减少，收入不变，财务比较自由

B. 李氏夫妇应将全部积蓄投资于收益稳定的银行定期存款，为将来养老做准备

C. 李氏夫妇应当利用共同基金、人寿保险等工具为退休生活做好充分的准备

D. 低风险股票、高信用等级的债券依然可以作为李氏夫妇的投资选择

3. 假如你有一笔资金收入，若目前领取可得 10000 元，而三年后领取则可得 15000 元。如果当前你有一笔投资机会，年复利收益率为 20%，则下列说法正确的是（   ）。

A. 目前领取并进行投资更有利

B. 三年后领取更有利

C. 目前领取并进行投资和三年后领取没有差别

D. 无法比较何时领取更有利

4. 假设价值 1000 元资产组合中有三个资产，其中资产 X 的价值是 300 元，期望收益率是 9%，资产 Y 的价值是 400 元，期望收益率是 12%，资产 Z 的价值是 300 元，期望收益率是 15%，则该资产组合的期望收益率是（   ）。

A. 10%   B. 11%

C. 12%   D. 13%

5. 以下理财目标合理的是（   ）。

A. 我要成为大富翁

B. 我要买彩票中大奖，买个 300 万元的别墅

C. 我要在五年内使投资资产从 100 万元增长到 1000 万元

D. 我准备 30 年后退休，需要准备 150 万元退休金，现在开始每月存 3000 元。

二、多项选择题

1. 下列有关投资的说法中，错误的是（   ）。

A. 经济繁荣时，应适当增持存款、债券，减少股票、房产等投资

B. 经济衰退时，增加长期储蓄

C. 经济繁荣时，增加长期储蓄和债券

D. 萧条期面临转折时，应适当减少储蓄逐步转向股票、房产等投资

E. 经济收缩期，应转向投资对周期波动敏感的行业

2. 投资理财规划中人生事件规划包括（　　）。

A. 教育规划 B. 就业规划

C. 失业规划 D. 移民规划

E. 退休规划

3. 确定理财目标的原则包括（　　）。

A. 目标具有现实可行性

B. 目标的实现要有一定的时间弹性和金额弹性

C. 要与客户总体规划目标相一致

D. 各目标要相互协调

E. 投资规划目标要兼顾不同期限和先后顺序

4. 资产配置是指根据投资者的收益风险特征，从（　　）等维度来选择相应的理财产品。

A. 流动性 B. 收益性

C. 安全性 D. 稳定性

5. 关于长期资产配置战略，以下说法中错误的是（　　）。

A. 在牛市中较适合采用投资组合保险策略

B. 恒定混合策略属于追涨杀跌的策略

C. 购买并持有策略是消极型的策略，交易成本和管理费用较低

D. 在持续大幅上涨或持续大幅下跌的市场中适用的是购买并持有法

三、判断题

1. 风险是指由于不确定性因素的影响而导致的损失的可能性。

2. 同一条无差异曲线上的组合具有相同的效用，而不同的无差异曲线上的组合效用也可能相同。

3. 投资规划强调创造效益，投资强调实现目标。

4. 资产配置就是将资金分别投资到各种不同的资产类别，经由长期持有及持续投资来降低风险，以达到预设报酬的一种投资组合策略。

5. 在家庭成长期，家庭风险承受能力较弱，期望获得稳定、较高收益。

第十一章　综合理财规划

本章结合具体的理财案例加深学生对综合理财规划应该遵循的原则和理财规划建议书编写方法的理解，掌握理财规划应遵循的原则，并结合给出的综合案例，要求学生使用理财规划全部的专项技能，完成各个分项规划，同时强调理财规划的整体性和系统性。

学习目标：

(1) 明确与细化客户理财目标。

(2) 掌握各个理财目标的实现过程。

(3) 理解财务资源配置过程中的数据之间的勾稽关系。

(4) 了解理财方案的规范要求。

为客户做综合理财规划时，需要整体考虑客户的需求与现实状况，协调各大规划之间的顺序和重要程度。要遵循一定的基本原则，最终按一定的方式为客户编写理财规划建议书。

第一节　综合理财规划建议书概述

一、综合理财规划建议书的概念与特征

(一) 概念

综合理财规划建议书是在对客户的家庭情况、财务状况、理财目标和风险偏好等详尽了解的基础上，通过与客户的充分沟通，运用科学的方法，利用财务指标、统计资料、分析核算等多种手段，对客户的财务状况进行描述、分析和评议，并对客户财务规划提出方案和建议的书面报告。

综合理财规划建议书的内涵主要表现在它的目标指向性上，对客户家庭及财务状况的各方面做大量的情况调查，分析充分、翔实的数据，得出理论上和实践上的评价，最后指出问题所在，进而提出改正方案和积极进取的建议。

（二）特征

1. 操作的专业性

综合理财规划建议书的撰写要求极强的专业能力，需要作者具有财务、金融、税务等多方面的专业知识，因此必须由经国家认证的职业理财规划师来进行操作。其专业性主要体现在：参与人员的专业要求、分析方法的专业要求、建议书行文语言的专业要求。

2. 分析的量化性

综合理财规划建议书需要对客户的资产状况、现金流状况、投资状况等多个指标进行量化，通过数字分析和表述。数量化分析和数量化对比是理财规划的操作方法，也体现了理财规划建议书的专业性特点。

3. 目标的指向性

综合理财规划建议书写作的目标是指向未来的。分析客户一定时期的财务状况属于回顾，但这种回顾并不是它的目的，而是为了分析这一时期内的问题，以便得到及时的解决和修正，为今后更好地进行理财规划建议获得充分、真实的决策依据。

4. 过程的复杂性

涉及理财规划的家庭状况因素是多种多样的，要从复杂的诸多因素中找到相关的联系，分析出前因后果，需要有广阔的视野，有总揽全局的视角。全面掌握客户的情况，是制定出最优理财规划的必要基础。

5. 制作的细致性

收集和分析资料是一件具有很强专业性、要细心从事的工作。在制定计划的时候，要求细致考虑工作的每一个环节，建立架构时更要反复考虑各种因素。在收集资料阶段，要求细心发现有价值的典型，稍有疏忽，就可能导致下一步的分析出现偏差。分析工作更需细心，各种因素间的关系要细致辨认，谨慎判断。

二、综合理财规划建议书写作的原则

（一）通观全盘，整体规划

理财方案不是一个单一性规划，而是一个综合性规划，每个单项规划可以具体解决某一方面的具体问题，但仅依靠单项规划并不能全面实现客户的理财目标，因此理财规划是一个全面综合的整体性解决方案。

这八个方案是相辅相成、相互协调的：要保证财务安全一般需要现金规划、风险管理规划和退休规划；要实现资产的增值，则需要投资规划；要对资产进行保护，则涉及税收规划和遗产规划。一般客户需要的服务不是单一目标，而是多元目标的组合优化。在客户现有经济状况下，不可能同时完成这些目标，因此首先考虑做好现金规划、风险管理规划、子女教育规划和消费规划这四个规划，满足其刚性的要求，然后在此基础上做好投资规划。退休规划和风险管理规划、投资规划又密切相连，需要相互结合。税收规划贯穿人生的各个阶段、各个方面，包括财产的继承。而且某个规划的现实状况出现了变化，其他几个规划也会受到影响，需要做相应的调整。由此可见，做一份综合理财规划需要考虑到客户的综合需求与目标，通管全盘，协调各个专项规划，使其成为一个整体，将客户拥有的资源得到优化配置，最终达到效用最大化。

（二）不同家庭类型不同理财规划的核心策略

基本的家庭形态有三种：青年家庭、中年家庭和老年家庭。根据家庭收入主导者的生命周期而定，生理年龄在 35 周岁以下的家庭为青年家庭，55 周岁以上为老年家庭，介于两者之间的为中年家庭。

（1）青年家庭，属于风险偏好的特质更为明显，在理财时，除考虑到基本的流动性和保险保障外，全部的规划可围绕追求高收益来制定。另外，子女教育、养老、医疗等矛盾尚未显现，需求是隐性的。从资本使用效率的角度看，理财规划师应该建议客户以渐进式、积累式的方式分批投入，不但家庭当期投入的压力不大，而且资本的增值具有稳定的可靠性。

（2）中年家庭，属于攻守兼备型投资者范畴。其特点决定了理财规划师在制定方案时，一方面，要加大避险投资的力度，特别是要加大健康投资和子女教育投资的力度，兼顾自身的养老投资；另一方面，在充分满足家庭避险需求的基础上进行风险投资，以提高资金的收益率。攻守兼备，两者都不可偏废，这在三种家庭形态中是最复杂的。

（3）老年家庭，防守型策略，求稳怕乱，总想把一切事情安排得妥帖，并留有充分的周旋余地。在制定方案时，消费支出应该以医疗和保健方面的消费为主，因此家庭要准备充足的医疗备用金；在投资方面，着力点放在资产保全上；同时，合理避税，将资产完整地转移给下一代。

综上所述，在制定规划方案时，在通观全局的情况下，首先要形成总体的理财规划核心策略思想，这和家庭收入主导者所处的生命周期紧密联系。

（三）建立现金保障

只有把现金保障建立起来，其他资产才能进行专项安排。现金保障主要有三个方面：①日常生活保障；②意外现金保障；③家族支援现金保障。现金保障的额度视家庭主要劳动力的收入稳定程度和可能需要现金支出的范围和程度而定。

（四）风险管理优先于追求收益

理财规划首先考虑的因素是风险，而不是收益。

（五）消费、投资与收入相匹配

1. 消费、投资规模与收入相匹配

有些支出是必须的，也是保持高品质生活的重要组成部分。理财规划鼓励节俭，量入为出，但过分奢华是不应该的，但也不能为了帮客户积累更多的资产而放弃必需的消费内容。为了追求更好的财务记录而放弃生活品质，违背了理财规划的根本目的。这不是说消费规模必须小于家庭收入。适度的借贷可以帮助客户及时缓解流动性压力，大大提高他们的生活水平。投资规模也应当根据收入水平来确定。借钱投资风险很大。

2. 消费、投资时间安排与现金流状况相匹配

盈利性固然很重要，但安全性和流动性往往是一个家庭或者企业的生命线，能起到保障原有的生活水平不降低、防范和化解投资风险的作用。无论是投资还是消费，都应该保障合适的现金流。可以采用反推法，用预期消费反推出各个时期客户必须得到的收入和允许的资本投入，确定投资时间、方向、品种等。

（六）开源与节流并举

1. 增加收入

（1）增加工资和投资收益，引导客户建立投资意识。

（2）投资方式多元化。著名学者柏林森认为，长期而言，投资组合的报酬有93.6%取决于投资者如何进行资产配置，选股策略仅贡献了4.2%，买卖时机只占了1.7%。

案例 11-1：假设王先生做理财规划，他的组合有 1 名守门员（社保和意外险）、9 名后卫（银行存款）和 1 名前锋（股票），资金运作效率极低，想靠偶尔的一次长传冲吊达成财务自由是比较困难的。

王先生可以采用 1352 策略，1/11 的资金购买适当的保障性商业保险，确保理财组合平衡及个人财务安全；3/11 的资金投资于安全可靠、保证收益或收益适中、风险低的产品；5/11 投向于高度灵活、风险适中、利润适中、容易变现的投资品种，如伞形基金；2/11 投资于风险高、收益高的股票。

2. 节省开支

（1）减少消费支出。通过各种方式了解客户日常涉及的所有开支项目，将它们详细列出，按重要性进行排序，在遇到财务状况不理想时，最重要的项目必须优先保证，可有可无的项目就可以考虑缩减开支了。改变消费习惯应该循序渐进。

（2）科学节税。

（七）未雨绸缪，早做规划

投资理财规划，需要投资在具有较高回报率的资产上，并经过漫长时间的复利作用来积累财富。能否通过理财规划达到预期的目的，与金钱多少的关联度不大，却与时间的长短有很大关系。

第二节　理财规划建议书的内容

一、封面及前言

（一）封面

理财规划书的封面一般包括三个方面：标题、执行该理财规划的单位、出具报告的日期。

标题通常包括理财规划的对象名称及文种名称两部分。比如，《××家庭理财规划建议书》。单位名称为理财规划师所在单位的全称（也可以注明具体设定该项理财规划的理财规划师的名字）。日期应以最后定稿，并经由理财规划师所在机构决策人员审核并签章，同意向客户发布的日期为准。

（二）前言

1. 致谢

通过撰写致谢词对客户信任本公司并选择本公司的服务表示谢意。它应该写在建议书的开头部分。具体的写法是，抬头内容为敬语+客户的称谓，如"尊敬的××先生、女士"。接下来换行并空两格开始写致谢词，在致谢词中简要介绍公司的概况，如执业年限与经历、下属的理财规划师的资历，表达对客户信任本公司的感谢，最后可以提出与客户保持长期合作关系的愿望。

2. 理财规划建议书的由来

这部分内容需要写明接受客户委托的时间，并简要告知客户本建议书的作用。

3. 建议书所需资料的来源

由于理财规划师在制定理财规划的过程中，必然会采集各种资料，包括客户自己提供的资料、理财规划师通过其他途径收集到的客户的资料（如直接通过银行得到的资料）以及相关的市场、政策资料，因此需列举出这些资料的来源，以使客户知晓理财规划师的最终方案是可信的，而并非规划师凭空创造出来的。

4. 公司义务

在建议书的前言里，有必要写明公司的义务。明确公司与客户双方的权利和义务，有利于在将来遇到矛盾或争端时，能够准确划分双方的责任。在这部分内容中，需要讲明诸如公司指定的理财规划师具有相应的胜任能力，公司指定的理财规划师将勤勉尽责地处理客户委托的事务，保证对在业务过程中知悉的客户的隐私或商业秘密不向任何个人或机构披露等。具体内容可根据各公司的相应情况增加或删减。

5. 客户义务

为了保证理财规划建议书的顺利制定，且制定出的建议书真实可信，达到预期的效果，在前言里也需说明客户的义务。客户的义务一般包括：按照合同的约定及时交纳理财服务费；向理财规划师及其所属公司提供与理财规划的制定相关的一切信息；提供的全部信息内容须真实准确，如在理财规划的制定及执行过程中，客户的家庭或财务状况发生重大变化，有义务及时告知理财规划师及其公司，便于调整方案；公司对制定的理财规划书拥有知识产权，未经本公司许可，客户不得许可给任何第三方使用，或在报纸、杂志、网络或其他载体予以发表或披露；客户需为协助理财规划师执行理财规划提供必要的便利。

6. 免责条款

免责条款是指双方当事人事前约定的，为免除或者限制一方或者双方当事人未来责任的条款。在免责条款的制定中，理财规划师需周密考虑可能发生的各种情况，并划分己方与客户方的责任。比如，理财规划书的制定是基于客户提供的资料和通常可接受的假设合理地估计的，因此推算出的结果可能与真实情况存有一定的误差，这一误差并非理财规划师过错导致，如导致了不良后果，不应由理财规划师承担；如因客户方隐瞒真实情况、提供虚假或错误信息而造成损失，公司和理财规划师均不承担任何责任；由于客户的家庭情况发生变化，且客户未及时告知公司而造成的损失，公司不承担任何责任；公司不对实现理财目标做任何保证，且对客户投资任何金融或实业工具也不做任何收益保证。

7. 费用标准

这部分需写明公司各项理财规划的收费情况，让顾客做到心中有数，从而能够及时缴纳足额的费用。往往各种理财产品的收费是以客户金融或实物资产的多少为依据的，因此会有不同数量级别的划分。在这部分内容中，应清晰告诉客户每一级相对应的费用是多少。除了写明不同的费用档次，还应具体说明各品种的服务年限及服务内容，比如一些理财产品仅提供一年的服务，因此需要在建设书中说明，以免客户误会。

二、提出理财规划方案的假设前提

理财规划方案是基于多个假设前提的，包括未来平均每年通货膨胀率、客户收入的年增长率、定期及活期存款的年利率、股票型基金投资平均年回报率、债券型基金投资平均年回报率、货币型基金投资平均年回报率、投资连接型保险投资平均年回报率、债券投资平均年回报率、房产的市场价值、汽车的市场价值、子女教育费的年增长率、个人所得税及其他税率、人民币对美元的汇率升值幅度等。理财规划师需在充分分析市场状况的基础上，一一列出这些项目的预期数值，便于在接下来的具体理财规划中运用。

三、编写正文，完成财务分析部分

在进行必要的解释和说明后，接下来就进入理财规划建议书正文写作的阶段。正文部分是整个理财规划建议书的核心部分，它记录了理财规划师的调查与分析结果，这部分最能反映出理财规划师的业务水平，且这部分也是客户最关心的部分，任何数据都可能会给客户未来的决策和行为产生影响。因此，这部分的写作必须要考虑周全，且在写作过程中切忌粗枝大叶，一定要保证内容的准确性。

正文部分主要分为六大部分，包括客户家庭基本情况和财务状况分析、客户的理财目标、分项理财规划、调整后的财务状况、理财规划的执行与调整，和附件及相关资料。

（一）客户家庭基本情况和财务状况分析

在这一部分的写作中，可应用比率分析、图表分析、图形分析等方式，具体说明客户家庭的各种情况。该部分包括如下内容：

1. 家庭成员基本情况及分析

首先应对家庭成员加以介绍，需具体到家庭每一个成员的姓名、年龄、职业、收入，可用文字或表格的形式进行说明。家庭成员只需包括共同生活的全部人员，这些成员往往可以看作一个整体，他们不会对各方的收入和支出进行清晰划分。现代家庭成员往往会赡养多位老人，诸如定期给付一定的赡养费的情况，被赡养的老人不必算为家庭成员之一，而如果是和老人同住同消费，则需将其视为家庭成员。

（1）客户本人的性格分析。客户本人往往是家庭中的决策者，他（她）的决策和行为直接影响整个家庭的财务状况，因此对他（她）的性格分析就显得至关重要。对该部分信息的获取，可以通过制定一张调查问卷，总结出客户在日常生活中的性格表现，特别是对理财方面的性格表现，将结果列示于此部分。性格可分为乐观型、主导型、谨慎型、自我型、成就型、协调型等。分析出客户的性格可以得知他（她）在理财活动中的态度。

（2）客户投资偏好分析。对待风险的态度把人们分为风险偏好型、风险中立型和风险规避型三种。通过调查问卷的形式分析出客户对待风险的态度，对于理财规划师制订理财规划有相当大的参考价值。在这一部分里，使客户知晓自己所属的风险类型，有利于其选择合适的投资理财渠道。

（3）客户及家庭理财观念、习惯分析。理财规划师可以从客户的工作性质、投资行为（投资于高、中、低风险资产的比例情况）、对金融产品的日常使用状况、处理日常财务的行为、对财务的计划等方面了解客户的理财观念及习惯，了解途径可以通过客户提供的书面资料、与客户的面谈或者其他渠道收集到的资料。这一部分的写作需要包括理财规划师所收集到的全部相关资料的内容及得出的结论。

2. 家庭资产负债表

借鉴企业的资产负债表，可以制定出家庭资产负债表。其格式可以采用报告式，也可以采用账户式。报告式即将资产项目放在上方，负债项目在下方。账户式即将表分为左右两个部分，左边是资产项目，右边是负债项目。资产项目需包括家庭现有的金融资产、实物资产。金融资产项目应具体到现金及银行存款、股票、债券、基金等的市场价值。实物资产项目应具体到房产、汽车、首饰、收藏品等的市场价值。负债项目应包括房贷、车贷及其他负债。编制好资产负债表后，应对其各项目数值进行具体分析，并提出修改建议。如表11-1所示。

表 11-1　资产负债表

日期：　　　　　　　　　　　　　　　　　　　　　　　　　　　　　　姓名：

资产			金额
金融资产	现金与现金等价物	现金	
		活期存款	
		定期存款	
		其他类型银行存款	
		货币市场及技能	
		人寿保险现金收入	
	现金与现金等价物小计		
	其他金融资产	债券	
		股票及权证	
		基金	
		期货	
		外汇实盘投资	
		人民币（美元、港币）理财产品	
		保险理财产品	
		证券理财产品	
		信托理财产品	
		其他	
	其他金融资产小计		
金融资产小计			
实物资产	自住房		
	投资的房地产		
	机动车		
	家具和家用电器类		
	珠宝和收藏品类		
	其他个人资产		
实物资产小计			
资产总计			
负债			
负债	信用卡透支		
	消费贷款（含助学贷款）		

续表

负债		金额
负债	创业贷款	
	汽车贷款	
	住房贷款	
	其他贷款	
负债总计		
净资产（总资产−总负债）		

在填列完资产负债表的各项目后，还应在此处注明以下情况并进行分析：

（1）金融资产具体情况。在这一部分里，需按不同金融资产的类别列明除具体数额之外的情况。对于现金与现金等价物，如银行存款，需罗列出客户在各开户银行的存款数额、利率，注明存款种类（定期或是活期），如为定期，需注明到期期限，且需分别汇总人民币与外币存款的数额，使存款情况一目了然。理财规划师应根据客户的自身情况，对其银行账户的情况做出分析诊断，将诊断结果和建议条理清晰地记录下来，供客户进行改进参考。对于其他金融资产，如股票、基金等，就需列明股票或基金名称、买入价、持有数量、现行市价、已持有期限等。

对于债券，则应列明名称、发行日期、利率、到期日等。根据客户的风险承受能力、资金富余程度并综合其他方面情况，分析得出其现有投资型金融资产结构所存在的问题，并提出合理的建议。

（2）实物资产具体情况。分别列示客户所拥有的实物资产，如房、车、首饰、收藏品等。对于客户的住房来说，需列明现行市场总价格、面积、每平方米价格、地段等相关因素。对于汽车则需说明其车况以及现行市场价。对于首饰和收藏品也需明确其现行市价。理财规划师需对客户的实物资产结构及持有状况提出自己的意见或建议。

（3）负债情况。这部分内容应包括客户家庭全部负债的情况。即房贷、车贷、消费贷款等的月供金额，剩余还款期限及年利率；信用卡透支的额度、已透支金额、还款时限、免息期、利率等；其他负债，如向朋友或家人借入的款项的金额及还款日期。理财规划师同样需要分析客户的负债结构是否合理，并将其建议写入本部分。

3. 收入支出表

这张表便于客户明确在不同性质的活动中，现金流入流出的信息。对于不经常发生的特殊项目，如意外损失、保险赔款、对外捐赠等，应在收入支出表中归并到相关类别中，并单独反映。理财规划师需分析客户家庭收入支出表的合理性，给出适当的建议。收入支出表通常没有固定格式，具体的项目名称根据不同客户的情况会有所不同，如表 11-2 所示。

表 11-2　收入支出表

日期：　　　　　　　　　　　　　　　　　　　　　　　　姓名：

一、收入		数量	占总收入比例
工资和薪金	姓名		
	姓名		
自雇收入（稿费及其他非薪金收入）			
奖金和佣金			
养老金和年金			
投资收入	利息和分红		
	资本利得		
	租金收入		
	其他		
其他收入			
（I）总收入			

二、支出		数量	占总支出比例
房子	租金/抵押贷款支付（包括保险和纳税）		
	修理、维护和装饰		
家电、家具和其他大件消费	购买和维修		
汽车	贷款支付		
	汽油及维护费用		
	保险费、养路费、车船税等		
	过路与停车费		
日常生活开支	水、电、气等费用		
	通信费		

日常生活开支	交通费		
	日常生活用品		
	外出就餐		
	其他		
购买衣物开支	衣服、鞋子及附件		
个人护理支出	化妆品、头发护理、美容、健身		
休闲和娱乐	度假		
	其他娱乐和休闲		
商业保险费用	人身保险		
	财产保险		
	责任保险		
医疗费用			
其他项目			
（Ⅱ）总支出			
现金结余（或超支）[（Ⅰ）－（Ⅱ）]			

同样，填列收入支出表后，还应对以下情况进行必要的说明及分析：

（1）收入情况。应区分全部家庭成员的经常性收入和偶然性收入。可同时按月汇总全体成员的收入，使客户和理财规划师能清楚看到家庭每月的收入状况。可以利用各种图表，如饼状图、柱状图等分析收入的来源渠道，使客户对家庭的收入来源有一个直观的了解。

对收入情况的诊断主要是分析客户收入来源情况，即从"开源"的角度帮助客户追求更高的收入水平。

（2）支出情况。对支出情况的说明可以比照上述收入情况的写作方法，同样也需区分经常性支出和偶然支出。详细的支出情况也可通过表格或图表的形式说明，让客户对自己的消费情况做到心中有数。

对支出情况进行诊断是非常重要的一项工作。除了日常生活所必需的开支外，其他支出主要是由客户的消费、理财等习惯决定的。可以通过改变资金用途或支出数量，帮助客户将钱花在刀刃上，使资金发挥最大的效用。因此在这部分内容中，应包括理财规划师对客户支出情况的诊断结果，即从"节流"的角度对客户提出合理支出建议。

值得说明的是，收入和支出情况中，有些项目是一年才发生一次或者几次的，如客户所在单位发给的年终奖、客户按年度或季度支付的保费、客户子女按年或半年支付的学杂费等。这些支出应归并到相关项目中，并做出注释。

4. 财务比率分析

在这部分中，理财规划师应对客户家庭的财务比率数值，如资产负债率、负债收入比率、结余比率、流动性比率等进行计算和列示，列明通用的数值范围并进行比较，从而分析客户现有财务状况是否合理，及对不合理的状况应怎样改进，并对客户的财务状况做出预测和总体评价。

（二）综合制定各分项理财规划方案

1. 确定客户理财目标

由于理财规划可以分为全面理财规划和专项理财规划两种，因此不同品种的理财规划其目标也是不同的。在撰写理财规划建设书的过程中，理财规划师应根据不同类型的理财规划制订不同指向的理财目标。

（1）全面理财规划目标。在全面理财规划中，由于客户关心的是家庭整体财务状况达到最优水平，因此制定的理财目标需包含诸如养老、保险、子女教育、投资、遗产等多方面因素。在这种规划中，理财目标可以分为几个阶段性的目标，通过与客户的充分沟通，理财规划师可辅助其得出合理的各阶段分期目标，并在这一部分充分说明。首先是短期目标，如五年内的目标，应写明五年内客户希望实现的财务任务，如购买新房、新车、出国旅游等。其次是中期目标，为10年或20年内希望实现的任务，如子女教育计划、双方父母的养老安排、双方自身后续教育计划、旅游安排、家庭固定资产置换计划等。最后是长期目标，为20~30年考虑的理财任务，如夫妻双方的养老计划、对金融资产及实物资产的投资、出国旅游等。

（2）专项理财规划目标。对于专项理财规划，由于客户只关心在某一特定方面实现最优，因此只需考虑与该专项理财规划相关的因素即可，不要求全面分析。专项理财规划目标应从两个方面来制定：首先，应制定规划目标，理财规划师通过与客户的充分交流，总结出客户通过专业理财规划所希望达到的目标。这些目标包括：足够的意外现金储备、充足的保险保障、双方父母的养老储备基金、子女教育基金等。其次，应制定具体目标，包括家庭储蓄率已达到的比重、各金融产品所应达到的比重、保险保障覆盖程度、家庭现金流数量、非工资收入比重和家庭资产值等。

另外，专项理财规划只是独立地进行规划，并没有从整体的角度去考察。因此很可能出现每个计划都能实现，都不需要花很多的钱，但将全部专项规划所需费用加总就会发现，现有资金不够用了。理财规划师需要和客户进行沟通，将得到的规划的先后次序记录下来，并对这样排序给出合适的理由。如保险规划往往处于优先的位置，则对这样排序的分析可以是"保险对家庭成员起着非常重要的保障作用，因此必须先对其进行资金支持"；对养老计划的分析则可以是"政府救济和子女供养是靠不住的，所以必须将该计划的实施放在较为优先的位置上"；等等。

2. 完成分项理财规划

当假设前提、预期目标、优先次序三个条件都设计完成后，就可以分项设计分项理财规划方案了。

（1）现金规划。首先，应列举出家庭现金储备的种类，即可能用到现金的各个方面，一般包括日常生活开支、意外事项开支等；其次，应详细列明现金储备的来源，如定期存款、活期存款、股票套现、信用卡额度等；最后，说明现金储备的使用和管理，如将其转化为活期存款、期限较短的定期存款和货币市场基金等。

（2）消费支出规划。消费支出规划包括购房规划、购车规划、信用卡和个人消费信贷三部分。

1）购房规划部分中，首先，分析购买一套新房所需的费用，并须注明面积、地域、价格、装修费用等因素；其次，考虑申请何种类型的银行贷款，须写明贷款总额、利率、期限、月供款等。理财规划师可以建议客户向某家银行贷款，并说明理由。如客户在搬进新房后，将旧房出租，则列示出旧房的租金、回报率、空租期等。理财规划师还可根据现行的楼盘情况，并综合考虑环境、交通等多方面因素，在本部分给出对客户购买某处适当大小住房的合理建议。

2）购车规划部分中，首先，分析所需的各种费用，及其车型、牌照费、车辆购置税、耗油量、养路费、车位费、配件价格、保养维修费用等。其次，考虑申请的贷款类型，并注明贷款总额、利率、期限、月供款等。理财规划师可以建议客户向某家银行贷款，并说明理由。理财规划师还可根据目前的汽车市场情况，并综合考虑各方面因素，给出对客户购买某一特定车型的合理建议。

（3）教育规划。教育规划指在收集客户的教育需求信息、分析教育费用的变动趋势并估算教育费用的基础上，为客户选择适当的教育费用准备方式及工具，制定并根据因素变化调整教育规划方案。在制定教育规划时须列明客户子女将来所需的各项教育费用。国外或者国内读书费用不同，分别汇总出各种方案的不同支出总额，设定教育储备计划（包括储备基金的投向及数额、收益率、年限等）。

规划还涉及不同区域学校选择的问题，因为各项费用不同。

（4）风险管理和保险规划。首先将客户家庭已有的保险种类列举出来，接下来就需要对每个家庭成员所需的保险种类进行具体分析，比如家庭的支柱成员应拥有什么样的保险，子女所需保险品种应如何设计，应该给老人们购买哪些保险等。与现有的保险品种进行对比，得出应补充购买的保险品种。在本部分中还应告诉客户如何节约保险保障中的财务成本，以及如何控制保险保障规划中的风险，便于在将来的执行过程中达到较好的效果。

（5）税收筹划。首先说明税收筹划的作用，然后分析客户在日常生活、投资活动中涉及的税种，接下来可分别从金融投资、实物投资、退休养老计划及其他投资等方面说明不同活动中涉及的税种，并分析在此类活动中的合理避税空间及方法。

（6）投资规划。投资规划包括金融资产规划和实物资产规划两个方面，分别说明金融资产和实物资产都包括哪些内容，对各项资产的风险和收益率进行评估，并给出合理的投资组合计划。由于家庭已拥有一定数量的金融资产和实务资产，理财规划师应对其结构进行金融分析，并提出调整建议。

（7）退休养老规划。首先，列示客户的预计退休年龄，退休后每月的退休金数量，每年的生活开支、医疗费用等，其次，理财规划师通过计算得出客户退休后的支出总额及可从社保基金处得到的退休金总额，二者差额则是客户从现在开始需要建立的养老储备基金。为了帮助客户储备足够的养老基金，理财规划师须通过计算分析得出一个投资方案，并应写明这一投资方案的月供款、年回报率、投资时间等，便于客户充分掌握并较好操作。

（8）财产分配和传承规划。财产分配规划是指为了家庭财产在家庭成员之间进行合理分配而制定的财务规划。理财规划师要协调客户对财产进行合理分配，以满足家庭成员在家庭发展的不同阶段产生的各种需要。传承规划是指当事人在其健在时通过选择遗产管理工具和制定遗产分配方案，将拥有或控制的各种资产或负债进行安排，确保在自己去世或失去行为能力时，能够实现家庭财产的代际相传或安全让渡等特定目标。理财规划师在进行传承规划时，主要是帮助客户设计遗产传承的方式，以及在必要时帮助客户管理遗产，并将遗产顺利地传承到受益人的手中。

首先，向客户简要说明进行财产分配和传承规划的重要性；其次，通过比较现金形式、基金形式、保险形式等几种可能采用的方式，分别写出在这几种形式下，子女能够得到的遗产数额及其对子女的影响程度；最后，从中选出最优方案，并针对客户当前具体财产情况给出合理建议。

（三）分析理财方案的预期效果

将按照调整后的财务状况编制的资产负债表、收入支出表列示于该部分，此表中可同时列示调整前的数字，使客户能够直观地看到理财规划给其财务状况带来的巨大改进。

在此部分中，还应给出调整后的财务比率数值，如资产负债率、负债收入比率、储蓄比率、流动性比率等，并同时列出国际通用的这些比率的合理数值范围以及调整前的比率，使客户得知，通过调整自身财务状况将达到怎样的水平。

（四）完成理财规划方案的执行和调整部分

方案的执行与调整是理财规划活动中重要的一部分。在此，理财规划师应对具体执行工作按照轻重缓急进行排序，即编制一个具体执行的时间计划，明确各项工作的先后顺序，以提高方案实施的效率，节约客户的实施成本。同时，应一一列明参加方案实施的人员，如对于一个积极成长型方案，应当配备证券、信托、不动产等方面的投资专家；对于一个退休客户的方案，则可能需要配备保险专家或者税收专家；对于某些外部事务，可能还需要客户律师与会计师的参与配合。

在理财规划建议书中还需向客户说明：公司将如何对执行人员进行分工和协作；如何依照设计好的理财规划方案，协助其购买合适的理财产品；当出现新产品时理财规划师承诺将主动提醒客户关注；理财规划师具有监督客户执行理财规划的义务；如果客户的家庭及财务状况出现变动，影响理财规划方案的正确性，则应按怎样的程序进行方案调整；调整的注意事项；在理财规划方案的具体实施过程中所产生的文件的存档管理；理财计划实施中的争端处理，如协商、调解、诉讼或仲裁等。

（五）完成附件及相关资料

1. 投资风险偏好测试及表格

此处应附上公司自行设计、经客户填写的调查问卷。

2. 配套理财产品的详细介绍

此处可附上各大银行、基金公司、保险公司、证券公司等金融机构推出的适合本理财规划方案的理财产品目录及详细介绍。

第三节 综合理财案例分析

一、基本情况

李老师每月有 7000 元的收入，年底有 8 万元的公司入股分红，先生每月有 2500 元收入。家庭每月基本生活开销 2500 元左右。家庭有一套自住房产，价值约 70 万元，还有 7 万元的贷款余额未还清，现在每月还贷额为 1000 元左右。家庭每年的旅游开支大约为 5000 元。

李老师和先生工作较忙，投资也较为谨慎。现有 2 万元国债、7 万元现金和活期存款和 3 万元定期存款。李老师现在保有 15 万元的分红型寿险和 10 万元的意外险，先生保有 10 万元的分红型寿险，家庭年保费支出为 9000 元。

明年年初宝宝将出生，估计每月将增加 1000 元左右的开支，如何抚养、教育宝宝，是李老师和先生考虑最多的问题。此外，李老师和先生都很有孝心，现在每年都给父母 5000 元生活费。

理财目标：

（1）确保育儿支出，并为孩子储备一笔教育基金；

（2）孝敬父母，为父母准备一份购房款；

（3）增加合理的投资，兼顾收益与风险；

（4）三年以后实现购车梦想，成为有车一族；

（5）增加养老和意外保险，提高生活保障。

二、理财目标明确与评价

这些理财目标基本符合家庭情况，通过合理的理财规划完全可以实现。建议是：

（1）每月育儿支出保持在 1500 元以内，并选择教育类保险储备教育基金；

（2）贷款为父母买一套复式商品房，并与父母合住；

（3）选择组合投资方式，并保留家庭最低现金储备；

（4）合理投资加以储备，在第四年一次性付款购车；

（5）适当投保养老险，主要增加医疗险和意外险。

三、目前财务状况

本部分内容基于提供的信息，通过整理、分析和假设，罗列出了家庭目前的收支情况和资产负债情况，将以此为基础开始理财规划。

（一）收支情况

家庭每月及年度收支状况如表 11-3、图 11-1、表 11-4 所示。

表 11-3　家庭每月收支状况

单位：元

收入		支出	
本人月收入	7000	基本生活开销	2500
配偶月收入	2500	房屋贷款月偿额	1000
合计	9500	合计	3500
每月结余	6000		

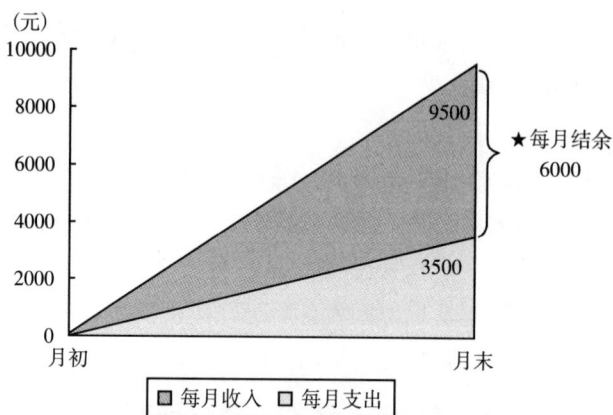

图 11-1　家庭每月收支状况

表 11-4　家庭年度收支状况

单位：元

收入		支出	
公司分红	80000	旅游费用	5000
		保费支出	9000
		父母生活费	5000

续表

收入		支出	
合计	80000	合计	19000
年度结余	61000		

注：这里登记的收入情况，不包括已登记在资产负债信息中资产所产生的收入，如存款利息、国债利息等。

（二）资产负债情况

家庭资产负债状况及资产构成如表11-5、图11-2所示。

表11-5 家庭资产负债状况

单位：元

家庭资产		家庭负债	
现金及活期存款	70000	房屋贷款余额	70000
定期存款	30000		
国债	20000		
金融类资产小计	120000		
房产（自用）	700000		
公司入股	150000		
合计	970000	合计	70000
家庭资产净值	900000		

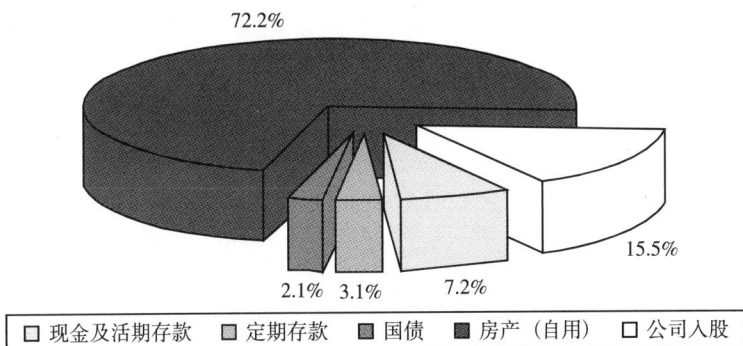

图11-2 家庭资产构成

(三) 财务比率分析

1. 资产负债率

资产负债率 = 负债/资产 = 70000/970000 = 7.22%

一般而言，家庭资产负债率控制在50%以下都属合理，所以目前家庭的资产负债率相当低，证明可以通过增加贷款的方式添置固定资产。

2. 每月还贷比

每月还贷比 = 每月还贷额/家庭月收入 = 1000/9500 = 10.53%

一般而言，每月还贷比控制在50%以下都属合理，所以目前家庭的每月还贷比也相当低，进一步证明可以通过增加贷款的方式添置固定资产。

3. 每月结余比例

每月结余比例 = 每月结余/每月收入 = 6000/9500 = 63.16%

一般而言，每月结余比例控制在40%以上都属合理，所以目前家庭的每月结余比例较高，每月结余应加以合理利用。

4. 年度结余比例

年度结余比例 = 年度结余/年度收入 = 61000/80000 = 76.25%

一般而言，年度结余比例控制在50%以上都属合理，所以目前家庭的年度结余比例较高，年度结余也应加以合理利用。

5. 流动性比率

流动性比率 = 流动性资产/每月支出 = 70000/3500 = 20

一般而言，一个家庭流动性资产可以满足其3~4个月的开支即可，家庭的流动性比率过高，降低了资产的收益性。

通过上述分析可以看出，家庭的负债比例很低，流动资金较多，但资产的收益率偏低，可通过组合投资进行合理的调整。

四、基本假设

由于所得基础信息不完整、未来我国经济环境可能发生变化等因素影响，为了做出数据翔实的理财规划，对以下内容进行了合理的预测：

1. 预测通货膨胀率

统计数据表明，2017年国家宏观经济调控已取得初步成效，随着我国国民经济持续快速发展，预计未来几年我国将进入一个温和通胀期。因此，我们预测未来几年的通货膨胀率为4%。

2. 最低现金持有量

一般而言，从财务安全和投资稳定性角度考虑，一个家庭应当持有可以满足其 3~4 个月开支的最低现金储备，以备不时之需。根据您家庭的收支情况，我们建议的最低现金持有量为 1.5 万元。在评价现金流量状况时，我们会使用这个假设值。

3. 风险偏好测试

根据了解以及风险偏好能力测试，李老师属于温和进取型投资者。

以上是所做的一些基本假设，在实际操作中，仍需要根据实际情况、风险偏好和宏观经济环境来加以分析和判断，方能制定出合理的理财策略。

五、理财建议

(一) 家庭保障建议

理财目标：增加养老和意外保险，提高生活保障。

理财建议：适当投保养老险，主要增加医疗险和意外险。

退休养老保障的来源主要由社会统筹养老金、企业补充养老金、各类养老保险和自有资产的投资本金及回报四个部分组成，其中企业补充养老金取决于就职单位是否有这项福利。根据对家庭年度收支的分析，完全可以通过合理的组合投资，在完成购车梦想后，将从第五年起的每年度结余积累储备起来，作为以后退休养老金的重要补充。

现在家庭已分别有 15 万元和 10 万元的分红型寿险，建议再适当增加投保一些养老险即可，不必投保太多。现在已有 10 万元意外险，此外还需增加投保，建议主要考虑医疗险和意外险，以增加家庭的抗风险能力。增加的各类保险每年所增加的保费支出应控制在 1 万元左右，这笔支出今年可从 7 万元活期中支用，以后每年可从年度结余中支用。

(二) 育儿成长建议

理财目标：确保育儿支出，并为孩子储备一笔教育基金。

理财建议：每月育儿支出保持在 1500 元以内，并选择教育类保险储备教育基金。

经过市场调查，现在对孩子出生后每月家庭支出增加 1000 元的预计还是较为保守的预计，依据上文假设的通货膨胀率，再加上随着孩子成长增加的支出，预计每月平均为此增加的支出应为 1500 元左右。

至于为孩子储备教育基金，建议将 2 万元国债作为三年后孩子进重点幼儿园的赞助费或学费。同时还需从每月结余中拨出 1000 元，投保中长期子女教育类保险，以备将来孩子上小学、中学乃至大学之用。

（三）父母购房建议

理财目标：孝敬父母，为父母准备一份购房款。

理财建议：贷款为父母买一套复式商品房，并与父母合住。

由于平时工作都非常忙，宝宝出生后如果想要工作、家庭、孩子、父母四者兼顾的话，那么最好的办法就是和父母住在一起。由于李老师及其先生都是很有孝心的人，和父母的关系肯定非常融洽，所以建议和父母商量一下，请父母搬到家里一起住，以便相互照应。

鉴于目前的住房条件，70 万元除以 7000 元单价，应该是 100 平方米左右的两室一厅，有了孩子后和父母住在一起，空间就显得相对不够了。通过对家庭财务比率的测算，7.22% 的资产负债率和 10.53% 每月还贷比，都保持在相当低的水平，完全可以通过贷款的方式再添置新的房产。

建议父母以小换大将他们现在住的房产卖掉，得到的房款如果有 50 万元的话，其中大部分作为首付（剩余可作为将来新房装修款的一部分），以父母和家庭共同的名义购买一套地位较好的复式商品房，首付三成之余再贷款，预计贷款额为 100 万元。今年年末的公司分红扣除年度开支，再加上卖房所得房款扣除首付后剩余的部分正好可作为新房的装修费用。李老师已怀有孩子，不宜旅游，应放弃今年的旅游计划，今年年度开支中的旅游费用也可用于明年的装修。卖房后到新房装修完前的这段时间，父母可继续住在家里。

在以上建议中我们做了三个假设：

一是从年龄上判断，您和先生应都是独生子女，否则劝说父母将房产以小换大，由李老师来贷款并还款，还需与兄弟姐妹商量一番；

二是父母卖房得到房款 50 万元是根据现在二手房买卖行情所做的预测；

三是贷款 100 万元也是根据地位较好商品房的均价所做的预测，首付三成，贷款七成，房价总共为 143 万元。

这三个假设如与实际情况有出入，愿随时为您变更理财规划。

建议的贷款方式如表 11-6 所示。

（四）家庭购车建议

理财目标：三年以后实现购车梦想，成为有车一族。

理财建议：合理投资加以储备，在第四年一次性付款购车。

三年以后买一辆 15 万~20 万元的家庭轿车，这样的车价和购车的时间定位

表 11-6 贷款方式分析

	公积金贷款	商业贷款	合计
贷款金额	100000	900000	1000000
贷款年限	30年，在16年时提前归还	15年	—
每月还款	480.30	7135.92	7616.22
承担利息总额	36037.84	384463.78	420501.62
贷款年限	16年	16年	
每月还款	708.53	6838.13	7546.66
承担利息总额	36037.84	412920.32	448958.16
贷款年限	20年	20年	—
每月还款	608.62	5959.51	6568.13
承担利息总额	46068.38	530281.64	576350.02

较为合理，根据对家庭年度收支的分析，完全可以通过合理投资，将从明年起的每年度结余积累储备起来作为购车款，在第四年实现家庭的购车梦想。第四年如购车款还不够，可再顺延1~2年。

买车后的养车费用将会增加每月的家庭支出，每年总共的养车费用预计需要1.5万~2万元，这就要求有新的收入来满足这部分支出，自我提高，事业发展，增加家庭主动性收入是最理想的方式。如果不能以增加家庭主动性收入来弥补养车费用，则只能减少购车后各年的组合投资金额，用由此释放的年度结余来弥补养车费用。

在此我们专门收集了一些目前市场上15万元左右家庭型汽车的信息，当然以后还会有更多的新款车型推出，请您及时留意。

（五）组合投资建议

理财目标：增加合理的投资，兼顾收益与风险。

理财建议：选择组合投资方式，并保留家庭最低现金储备。

今年的年度结余要留作明年新房装修之用，以后各年建议每年从年度结余中拨出5万元用于组合投资。50%选择投资选股型的开放式基金，30%选择购买国债，20%选择投资国企大盘蓝筹股。每年投资的积累将是您以后购车和退休养老的重要保障，这样的组合投资在准备购车的前一年底可暂停一次。

此外，我们建议您从活期存款中拨出1.5万元作为您家庭的最低现金储备，其中1万元选择银行的一天通知储蓄或记名式定活两便储蓄，5000元仍然放在活期。

六、自我提高建议

21 世纪是竞争的时代，要适应时代的需要，就要不断自我加压，自我提高，所以我们建议您在为即将出生的孩子考虑教育问题的同时，还可再设计一下继续学习计划。两人现在应正处在事业的发展期，不断学习会成为事业发展强劲的助推力。由于现在未提及学习计划，等将来有了相应的计划后，我们愿意随时变更和补充这部分理财规划。

七、财务可行性分析

根据家庭的理财目标和提出的各项理财建议，我们逐一进行了财务可行性分析。

（一）现金流量分析

1. 育儿支出及教育基金

支出金额：每月育儿支出 1500 元，每月教育基金储备 1000 元。

费用来源：每月收入。

2. 提前还贷资金

还贷本息：75000 元。

资金来源：活期存款 45000 元，定期存款 30000 元。

3. 新房首付

首付来源：将父母原来的房子卖掉所得的卖房款，此款支出不影响您家庭的财务状况。

4. 房贷还款

每月还款：7616.22 元。

还贷来源：每月收入、房租收入、原房产提前还贷后节省下的每月还贷款。

5. 新房装修费用

装修资金来源：首付后剩余的卖房款（这部分不影响家庭的财务状况）、今年旅游费用节省、今年年底的公司分红。

6. 购车资金

购车资金来源：3~4 年的投资组合本金及收益累计。

7. 新增保险费用

新增保费支出：10000 元。

新增保费来源：今年从活期存款中支用，以后每年从年度结余中支用。

8. 组合投资资金

组合投资金额：今年为 0 元，以后各年为 50000 元，在购车的那年底应暂停一次。

投资资金来源：明年后每年年底的公司分红。

（二）家庭收支分析

调整后的家庭每月收支状况及支出结构如表 11-7、图 11-3 所示。

表 11-7 调整后的家庭每月收支状况

单位：元

收入		支出	
本人月收入	7000	基本生活开销	2500
配偶月收入	2500	房屋贷款月偿额	7616.22
房租收入	3500	育儿支出	1500
		孩子教育储备	1000
合计	13000	合计	12616.22
每月结余	383.78		

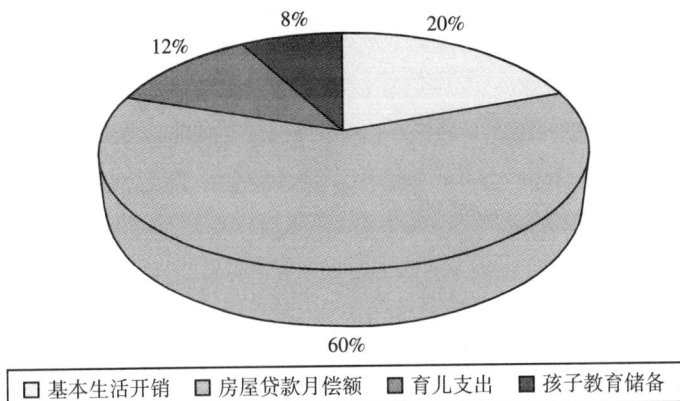

图 11-3 调整后的每月支出结构

基本生活开销 20%　房屋贷款月偿额 60%　育儿支出 12%　孩子教育储备 8%

育儿和房贷还款增加每月支出后，虽然每月结余大幅减少，但年底的收入较多，再加上有 1.5 万元的家庭最低现金储备作保障，以备不时之需，完全不会影响您的生活质量。购房后的每月还贷比为 58.59%，虽超过了 50% 的警戒线，但加上年底分红，每年收入还贷比只有 7616.22×12/(13000×12+80000)=38.73%。调整后的今年家庭收支情况如表 11-8 所示。

表 11-8　调整后的今年家庭年度收支状况

单位：元

收入		支出	
公司分红	80000	装修费用	56000
		保费支出	19000
		父母生活费	5000
合计	80000	合计	80000
年度结余	0		

购房和装修当年，资金需求较大，年度结余为 0 属于正常情况，以后除购车时会出现这样的情况外，其余各年的年度结余则较为宽裕，可用于组合投资。

（三）家庭资产负债情况分析

家庭资产负债情况如表 11-9 所示。

表 11-9　购房后的家庭资产负债状况

单位：元

家庭资产		家庭负债	
现金	5000	房屋贷款余额	1000000
一天通知储蓄	10000		
国债	20000		
房产（出租）	700000		
房产（父母共同购买）	1430000		
公司入股	150000		
合计	2315000	合计	1000000
家庭资产净值	1315000		

购房后的家庭资产负债比为 43.20%，仍属正常范围。

（四）投资组合

调整后的投资组合如图 11-4 所示。

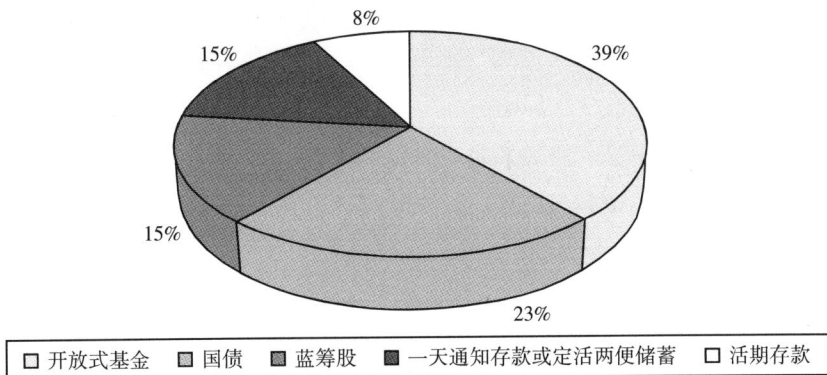

图 11-4 调整后的投资组合

八、理财规划结论

针对家庭特点，在确保家庭生活质量不下降的前提下，按照这份理财规划进行实际操作，可以帮助您早日达成家庭理财梦想，并实现家庭财富的最大化。

考虑到家庭现在正处于成长期，将来肯定还会出现更多可喜的变化，所以我们愿伴随家庭的成长历程，随时为您提供更多的理财建议，为您减缓财务忧虑，认清和实现理财目标。

课外阅读 2015 年全国第三方理财机构排名前 10 企业

一、诺亚财富管理中心

诺亚控股起源于 2003 年，定位于中国新一代的综合金融服务提供商，诺亚控股于 2010 年 11 月 10 日在美国纽约证券交易所成功上市（交易代码：NOAH. NYSE），是国内首家在纽交所上市的独立财富管理机构。

二、标准利华金融

标准利华金融集团有限公司（BGL Standardlever）前身为美国标准金融亚洲区私人理财中心。2012 年 10 月 19 日起，正式被香港利华控股有限公司以股权收购形式合并。其优势在于以国外先进第三方理财经验融入中国投资领域。它是国内首选互联网金融推介信息服务商之一，为投资者提供一对一持证理财师专业理财规划服务，目前在全国已拥有 2800 名经纪推介人，是客户最佳信任的金融推介信息服务商。

三、翘华控股

翘华控股专注于金融、资源和投资行业的发展，目前主要从事基金发行与基金管理、基金销售与基金顾问业务，近期计划开展的业务包括证券交易、投资银行、企业上市等业务。

四、百盛财富

郑州百盛财富管理中心为河南第一家第三方独立理财顾问公司（IFA），以家庭理财规划服务为核心，辐射证券投资、保险、房产、黄金、遗产等各类专项理财业务。

五、好买财富管理中心

好买财富自 2007 年初成立以来，产品线覆盖了固定收益类信托、公募基金、阳光私募基金、私募股权基金以及 FOF/TOT 等上千种理财产品。

六、格上理财

格上理财独立于基金、信托、银行、券商等金融产品提供商，通过"专业、独立、审慎"的服务，为客户提供产品咨询、产品导购到产品组合管理及调整的一站式理财顾问服务，帮助客户实现财富保值、增值。

七、银创财富

银创财富为国内高净值人群提供信托、保险、公募基金、私募基金、地产基金、艺术品投资基金、私募股权基金等理财需求。公司目前拥有包括北京、成都、深圳和苏州在内的四家财富管理中心和近 300 名理财顾问，管理及参与的资产规模数十亿元，并与国内 70 余家信托公司形成了稳定的战略合作伙伴关系。

八、恒天财富

北京恒天财富投资管理有限公司前身为中融信托第一财富管理中心，注册资本 5000 万元，主要股东有经纬纺织机械股份有限公司（中国恒天集团旗下上市公司，A 股代码：000666）、北京祥泰源控股有限公司和管理层股东。国际投资银行的参股方案正在商洽中。

公司总部位于北京 CBD，拥有遍布全国主要城市的 50 余家分公司、600 余人的专业理财团队，固定收益类信托计划月发行能力达 10 亿元，为超过 8600 余名高端客户提供信托理财服务。

九、展恒理财

北京展恒理财顾问有限公司是国内最早从事家庭理财服务的独立理财顾问机构之一，也是目前国内第三方理财市场的引领者。为客户提供阳光私募、公募基金、固定收益类信托产品、股权投资产品等投资组合方案。

十、启元财富

深圳市启元财富投资顾问有限公司（以下简称启元财富）成立于 2009 年，是由海内外一批证券业、基金业、信托业资深人士组建的专业投资顾问公司，公司注册资本为人民币 1000 万元。

参考文献

［1］北京当代金融培训有限公司. 金融理财案例分析［M］. 北京：中信出版社，2012.

［2］北京当代金融培训有限公司. 金融理财原理（上、下）［M］. 北京：中信出版社，2014.

［3］北京金融培训中心，北京当代金融培训有限公司. 个人税务与遗产筹划［M］. 北京：中信出版社，2009.

［4］蔡昌. 税收筹划：理论、实务与案例［M］. 北京：中国人民大学出版社，2016.

［5］柴效武. 个人理财［M］. 北京：清华大学出版社，2012.

［6］陈雨露，刘彦斌. 理财规划师（基础知识）［M］. 北京：中国财政经济出版社，2011.

［7］陈雨露，刘彦斌. 理财规划师（专业能力）［M］. 北京：中国财政经济出版社，2011.

［8］陈玉罡. 个人理财：理论、实务与案例［M］. 北京：北京大学出版社，2012.

［9］［美］戴维·斯托厄尔. 投资银行、对冲基金和私募股权投资［M］. 黄嵩，赵鹏等译. 北京：机械工业出版社，2013.

［10］［美］哈罗德. 埃文斯基. 财富管理［M］. 张春子译. 北京：中信出版社，2013.

［11］［美］卡普尔等. 个人理财：理财技能培养方法［M］. 刘春生等译. 北京：中国人民大学出版社，2013.

［12］李国珍. 个人税收与筹划［M］. 长春：吉林大学出版社，2011.

［13］李昊轩. 不懂投资理财，你就穷忙一辈子［M］. 北京：中国商业出版社，2014.

［14］李善民. 个人家庭理财规划（理论与实践）［M］. 北京：中国金融出版

社，2010.

[15] 李燕. 个人理财 [M]. 北京：机械工业出版社，2014.

[16] [美] 林奇，罗瑟查尔德. 彼得·林奇教你理财 [M]. 宋三江，罗志芳译. 北京：机械工业出版社，2010.

[17] 刘楹. 家庭金融资产配置行为研究 [M]. 北京：社会科学文献出版社，2007.

[18] 刘永刚. 投资理财概论 [M]. 北京：北京交通大学出版社，2012.

[19] 罗春秋. 从零开始学理财（实操版）[M]. 北京：中国铁道出版社，2014.

[20] [美] 马克·海恩斯·丹尼尔，汤姆·麦卡洛. 家族理财之道：财富增长与跨代传承的七大要务 [M]. 童伟华译. 北京：机械工业出版社，2016.

[21] [美] 迈克尔·庞皮恩. 家族办公室与超高净值客户资产配置指南 [M]. 卢强，黄振译. 北京：电子工业出版社，2016.

[22] 任淮秀. 投资经济学 [M]. 北京：中国人民大学出版社，2014.

[23] 上海国家会计学院. 税收政策与税收筹划 [M]. 北京：经济科学出版社，2011.

[24] 宋蔚蔚. 个人理财规划 [M]. 北京：北京交通大学出版社，2013.

[25] 吴晓求. 证券投资学 [M]. 北京：中国人民大学出版社，2014.

[26] 徐爱荣. 保险理财学 [M]. 上海：复旦大学出版社，2009.

[27] [加] 约翰·赫尔. 期权、期货及其他衍生产品 [M]. 王勇，索吾林译. 北京：机械工业出版社，2014.

[28] 张洪涛. 保险学 [M]. 北京：中国人民大学出版社，2014.

[29] 郑惠文. 理财规划与方案设计 [M]. 北京：机械工业出版社，2014.

[30] 中国就业培训技术指导中心. 理财规划师专业能力（国家职业资格二级）[M]. 北京：中国财政经济出版社，2013.

[31] 中国就业培训技术指导中心. 理财规划师专业能力（国家职业资格三级）[M]. 北京：中国财政经济出版社，2013.

[32] 中国就业培训技术指导中心. 理财规划师专业能力（国家职业资格一级）[M]. 北京：中国财政经济出版社，2014.

[33] 中国银行业从业人员资格认证办公室. 个人理财（2013）[M]. 北京：中国金融出版社，2013.